Christian Hoffmeister

**Digital Business Modelling**

Christian Hoffmeister

# Digital Business Modelling

Digitale Geschäftsmodelle entwickeln
und strategisch verankern

**HANSER**

Bibliografische Information der Deutschen Nationalbibliothek

Die Deutsche Nationalbibliothek verzeichnet diese Publikation in der Deutschen Nationalbibliografie; detaillierte bibliografische Daten sind im Internet über <http://dnb.d-nb.de> abrufbar.

© Carl Hanser Verlag München 2015

Lektorat: Lisa Hoffmann-Bäuml
Herstellung: Thomas Gerhardy
Layout/Grafik-Design/Satz: Katalin Stappenbeck, Simone Mast
Kreativ- und Art-Konzeption: Christian Hoffmeister, Katalin Stappenbeck
Umschlagillustration: Jesús Sanz
Druck & Bindung: APPL Aprinta, Wemding
Printed in Germany

ISBN 978-3-446-44558-1
E-Book-ISBN 978-3-446-44613-7

## Vorlagen und Tools zum Download

Unter **www.digitalbusinessmodelling.com** erhalten Sie das Framework als digitale Vorlage, um eigene Modelle zu analysieren und zu entwickeln.

So einfach geht´s:

1. **QR-Code abscannen, um den Code zu erhalten**
2. **Website www.digitalbusinessmodelling.com aufrufen**
3. **Unter Downloads einfach Coupon-Code und E-Mail-Adresse eingeben**
4. **Vorlagen herunterladen**

I DEFINE 18
Die grundlegende Herleitung und Definition
digitaler Geschäftsmodelle

II DESIGN 136
WERTEARCHITEKTUR
Die Elemente mit denen digitale Geschäftsmodelle
beschrieben und konzeptioniert werden können

III DESIGN 252
WERTEME-
Die Prozesse und Abläufe,
erfolgreich werden

CHANIK
die digitale Geschäftsmodelle
lassen

IV DEVELOP 320
STARTPUNKTE
Von wo aus kann eine Geschäftsmodell-
entwicklung gestartet werden?

V DISCOVER 336
Die Grundlagen des
Digital Value Creation Frameworks

# Inhalt

# EINFÜHRUNG, AUFBAU UND ZIELSETZUNG DES BUCHES

„Das Leben ist wie ein Puzzle.
Du musst es nur zusammensetzen,
damit etwas daraus wird." (Sprichwort)

"Define, design, develop and

Ökonomie und die darin operierenden Unternehmen unterliegen (nach den Ideen des Begründers der Innovationsforschung Joseph Schumpeter) einem Prozess der Evolution und Mutation. Neue Technologien und hier vor allem die digitalen und IP-basierten Technologien wirken dabei als Treiber dieser Mutation und Evolution von Unternehmen und deren Geschäftsmodellen. Dies liegt vor allem daran, dass neue Technologien neue Anwendungsmöglichkeiten schaffen, die wiederum als Grundlage für die Entwicklung neuer digitaler Geschäftsmodelle dienen.

Die große Herausforderung besteht darin, dass digitale Technologien eine Querschnitttechnologie darstellen und deren Anwendungsgebiete sich weder auf eine bestimmte Branche noch auf einen bestimmten Bereich in Unternehmen beschränken lassen, sondern überall Wirkung im Sinne einer ökonomischen Veränderung erzeugen.

Wenn Sie ein gedrucktes Buch lesen, basiert dieses ebenso auf einer digitalen Technologie, wie wenn Sie eine mobile Bordkarte am Flughafen über einen Scanner halten. Wenn Sie eine E-Mail an einen Kollegen senden, verwenden Sie ebenso digitale Technologie, wie wenn Sie an einem Geldautomaten Geld abheben. Digitale Technologie ist auch im Spiel, wenn Sie in Ihrem Navigationsgerät die Zieladresse der Fahrt eingeben oder auch, wenn der Scheibenwischer Ihres Autos automatisch mit den ersten Regentropfen, die die Scheibe berühren, startet.

Deswegen ist die ökonomische Reaktion auf und das Management von Veränderungen, die durch digitale Technologien ausgelöst werden, so schwer: Bits und Bytes spielen heute überall eine bedeutende Rolle. Computer und Software stellen dabei zentrale Produktionsfaktoren in fast allen Branchen und Unternehmensbereichen dar.

Aus diesem Grund wird in diesem Buch der Fokus explizit auf digitale Geschäftsmodelle und deren Modellierung gelegt. Dafür ist es notwendig, ein spezielles Framework für die Analyse und Konzeption digitaler Geschäftsmodelle zugrunde zu legen. Dieses muss sowohl ökonomische Belange als auch die technologische Wirkumgebung berücksichtigen.

Und um die Darstellung, die Anwendung und die Herleitung dieses Framework und dessen Einsatz zur Modellierung digitaler Business Models geht es in diesem Buch. Zur Herleitung, Erklärung, Anwendung und der Vermittlung der dem Framework zugrunde liegenden physikalischen, technologischen und sozi-ökonomischen Erkenntnisse und Ideen, ist das Buch in vier Teile untergliedert, wobei Teil II und Teil III, welche die Elemente des Frameworks und die Vorgehensweise zur Entwicklung eigener digitaler Geschäftsmodelle umfassen, auch als ein Teil gefasst werden können. Weshalb das Konzept des Buches auf eine Tagline verkürzt werden kann: **Define, design, develop and discover digital Business Models.**

*discover* *digital Business Models."*

In dem ersten Teil des Buches wird das Digital Value Creation Framework zur Konzeption und Modellierung digitaler Geschäftsmodelle hergeleitet, vorgestellt und in einen unternehmerischen Kontext eingeordnet. Dabei wird besonderer Fokus auf die Darstellung der neuen technologischen Wirkumgebung gelegt. Denn ohne deren Verständnis besteht die Gefahr, anachronistische Modelle zu entwerfen, da die wirklichen Möglichkeiten nicht bekannt sind und dann auf Basis eines veralteten Technologie-Verständnisses gearbeitet wird. Die andere Gefahr mangelnder Kenntnis der technologischen Rahmenbedingungen besteht darin, ein utopisches Modelldesign zu entwerfen und an der Realität vorbei zu designen. In diesen Fällen wird eher ein Forschungsprogramm als ein Geschäftsmodell entworfen. Die Problematik in beiden Fällen besteht dann darin, dass so keine ökonomische Wirkung erzeugt werden kann, weil es entweder noch keinen Markt auf Konsumentenseite für die Leistungen gibt (utopisches Design) oder das Konsumentenwissen schon weiter vorangeschritten ist und deswegen keine Nachfrage erzeugt werden kann (anachronistisches Design).

Aus der technologischen Rahmenbedingung leitet sich zugleich auch die Grundstruktur des Frameworks und damit digitaler Geschäftsmodelle ab. Der Prozess der Modellierung digitaler Geschäftsmodelle wird in dem zweiten und dritten Teil des Buches beschrieben. Diese beiden Teile können unter dem Begriff des „Designs" von Geschäftsmodellen unter Zuhilfenahme des Frameworks gefasst werden. Die Teilung der Modellierung digitaler Geschäftsmodelle mit dem Framework in zwei Phasen ist nötig, weil jedes Modell aus statischen und dynamischen Komponenten besteht. Erst im Zusammenspiel können diese eine ökonomische Wirkung erzeugen. Hier wird von Architektur und Mechanik gesprochen, die im Rahmen der Modellierung entworfen und beschrieben werden müssen.

### Framework-Architektur

Um die Architektur digitaler Geschäftsmodelle geht es im zweiten Teil des Buches. Hier wird die Wertearchitektur und damit die Statik digitaler Geschäftsmodelle entworfen und skizziert. Dabei sind es spezifische Elemente, die eine Geschäftsmodellarchitektur festlegen. In diesem Teil werden auch typische Muster der einzelnen Elemente aufgezeigt. Tools und Methoden helfen bei der Beschreibung und Einordnung der eigenen Ideen und Geschäftsmodellansätze.

### Framework-Mechanik

Im dritten Teil wird die Mechanik digitaler Geschäftsmodelle aufgezeigt. Denn jedes erfolgreiche Geschäft kann nicht alleine statisch beschrieben werden. Es muss auch bestimmt werden, wie die Elemente in Beziehung zueinander stehen und wie die Regeln ablaufen, die eine ökonomische Wirkung erzeugen. Diese Beziehungen und die zwischen den Elementen ablaufenden Prozesse bilden die notwendige Mechanik im Sinne einer Interaktion zwischen den Geschäftsmodellelementen ab. Erst die Mechanik zeigt, wie Wert konkret geschaffen und erfasst werden kann.

Im vierten Teil wird dargelegt, aus welcher Perspektive heraus mit der Entwicklung innovativer digitaler Geschäftsmodelle begonnen werden kann.

Geschäftsmodelle müssen nicht immer zwingend aus der Sicht von Kunden entwickelt und gedacht werden, sondern es gibt mindestens vier weitere Startpunkte, um in die Gestaltung einzusteigen.

Im fünften Teil wird die Möglichkeit geboten, tiefer in die theoretischen und wissenschaftlichen Grundlagen des Frameworks und damit der Geschäftsmodellentwicklung einzutauchen und diese zu „entdecken". Hierbei werden grundlegende Ideen und Konzepte aus den Bereichen Physik, Informatik und Ökonomie sowie Soziologie beleuchtet und deren Einfluss auf digitale Geschäftsmodelle und das Digital Value Creation Framework offengelegt.

**EINFÜHRUNG**

**15**

Sehen wir uns nun an, wozu Sie das Buch und das Framework einsetzen können und auf welche weiteren Phasen der Geschäftsmodellumsetzung das Framework Einfluss hat.

# Digital Business Modelling

**DAS BUCH UND DAS FRAME-WORK, SOLLEN IHNEN HELFEN:**

- die grundlegenden Konzepte der Digitalisierung und der digitalen Ökonomie zu **verstehen**,
- digitale Geschäftsmodelle zu **analysieren** und einordnen zu können,
- **Vorlagen** für einen Start zur digitalen Geschäftsmodellierung zu bekommen,
- **Ideen** für die eigene Geschäftsmodellentwicklung zu entwickeln und
- **innovative und kreative Geschäftsmodellierungen** zu fördern.

**WISSEN**

**STARTPUNKTE & IDEEN**

**STRATEGISCHE KONZEPTIONS-VORLAGEN & TOOLS**

← DIGITAL BUSINESS MODELLING →

# von der Idee zum Launch

**DARÜBER HINAUS:**

- soll das Framework einen Rahmen bieten, um Modelle und Strategien zu kreieren, die dann auch realisiert werden können und nicht nur als „Post-Its" an der Wand hängen.
- hilft das Framework (ist aber kein Bestandteil des Buches mehr) eine belastbare und stimmige Kalkulation von Business Cases zu ermöglichen, da die Ertragsmechaniken und die Zusammenhänge der einzelnen werttreibenden Faktoren und Elemente nach der Geschäftsmodellierung klar sind und aus diesen Umsatz und Kosten sowie Investitionen abgeleitet werden können.
- werden durch die Modellierung digitaler Geschäftsmodelle, besonders des Transaktionsdesigns, wichtige Impulse und Vorlagen für eine gezielte Prototyping und User-Testing-Phase geliefert.
- können damit sichere und erfolgreiche Umsetzungen angestoßen und so erfolgreich gelaunON werden.

BUSINESS CASE

PROTO-TYPING

CODING

LAUNCH

# TEIL I

# DEFINE

# 1 / DAS NEUE ÖKOSYSTEM

digitaler Geschäftsmodelle

# Inhalt

Im ersten Teil des Buches werden verschiedene grundlegende Fragen beantwortet. Erstens geht es um die Antwort auf die Frage, wie Unternehmen und Geschäftsmodelle sowie Geschäftsmodelle untereinander zusammenhängen. Diese Antwort ist wichtig, um für die eigene Entwicklung digitaler Geschäftsmodelle eine zielführende Analyse- und Beschreibungsebene finden zu können. Es darf nicht passieren, dass so weit weg vom Tagesgeschäft oder der Umsetzungsebene begonnen wird, dass auf Basis der Modellbeschreibung keine Realisierung möglich ist. Es darf aber auf der anderen Seite auch nicht so sein, dass bei der Modellierung sich so im Detail verloren wird, dass dann ebenfalls keine Umsetzung stattfinden kann oder so „kleine" Geschäftsmodelle realisiert werden, dass sie ökonomisch nicht werthaltig sind.

An diese Antwort schließt sich die Grundfrage an, was überhaupt Geschäftsmodelle und was konkret digitale Geschäftsmodelle sind. Erst mit den Ergebnissen dieser Definition ist es möglich, das in diesem Buch zugrunde gelegte Framework digitaler Geschäftsmodellierung herzuleiten und abzubilden und die relevanten Elemente zu beschreiben, aus denen dann individuelle Geschäftsmodelldesigns modelliert werden können.

Im Anschluss daran wird das Framework anhand von Beispielen abgleitet und begründet, weshalb das Framework die Struktur hat, die es hat. Die Struktur und die Elemente des Frameworks leiten sich einmal aus der ökonomischen Analyse von Geschäften und den darin ablaufenden sogenannten Transaktionen ab und zugleich wird das Aussehen des Frameworks durch die technische Umwelt bestimmt, in die jedes digitale Geschäftsmodell eingebettet ist.

 Beginnen wir zuerst mit der Frage, auf welcher Betrachtungsebene überhaupt nach Geschäftsmodellen gesucht werden kann.

Haben Unternehmen wie Google, Facebook, Apple oder auch Shazam oder Spotify eigentlich ein digitales Geschäftsmodell oder mehrere oder unendlich viele?

Ist YouTube ein eigenständiges Geschäftsmodell oder gehört es zu dem Modell von Google und ist iTunes ein digitales und der Verkauf von Hardware ein anderes nicht digitales Geschäftsmodell von Apple? Und Spotify? Ist das nun ein Freemium-Modell oder ist Freemium nicht die Kombination aus zwei Geschäftsmodellen: 1. Free und 2. Premium?

Wenn Sie Spotify nutzen wird Sie diese Frage nicht interessieren, wenn Sie aber (digitale) Geschäftsmodelle analysieren oder designen sollen oder wollen, dann ist die Beantwortung dieser Frage nicht unerheblich, vor allem dann, wenn zu Beginn seitens der Stakeholder ein Geschäftsmodell auf die Frage: „Wie verdienen wir damit eigentlich Geld" reduziert wird und damit Geld verdienen gleich gesetzt wird mit Geschäftsmodell.

Daher soll an dieser Stelle das Konzept der fraktalen Geschäftsmodellstrukturen eingeführt werden. Denn damit ist es möglich zu erkennen, dass Unternehmen selber kein Geschäftsmodell haben, sondern die Summe aus Geschäftsmodellen sind. Und damit können digitale Geschäftsmodelle auf vielen Ebenen gesucht, gefunden und modelliert werden.

Um das Konzept und auch die Herausforderung bei der Suche und Modellierung von Geschäftsmodellen und besonders von innovativen und digitalen Modellen zu verstehen, beginnen wir nicht direkt in der digitalen Welt, sondern sehen uns ein auf den ersten Blick relativ klares und einfaches Geschäftsmodell an: das einer Pizzeria.

Diese müsste ja ein Geschäftsmodell haben! Oder kann man auch bei einer Pizzeria mehrere Geschäftsmodelle vorfinden und ist damit auch eine Pizzeria in der einfachsten Form ein Geschäftsmodellfraktal?

Sehen wir uns daher eine Pizzeria an.

Von einer ganzheitlichen Perspektive aus, kann die Pizzeria in drei Teilsysteme aufgeteilt werden, die jeweils spezifische Leistungen erbringen und an definierten Schnittstellen mit den anderen Systemen Leistungen tauschen.

*Abstrakt betrachtet könnte eine Pizzeria, die auch liefert, in drei Regelkreise aufgeteilt werden.*

Zum einen gibt es das Bestellsystem über das ein Kunde eine Pizza ordert. Hier geht also eine Anfrage nach einer Leistung ein (Eingangssystem). Dahinter liegt das Herstellungssystem, in dem die Pizza entsprechend der Vorgaben der Bestellung produziert wird. Hierbei werden Zutaten zu einem Produkt zusammengesetzt und damit verarbeitet (Verarbeitungssystem). Und dann erfolgt die Übergabe der fertigen Pizza an ein Lieferungssystem, über das die Pizza an den Besteller geliefert wird. Hierbei wird also das Produkt ausgeliefert (Ausgangssystem).

In diesem Beispiel ist es ein Lieferfahrzeug, es könnte aber auch ein Kellner sein, der die Pizza an einen Tisch im Restaurant transportiert. Wir bleiben in diesem Beispiel bei der Auslieferung durch einen Fahrer.

Zoomt man etwas heran, dann kann der Teil der Bestellung wiederum in drei Teilsysteme aufgeteilt werden. So ruft eine Bestellerin zum Beispiel bei der Pizzeria an, um eine Pizza zu bestellen (Eingangssystem). Damit die Kundin bestellen kann, benötigt sie ein Leistungsangebot, aus dem sie sich eine Pizza

aussuchen kann und sofern eine Auswahl erfolgt ist, benötigt die Person, die eine Bestellung entgegennimmt, eine Ausstattung die es ihr ermöglicht, die Bestellung anzunehmen und weitergeben zu können (z. B. Kasse, Bestellbon, Telefon, Block), was zusammen das Verarbeitungssystem ergibt. Am Ende des Prozesses gibt die Person die Bestellung an den Hersteller weiter (Ausgangssystem). Aus Sicht des Pizzabäckers, also der Herstellung, ist der Bestellprozess sein Eingangssystem oder die -schnittstelle. Sobald er den Auftrag erhalten hat, beginnt sein Ablauf, wie aus

Zutaten eine fertige Pizza wird. Dies ist sein Verarbeitungssystem. Die Weitergabe der Pizza an dem Lieferservice ist sein Ausgangssystem. Auch dieser kann wieder in diese drei Teile unterteilt werden. Er empfängt eine Leistung aus der Herstellung (Eingangssystem), transportiert (sein Verarbeitungssystem) die Pizza dann an ein Ausgangssystem, bei dem dann die Ware abgeliefert und dafür Geld in Empfang genommen wird. Damit gibt es auf einmal nicht drei Teilsysteme, sondern in dieser Beschreibung sind es nun sogar neun. Aber dennoch könnte man ja sagen, es ist immer noch die Pizzeria und die hat nur ein Geschäftsmodell. Das stimmt. Was aber, wenn Derjenige, der die Bestellung entgegennimmt, sich aus der Pizzeria löst und nur noch selbstständig Bestellungen vermittelt? Und was, wenn Derjenige, der die Pizza herstellt, sich nur auf die Herstellung fokussiert und von verschiedenen Bestellungsvermittlern Aufträge annimmt, die Aufträge abarbeitet und diese dann an einen eigenständigen Lieferservice weitergibt, der wiederum verschiedene Restaurants als Kunden hat und für diese die Ware ausfährt? Sind es dann nun drei Geschäftsmodelle oder immer noch eines? Und wenn die Pizza von einer Franchise-Kette aufgekauft wird, hat die Pizzeria dann kein eigenes Modell mehr, sondern ist Teil des Geschäftsmodells der Kette, die vielleicht wieder zu einem noch größeren Konzern gehört?

Warum erzähle ich Ihnen das? Weil es in Bezug auf die Definition eines Geschäftsmodells keine exakte Betrachtungsebene gibt, bei der man sagen könnte: „Fange hier an und höre da auf!" Denn der einfachste Interaktionsprozess zwischen zwei Wirtschaftssystemen, wie die Bestellung einer Pizza über einen Vermittler kann ein ganzes Geschäftsmodell begründen und darstellen, ebenso wie ein Franchisesystem von Lieferservices das deutschlandweit agiert ein Geschäftsmodell hat, aber auch der Tausch der Pizza gegen Geld an der Tür des Bestellers kann als eigenes Geschäftsmodell betrachtet werden.

Wenn man nun mit der Modellierung beginnt, dann könnte es passieren, dass man an der Haustür beginnt und in der Franchisezentrale endet oder umgekehrt bei der Analyse eines Franchisebetreibers beginnt und an der Kasse im Restaurant endet.

Um dieser Komplexität überhaupt begegnen zu können und dennoch bei Geschäftsmodellanalysen und der Konzeption der Modelle zu guten Ergebnissen zu kommen, liegt dem später vorgestellten Framework eine grundsätzliche Idee zugrunde: die Idee, dass Unternehmen Geschäftsmodellfraktale sind und Geschäftsmodelle wiederum Fraktale aus den drei Regelkreisen „Eingabe, Verarbeitung, Ausgabe" darstellen. Was sind dann aber Fraktale?

Fraktale sind sich immer wiederholende Strukturen, die sich zu einem immer komplexeren Gebilde ausformen. Die Grundlage wurde von dem französischen Mathematiker Mandelbrot gelegt, der die fraktale Geometrie entdeckt und populär gemacht hat. Die Erkenntnisse der fraktalen Geometrie bestehen darin, dass Sie überall, wenn Sie genau hinschauen, ähnliche Muster und Strukturen finden, die sich permanent wiederholen. Analysieren Sie einen Baum ohne Blätter, können Sie erkennen, dass dieser die Summe seiner Äste ist, die sich immer wieder in selbstähnlicher Form wiederholen. Wenn Sie einen Baum in einer einfachen Abbildung zeichnen wollen, dann zeichnen Sie Striche, die sich am oberen Ende immer wieder teilen. Der Ast wiederholt seine eigene Struktur immer wieder selbst, und bildet so erst einen Baum.

Diese Erkenntnisse wurden von dem ehemaligen Direktor des Fraunhofer Institutes Hans-Jürgen Warnecke auf Unternehmen angewandt. Die Entdeckungen Mandelbrots und die Übertragung dieser Ideen auf Unternehmen seitens Warnecke, werden nun auch auf die Konzeption digitaler Geschäftsmodelle übertragen.

 **Merke!**

*Fraktale – Unternehmen – digitale Geschäftsmodelle*

Ein Fraktal in Unternehmen stellt eine selbstständig agierende Unternehmenseinheit dar, deren Ziele und Leistung eindeutig beschreibbar und die durch die Eigenschaften Selbstorganisation, Selbstähnlichkeit und Dynamik definierbar sind (in Anlehnung an Warnecke 1996). Aus dieser Sicht heraus können Unternehmen als Geschäftsmodellfraktale und diese wiederum als Fraktale von den drei Regelkreisen Eingabe, Ausgabe, Verarbeitung beschrieben werden.

# Fazit

## Geschäftsmodelle
### sind Regelkreisfraktale

Wenn Sie nun digitale Geschäftsmodelle designen und dabei das hier vorgestellte Framework einsetzen, können Sie immer entscheiden, ab welcher Beschreibungsebene Sie die Modellierung in Fraktale aufbrechen und diese als eigenständige Geschäftsmodelle abbilden und modellieren. Sie können später die einzelnen Geschäftsmodelle wieder untereinander koppeln (dafür gibt es im Framework eine spezifische Schnittstelle an der weitere und andere Geschäftsmodelle angedockt werden). Sie müssen dabei nur die entsprechenden Geschäftsmodellelemente und deren Logik konsistent in dem Framework verbinden und können so beliebig viele Geschäftsmodelle entwickeln und koppeln: Solange bis aus einem einfachen Upload-Prozess, eine Plattform für die Distribution für Filme wird, die dann die Videos vermarktet und die Erlöse mit den Nutzern teilt, bis die Plattform schließlich von einer Suchmaschine gekauft und von dieser wiederum mit den anderen eigenen digitalen Geschäftsmodelle verbunden und vernetzt wird.

Nun wissen wir, dass Unternehmen als Geschäftsmodellfraktale beschrieben werden können und Geschäftsmodelle wiederum als Fraktale aus Regelkreisen, aber damit ist noch nicht genauer der Begriff „digitale Geschäftsmodelle" definiert.

 Sehen wir uns nun also diesen zentralen Begriff näher an und versuchen eine Definition: Was ist ein digitales Geschäftsmodell?

Um zu definieren, was ein digitales Geschäftsmodell ist, wenden wir uns den einzelnen Begriffen und deren Bedeutung zu.

Beginnen wir mit dem Begriff **Geschäft**. Ein Geschäft kann relativ einfach definiert und beschrieben werden. **Ein Geschäft ist eine Transaktion**. Eine Transaktion ist wiederum ein Prozess, bei dem zwei Wirtschaftssysteme Leistung und Gegenleistung tauschen. In einer einfachen Vorstellung ist es so, dass ein Kunde etwas haben möchte, ein Anbieter dies hat, und dies der Anbieter an den Kunden übergibt und dafür wiederum etwas erhält. Der heutige „Standardtausch" ist Ware gegen Geld.

Die Transaktionen können dabei als Regelwerke und -kreise verstanden werden, bei denen es im Idealfall zu einem permanenten Austausch zwischen den Wirtschaftssystemen kommt. Dabei verlaufen diese Prozesse in bestimmte Richtungen. Einige laufen zu dem Anbieter hin und einige laufen von dem Anbieter weg. Diese **Richtungen** können auch als Ein- und Auszahlungen verstanden werden, die wiederum zwischen Performancegruppen verteilt werden (Performancegruppen = Auftraggeber und Auftragnehmer eines Geschäfts).

Das Entscheidende für ein Geschäft ist, dass diese **Transaktion** nicht nur einmalig und zufällig stattfindet, sondern dass die Transaktion wiederholbar ist. Die Idee der **Wiederholbarkeit** kann in drei Dimensionen aufgeteilt werden:

**Info**

*Geschäft*
Ein Geschäft ist ein Ablauf zwischen zwei Systemen, bei dem ein System etwas anbietet und eines etwas nachfragt.

*Geschäft*

1. *in die Dimension der Nachfrage(r),*
2. *in die Dimension der Leistung,*
3. *in die Dimension der Abläufe einer Transaktion.*

**Die erste Dimension** beschreibt, ob es genügend Nachfrage für beziehungsweise Anwendungsfälle von dieser Leistung gibt, so dass eine Menge von Transaktionen durchgeführt werden kann, die zu einer Existenzberechtigung des Anbieters führt. Das kann üblicherweise durch viele kleine oder wenige große Transaktionen geschehen.

**Die zweite Dimension** der Wiederholbarkeit prüft, ob es möglich ist, die gleiche oder eine ähnliche Leistung wiederholt durchzuführen. Es muss möglich sein, eine Leistungen in mehr oder weniger ähnlicher oder identischer Form anbieten zu können.

**Die dritte Dimension** verlangt, dass die Abläufe, die eine Leistungserstellung und -erbringung sowie den Austausch ermöglichen, so standardisiert sind, dass sie öfter oder dauernd durchgeführt werden können und nicht immer neu und individuell ausgehandelt werden müssen.

Die Wiederholbarkeit ermöglicht eine Skalierbarkeit eines Geschäftes. Je mehr Dimensionen skaliert werden können, umso besser sind die **Chancen auf Erfolg** für den Anbieter eines Geschäftsmodells. Diese drei Elemente: Transaktion, Wiederholbarkeit und Richtungen beschreiben eine **Wertemechanik**, innerhalb der Werte erfasst, verarbeitet und verteilt werden.

Als zweiten Begriff haben wir den des **Modells**. Ein Modell ist erst einmal die Abstraktion von etwas. Bezogen auf ein Geschäft ist es die Abstraktion von Objekten, die notwendig sind, um ein Geschäft zu betreiben. Hierbei werden die einzelnen Elemente des gesamten Systems dargestellt und auch beschrieben. Im Fall eines Geschäfts sind es das **Eingabe-, Verarbeitungs- und Ausgabesystem**.

Ein Geschäftsmodell benötigt immer einen Grund (= Ziel) warum es überhaupt realisiert und angeboten wird. Dieser Grund kann allgemein als **Gratifikationssystem** verstanden werden. Es beschreibt, was ein Anbieter sich von dem Geschäftsmodell verspricht und welche Gratifikationen er auch an Performancegruppen verteilen kann.

Um eine Gratifikation zu erhalten, stellt sich die Frage, welche Leistungen angeboten werden können, damit es überhaupt zu einer Gratifikation kommen kann. Die Abbildung der Leistungen erfolgt entsprechend in einem **Leistungssystem**.

Zu der Beschreibung eines Geschäftsmodells gehört zudem immer auch eine Beschreibung der notwendigen **Ausstattung**, die Systeme benötigen, damit eine Leistung in Anspruch genommen und eine Gratifikation erhalten werden kann.

Wenn jemand Wasser anbietet, dann muss der Nachfrager ein passendes Gefäß haben, damit er damit etwas anfangen kann oder der Anbieter muss ihm ein Gefäß zur Verfügung stellen. Ist die passende Ausstattung nicht vorhanden, dann kann keine Transaktion stattfinden.

An dieser Stelle greift der Begriff **digital**, denn ein Anbieter eines digitalen Geschäftsmodells muss eine **digitale Ausstattung** aufweisen und beim Nachfrager und bei anderen Anspruchsgruppen vorfinden oder diese ihnen zur Verfügung stellen, damit ein Geschäft digital stattfinden kann.

Wenn Sie heute mit einem Anbieter eines digitalen Geschäftsmodells interagieren, dann werden Sie das über eine entsprechende Ausstattung tun müssen. Sie können eben mit einem Radio nicht ins Internet gehen und deswegen mit einem normalen Radio kein Spotify hören und nutzen können. Sie werden YouTube nicht auf dem Fernseher empfangen können, wenn dieser keine Verbindung zum Internet hat. Insofern ist in der digitalen Welt nicht nur die Ausstattung digital, sondern die gesamte Umwelt, das gesamte Ecosystem ist vollständig digital und in dieser speziellen Umwelt finden die Geschäftsmodelle statt.

Nur unter diesen **Umweltbedingungen** kann ein digitales Geschäftsmodell Wirkung erzeugen. Wenn ich zum Beispiel ein Auto modelliere, dann muss die Umgebung des Autos bestimmt werden, damit das Auto in dieser Umgebung eine Wirkung erzeugen kann. Wenn ich es in ein unwegsames Gelände setze, wird es anders aussehen, als auf einer Rennstrecke. Die Umwelt ist bei digitalen Geschäftsmodellen (fest) vorgegeben. Hier spielt die digitale Technologie und die digitale Infrastruktur der verteilten Systeme eine entscheidende und bestimmende Rolle.

Deswegen wird auch ein auf diese Umwelt passendes Framework benötigt, denn eine Umwelt wirkt auf die Struktur eines Modells ein. Hier geht es also um eine Modellierung von Geschäften in einer digitalen Infrastruktur mit der passenden digitalen Ausstattung der beteiligten Systeme (die im Framework Performancegruppen genannt werden).

 Wie sieht nun das Framework für die Modellierung digitaler Geschäftsmodelle aus? Wir sehen uns das Framework im Überblick kurz an, bevor wir dieses Schritt für Schritt aus der Evolution von Geschäftsmodellen und dem neuen digitalen Ökosystem herleiten.

WORK?

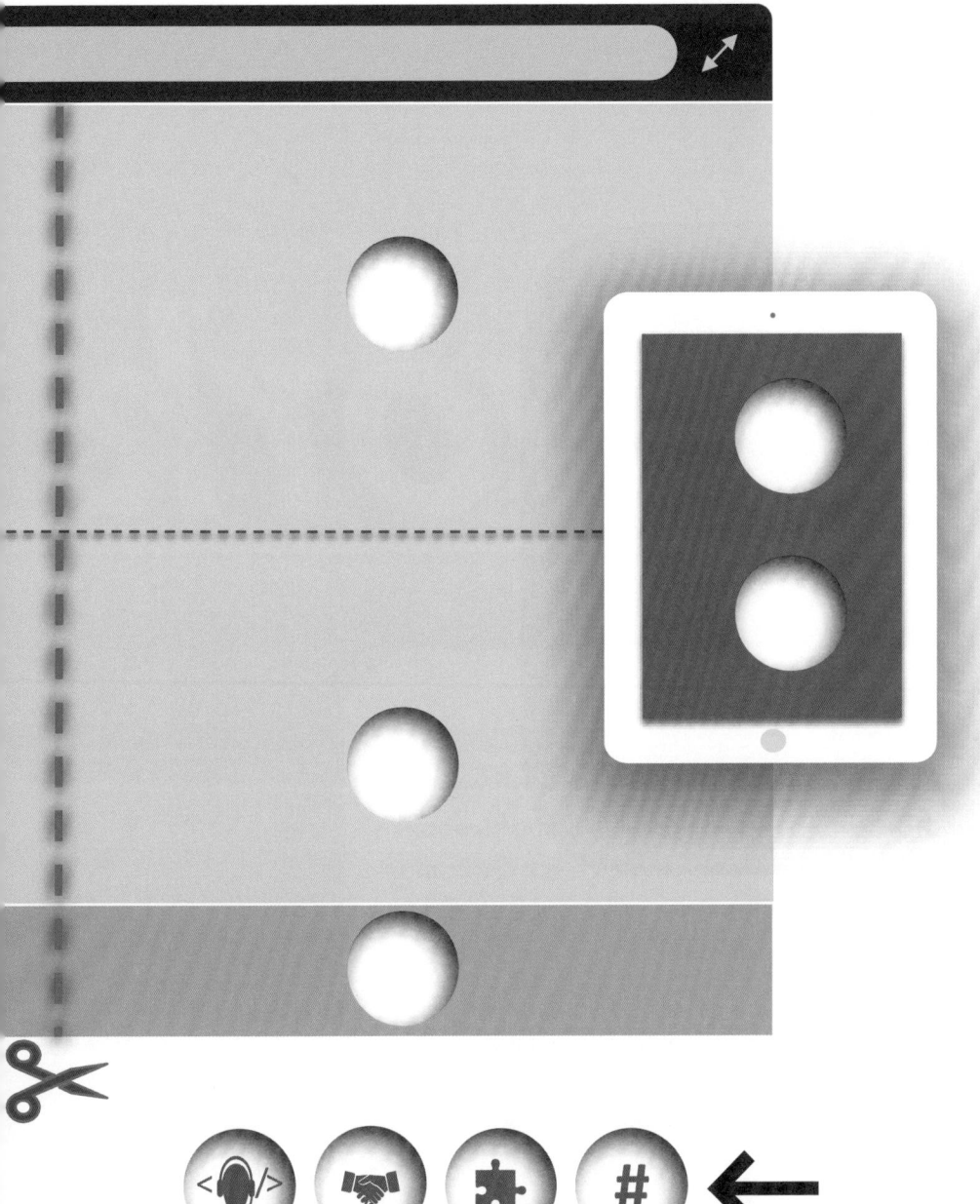

# *Framework*

 **Info**

Ein Framework stellt ein Gerüst oder einen Orientierungsrahmen dar, der hier zur Konzeption und Beschreibung digitaler Geschäftsmodelle verwendet wird. Das Framework fungiert dabei zugleich als Ordnungsrahmen in dem festgelegt wird, welche Elemente wie angeordnet werden und wie diese in Relation zueinander stehen.

Ganz allgemein gesprochen ist ein Framework ein Grundgerüst oder ein Orientierungsrahmen. Im Kontext digitaler Geschäftsmodelle wird das Framework verwendet, um unter Anwendung von Regeln und der Platzierung definierter Elemente individuelle digitale Geschäftsmodelle zu konzeptionieren.

Das Framework besteht aus zwei Seiten, sowie Platzhaltern, die mit Elementen befüllt werden können. Die Platzhalter sind bewusst nicht vorbelegt, weil erst aufgrund Ihrer individuellen Analyse und Kreativität viele der Platzhalter belegt und beschrieben werden. Das Framework selbst gibt nur bestimmte Bereiche vor, in denen einige Elemente platziert werden „dürfen" und andere nicht. Generell soll der Rahmen eine Hilfestellung sein, um Ihren Ideen und Modellen eine Struktur vorzugeben, ohne diese zu sehr einzuschränken. Die Vorgaben basieren dabei vor allem auf den nachfolgenden Ableitungen der Geschäftsmodellevolution und der technischen Umweltbedingungen, die eine gewisse Logik und Struktur des Frameworks bedingen.

*Elemente*

## Principals

stellen Aufträge an die Plattform und nehmen Leistungen in Anspruch. Sie können an der linken und an der rechten Seite der Plattform platziert werden.

## Agents

erhalten von der Plattform Aufträge und auch für diese entsprechende Gratifikationen. Stehen an der rechten Seite der Plattform.

## Leistungen

beschreiben das, was der Geschäftsmodellanbieter nach außen hin anbietet. Bei der Modellierung sollten diese oberhalb der horizontalen Linien positioniert werden.

## Softwareagenten

gehören (oder können gehören) zum Leistungsspektrum des Geschäftsmodellbetreibers. Sind aber auf den Devices der Principals oder Agents installiert und führen die operativen Transaktionen mit der Plattform aus. Diese müssen gar nicht positioniert werden, können aber auch an beiden Seiten in dem unteren „Spot" platziert werden.

## Gratifikationen

sind alle Gegenleistungen, die Sie für Ihre Leistung erwarten. Das kann Geld sein, aber es gibt auch nichtmonetäre Gratifikationen, wie z. B. Daten oder Aufmerksamkeit.

## Komplementoren

 bilden die Voraussetzung für das Funktionieren des Geschäftsmodells und verbessern die Leistungsfähigkeit des Modells. Diese müssen nicht positioniert werden.

## Richtungen

 zeigen auf, welche Leistungen eine Integration der Akteure benötigen und welche Leistungen und Gratifikationen nach innen oder außen laufen. Zudem stellen Richtungen die Beziehungen der Akteure zu Leistungen und zu den anderen Akteuren dar.

## Transaktionen

 beschreiben die Abläufe zwischen allen Akteuren und der Plattform. Diese bilden dabei einen logischen und sequenziellen Ablauf aus, der in Form von Zahlen dargestellt werden kann: 1-2-3 und so weiter. Die Zahlen werden an den Richtungen platziert.

## Geschäftsmodellpartner

 erweiterten das eigene Geschäftsmodell und bilden daher Geschäftsmodellfraktale aus. Diese können mehrmals positioniert oder aber auch gar nicht positioniert werden.

## Netzwerke

Alle Akteure, also Principals, Agents, Geschäftsmodellpartner und Komplementoren können in Netzwerke eingebettet werden. Diese drei Netzwerke sind offene, teiloffene oder geschlossene Netzwerke. Netzwerke werden nicht direkt im Framework positioniert.

# Die zwei Varianten: maximal und minimal

*Zugeordnet kann das Framework in einer Maximalbelegung so dargestellt werden:*

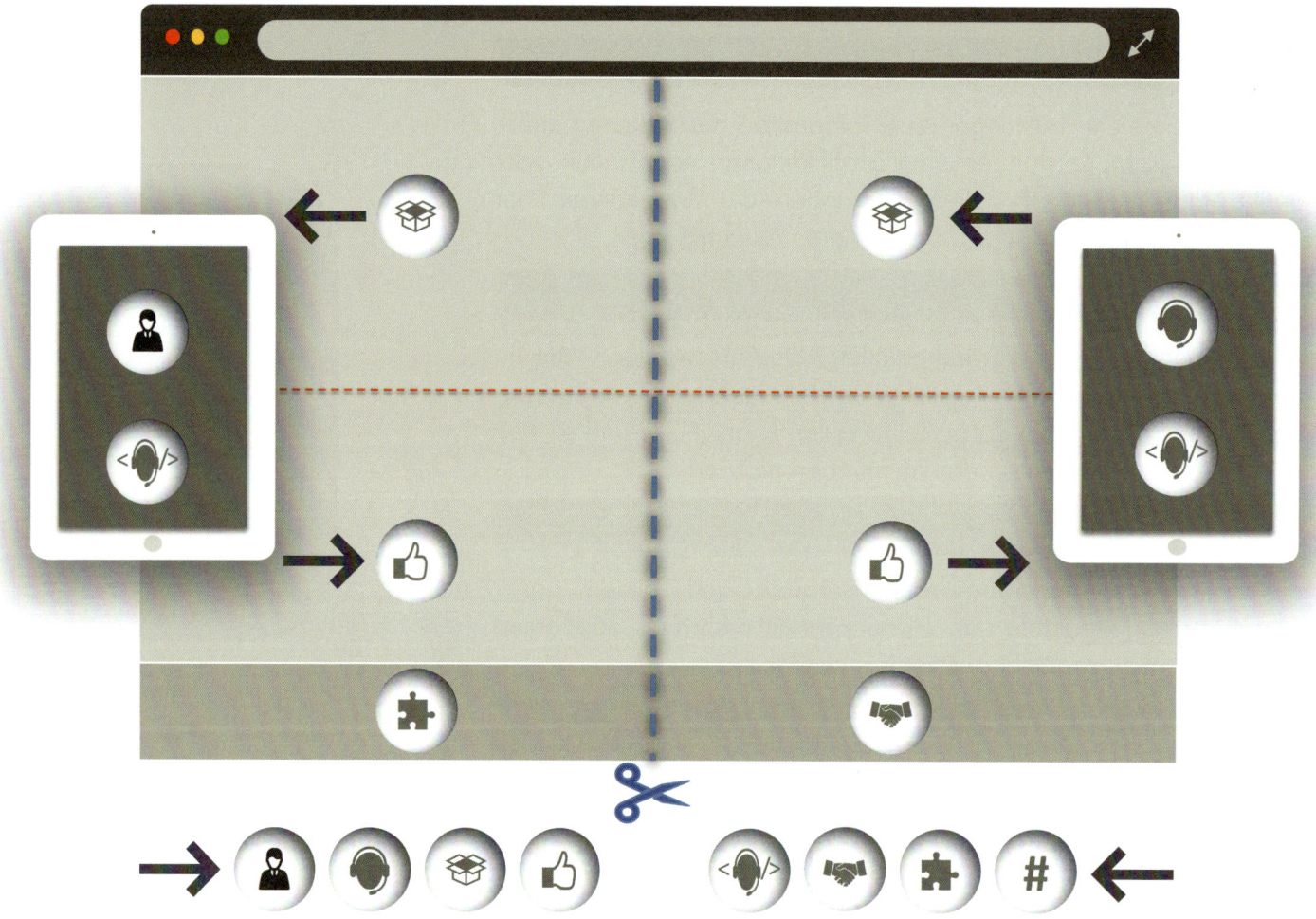

Hierbei sind alle Positionen besetzt und die Richtungen der Elemente auch bestimmt. Geschäftsmodellpartner aber auch Komplementoren können auch mehrmals positioniert werden. Auf der rechten Seite können sowohl Agents als auch Principals eingesetzt werden. In diesem Modell werden zudem die operativen Transaktionen durch Softwareagenten durchgeführt.

# Die zwei Varianten: maximal und minimal

*Die minimal funktionsfähige Variante kann hingegen so skizziert werden:*

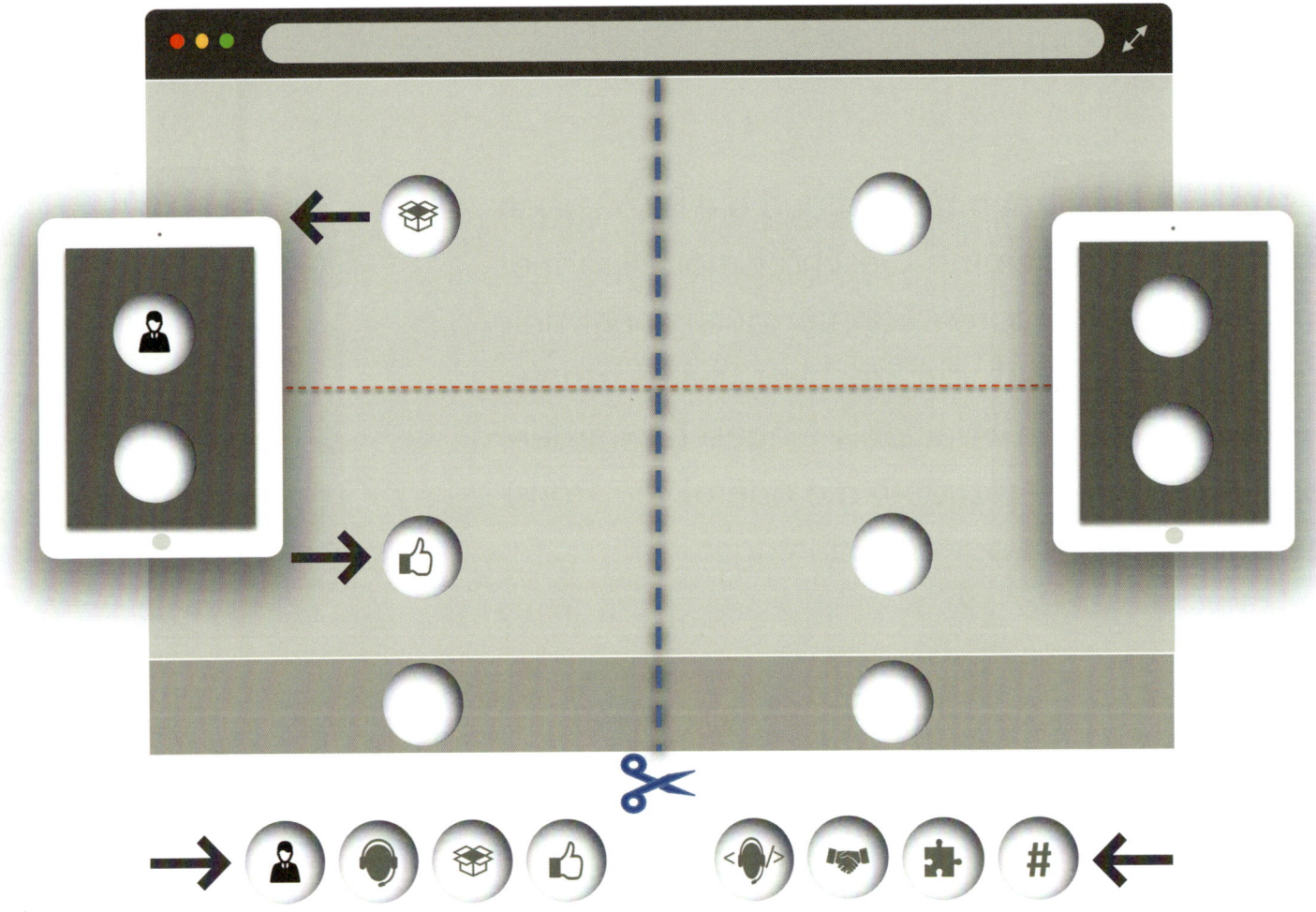

Hierbei ist nur eine Performancegruppe platziert: Principals aus Sicht des Geschäftsmodellanbieters. Nur mit diesen Akteuren werden Leistungen und Gratifikationen ausgetauscht und deren Richtungen definiert. Daher wird auch nur eine halbe Seite des Frameworks benötigt.

→ Gehen wir nun der Frage nach, warum das Framework so aussieht, wie es hier abgebildet ist. Um dies zu erklären, leiten wir das Framework Schritt für Schritt über Geschäftsmodellanalogien und über die neue technologische Umwelt ab. ▬

Minimal

# 1.4 / DIGITALE GESCHÄFTSMODELL

## Vom Menschen zum Automaten

**EVOLUTION:**

In diesem Kapitel werden anhand eines einfachen Geschäftsmodell-beispiels die wesentlichen Elemente und Transaktionen hergeleitet. Ziel des Kapitels ist es, die relevanten Elemente zu isolieren, daraus eine Grundarchitektur abzuleiten und diese in eine digitale Architektur zu überführen.

### 1.4.1 Ein einfaches Geschäftsmodell in einer materiellen Welt

Geschäftsmodelle können im Grunde in ein einfaches Muster gefasst werden. Dieses soll an einem konkreten Beispiel, dem eines Weinhändlers, beschrieben werden. Ein Weinhändler bietet etwas an, ein Nachfrager verlangt nach diesem Angebot. Sieht man etwas genauer hin, dann wird es schon komplexer. Denn beide Seiten offerieren etwas und beide Seiten erwarten zugleich etwas. Der Anbieter wird nur dann die Ware übergeben, wenn er dafür auch etwas erhält und umgekehrt möchte der Nachfrager nur etwas hergeben, wenn er dafür auch etwas bekommt.

In einer abstrakten Betrachtung haben beide Seiten ein Angebot und beide Seiten haben eine Nachfrage. Damit nun eine Transaktion stattfindet, müssen nun zwei Erwartungen und die jeweilige Beurteilung der Chancen, wie wahrscheinlich eine Transaktion zustande kommt, übereinander gelegt werden.

Der Anbieter wird nur dann etwas offerieren, wenn er eine Chance sieht, dadurch das zu erhalten, was er benötigt, um sein Geschäft aufrechterhalten zu können beziehungsweise die Chance auf Gewinn sieht. Umgekehrt wird eine Person nur ein Geschäft betreten und eine Nachfrage stellen, wenn sie eine Chance sieht, dass ihre Erwartung in Bezug auf die Befriedigung ihrer Bedürfnisse erfüllt wird. Glaubt ein potenzieller Käufer, dass die Auswahl nicht umfassend genug ist, um den passenden Wein zu finden, oder der Preis und die Preislagen für ihn zu hoch sind, wird der den Laden nicht betreten.

Deswegen wird der Anbieter versuchen, die Erwartungen zu antizipieren und zwar für möglichst hohe Menge an ähnlichen Erwartungen in Bezug auf Auswahl und Preis, so dass er glaubt, dass seine Erwartung an Menge des Absatzes und des sich daraus ergebenden Umsatzes erfüllt werden.

Solche Situationen können daher als eine Wahrscheinlichkeitsverteilung gesehen werden. Denn beide Seiten haben eine Erwartung an eine Leistung und deren Erfüllung. Die Erwartung drückt dabei eine subjektive Wahrscheinlichkeit aus, von der beide Seiten glauben, ihr Ziel erreichen zu können (in Anlehnung an Rotermund; Eder, 2011, S. 61).

 **Merke!**

Geschäftsmodelle basieren auf einer Wahrscheinlichkeitsverteilung von wechselseitigen Erwartungen an die eigene Zielerreichung.

## Skizziert sieht die Situation dann so aus:

Diese Situation bildet eine Wertearchitektur ab.

Damit aber ein Geschäft zustande kommt, muss nun ein Austauschprozesses stattfinden. In diesem werden wechselseitig Leistungen und Gegenleistungen ausgetauscht. In diesem Fall ist es also Wein gegen Geld. Dieser Prozess beschreibt eine Mechanik, die ökonomisch auch als Transaktion bezeichnet wird.

Jede Transaktion hat dabei einen definierten Anfang und ein definiteres Ende. Das Ende ist definierbar, als das wechselseitige Ziel, das im Rahmen der Transaktion erreicht werden soll.

Am Ende dieses Prozesses muss der Weinhändler eine Gratifikation, in diesem Fall Geld, empfangen haben. Das Ende einer Transaktion beschreibt daher das Ziel seines wirtschaftlichen Handelns. Damit sind Ziele immer nur pro Transaktionsprozess definierbar. Anders formuliert:

Ziele werden über Transaktionen definiert.

Neben diesem Austausch von Leistung und Gratifikation, wird das Geschäftsmodell des Weinhändlers auch dadurch definiert, dass es für ihn wiederholbar sein muss. Es muss also möglich sein, die Transaktion in ähnlicher oder identischer Weise erneut durchzuführen.

Auf der einen Seite kann das nur gelingen, wenn es genügend Anwendungsfälle seiner eigenen Leistung gibt, oder einfach gesagt, es muss ausreichend Weinkäufer geben, die er erreichen kann und wenn sich der Anwendungsfall häufiger wiederholt, dann muss es dem Weinhändler möglich sein, genügend Leistung anbieten oder erbringen zu können. Auf der Angebotsseite gibt es nur zwei Möglichkeiten, diese Wiederholbarkeit herzustellen. Entweder kann der Weinhändler immer wieder die Leistung selbst herstellen oder er bezieht Leistungen in fertiger oder teilgefertigter Form in entsprechender Menge von Anderen.

 **Merke!**

Des einen Aufwände sind des anderen Leistungen und des einen Preise sind des anderen Kosten.

 **Info**

*Transaktion*

Im Rahmen von Transaktionen kommt es zu einer Übertragung von Informationen und Informationsgütern über eine technische Schnittstelle hinweg. Jede Transaktion wird dabei mittels einer Abfolge von Programmschritten zwischen zwei Systemen durchgeführt. Dabei wird eine Funktion beendet und eine andere beginnt.[1]

[1] unter: http://wirtschaftslexikon.gabler.de/Definition/transaktion.html

Bezieht er Leistungen von Anderen dreht sich seine Perspektive. Denn er benötigt nun Wein und ist bereit, dafür etwas zu geben. Er wird also selbst zu einem Kunden.

Die Ausgangssituation lässt sich damit fast identisch skizzieren. Auch hier muss zuerst eine Wertearchitektur gesucht und aufgezeigt werden und auch an dieser Seite des Geschäftes entsteht dann erst eine Dynamik des wechselseitigen Austausches von Leistungen, wenn es eine Übereinstimmung in Bezug auf die Gratifikation und Leistung wechselseitig gibt.

 **Merke!**

# Jeder ist Kunde und Lieferant zugleich.

(Warnecke 1996, S. 101).

Derartige Geschäftsmodelle haben immer **zwei Seiten**, die konzeptionell ähnlich, inhaltlich und von der Zielsetzung des Weinhändlers aber spiegelverkehrt sind.

Betrachtet man nun das Modell mit etwas Abstand, dann zeigt sich, dass die Grundarchitektur aus drei Teilen besteht:

- eine Kundengruppe, die mit Geld den Laden betritt und (im Idealfall) mit Waren das Geschäft verlässt,

- der Geschäftsmodellbetreiber mit seinem Shop,

- die Kundengruppe, die mit Waren ankommt und mit Geld hinausgeht.

Die Endkunden kommen über eine Schnittstelle (Eingangstür) in den Weinhandel hinein.

Sie werden nur hineingehen, wenn sie glauben oder wissen, dass die Chance auf eine Leistungserfüllung entsprechend hoch ist. Wenn Sie dann eintreten, dann können in dem Geschäft die Transaktionen durchgeführt werden. Auf der Lieferantenseite muss es auch eine Schnittstelle geben, bei der die Ware angeliefert werden kann. Diese wird technisch anders ausgestattet sein, als die „Vordertür", da zum Beispiel Ladeflächen und Ladezonen vorhanden sein sollten und die Waren direkt im Warenlager platziert werden sollten. Diese drei Teile und die Transaktionen an den beiden Seiten beschreiben das Grundmuster eines Geschäftsmodells.

 Überführen wir diese Struktur nun in ein etwas technischeres Umfeld.

## 1.4.2 Geschäftsmodelle als Automaten

Um die Grundarchitektur, Aufgabenstellung und Differenzierungsansätze digitaler Geschäftsmodelle herzuleiten, soll nun gedanklich der Shop durch einen Automaten ersetzt werden.

### Gebundene Automaten

Wenn man das Geschäft durch einen Automaten ersetzt, ist die erste Form, die sich daraus ableiten lässt, ein sogenannter gebundener Automat. Dass heißt die Akteure müssen sich physisch an dem Automaten befinden, damit ein Austausch von Leistungen stattfinden kann.

In der Grundarchitektur ändert sich sonst nichts. Nur, dass bei einem Automaten strengere Abfolgen und Regeln befolgt werden müssen, damit das gewünschte Ergebnis der jeweiligen Eingabe- und Ausgabeseite erzielt werden kann. Beide Seiten müssen in Bezug zu dem Automaten hoch standardisierte Prozesse durchführen und der Automat muss passend zu den jeweiligen Eingaben reagieren und die entsprechende Leistung erbringen. Werden die Bedingungen nicht exakt erfüllt, kann die Aufgabe nicht gelöst werden. Der Ablauf unterliegt einem geringeren Freiheitsgrad, als wenn zwei Menschen miteinander interagieren würden. So kann der Anwender nicht selbst entscheiden, ob er erst seine Wahl trifft und dann das Geld einwirft oder umgekehrt. Das Ablaufprogramm gibt es vor.

In einer abstrakten Modellierung ist das Grundprinzip allerdings wiederum sehr ähnlich zu dem des Weinladens. Es gibt aber einem gravierenden Unterschied zwischen den beiden Beispielen und dieser hat große Auswirkungen auf die Ökonomie digitaler Geschäftsmodelle. Wenn einmal ein Getränkeautomat entwickelt wurde, löst dieser das Problem standardisiert für alle. Das bedeutet, der Automat ist für mehr Fälle anwendbar und das

**Merke!**

Automaten lösen Probleme standardisiert und formal. Wer einen Automaten entwickelt, löst ein Problem für alle. Problemlösungen unter Einsatz eines Automaten sind immer skalierbar.

Geschäft ist einfacher skalierbar. Wenn jemand einen Weinhandel aufmacht, dann kann er zum Beispiel ein Problem in seiner „Nachbarschaft" lösen, weil es dort keinen Weinhandel gibt, oder er kann sich auf bestimmte Weinsegmente spezialisieren, die es in den großen Supermärkten nicht gibt. Einen Automat löst aber die Aufgabenstellung formal. Das heißt er kann dann alle Flaschen (die das passende Format haben) ausliefern und annehmen.

# *Gebundene*
# *Automaten*

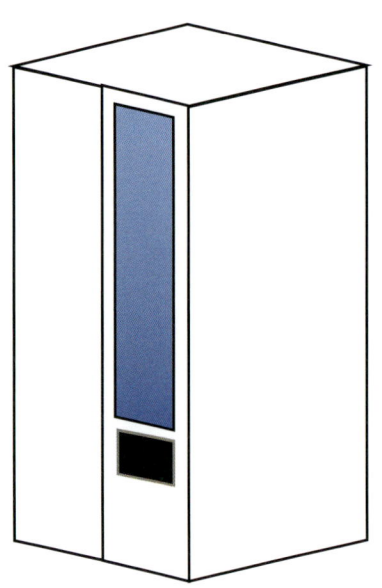

Verteilt man nun die beiden Akteure und setzt diese örtlich von dem Getränkeautomaten weg, müssen die Ein- und Ausgabesysteme zu den Akteuren verschoben werden. Diese können die Eingaben dann aber nur vollziehen, wenn sie selbst über ein technisches Gerät verfügen, über das die Eingabe erfolgen kann. Damit wird festgelegt, dass jedes Eingabesystem zwingend eine technologische Ausstattung benötigt, die es einem Akteur ermöglicht, mit dem Automaten zu interagieren. Zudem muss nun zwischen den Akteuren und dem Automaten eine technische Infrastruktur bestehen, die eine Interaktion erlaubt. Aus dieser Analyse heraus lassen sich zwei Grundmuster digitaler Geschäftsmodelle beschreiben, die sehr häufig vorzufinden sind und angewandt werden. ━

 **Info**

*Digitale Geschäftsmodelle*

Digitale Geschäftsmodelle sind unter Automat eine „Plattform" warekombination verstanden Abläufe (Regelwerke) mittels führt. Dabei werden bestimmte einer bestimmten Ausgabe

Automatensysteme. Hier soll im Sinne einer Hard- und Soft-werden, die vorbestimmte Softwareagenten selbsttätig aus- Eingaben benötigt, die dann zu führen.

## 1.4.3 Grundlegende Geschäftsmodellmuster

Die zwei grundlegenden digitalen Geschäftsmodellmuster, die sich aus dieser Herleitung ableiten lassen, sind Repräsentations- und vollständig virtuelle Muster.

### Repräsentationsmuster

Betrachtet man nun die Situation des Getränkeautomaten, dann zeigt sich, dass hier keine abgeschlossene Leistungsbeziehung stattfinden kann. Denn die Getränke müssen zum Kunden gelangen. Und dies kann bei allen haptischen und materiellen Gütern nicht der Automat übernehmen. Daher kann man derartige Muster auch Repräsentationsmodelle nennen. Der Automat ermöglicht nur eine virtuelle Repräsentation der Waren und Leistungen, nicht aber den sofortigen Konsum oder Gebrauch der Ware oder Leistung. Allerdings ermöglicht er beiden Seiten, einen örtlich unabhängigen Kontakt aufzubauen und dadurch den eigenen Wirkungsradius zu erhöhen.

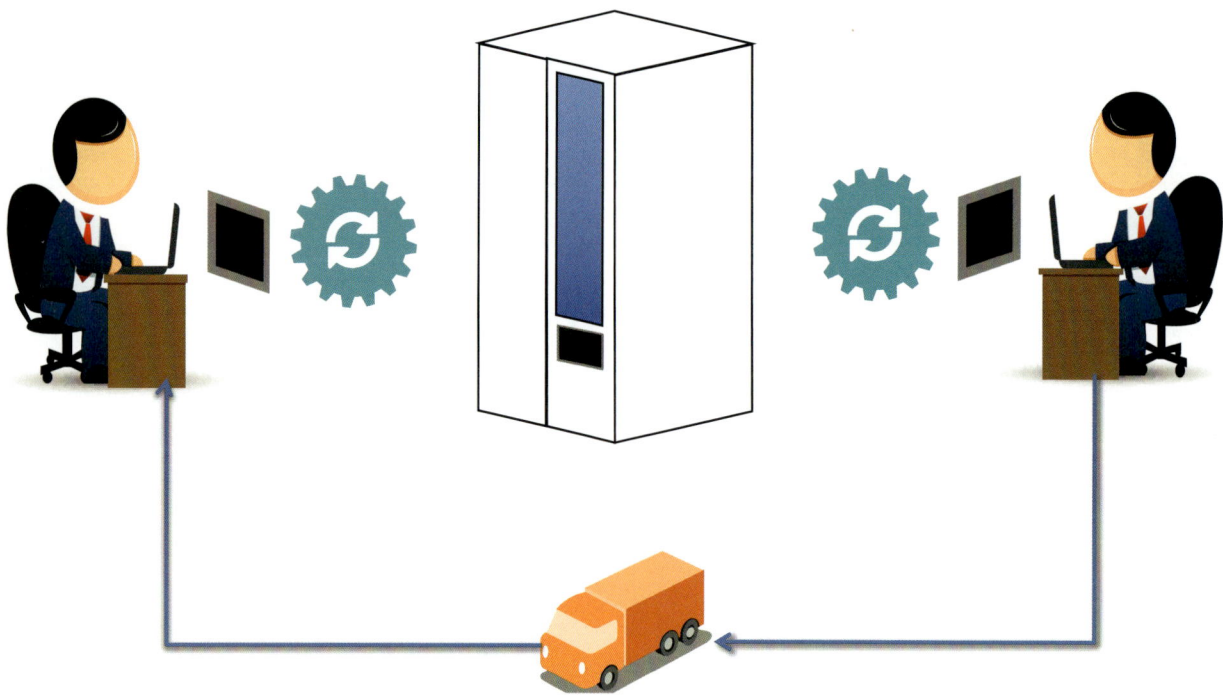

Die Ware oder die Leistung ist dabei an eine materielle und physische Erbringung gebunden. In diesen Fällen muss das Geschäftsmodell mit einem weiteren Regelkreis oder Geschäftsmodell gekoppelt werden, zum Beispiel mit dem eines Paketdienstes.

Es gibt aber auch Modelle, bei denen eine Durchführung ohne das Hinzufügen einer physischen Abwicklung funktioniert. Dies ist der Fall, wenn der Automat Leistungen vorhält, die vollständig digital und virtuell abwickelbar sind.

# Repräsentationsmuster

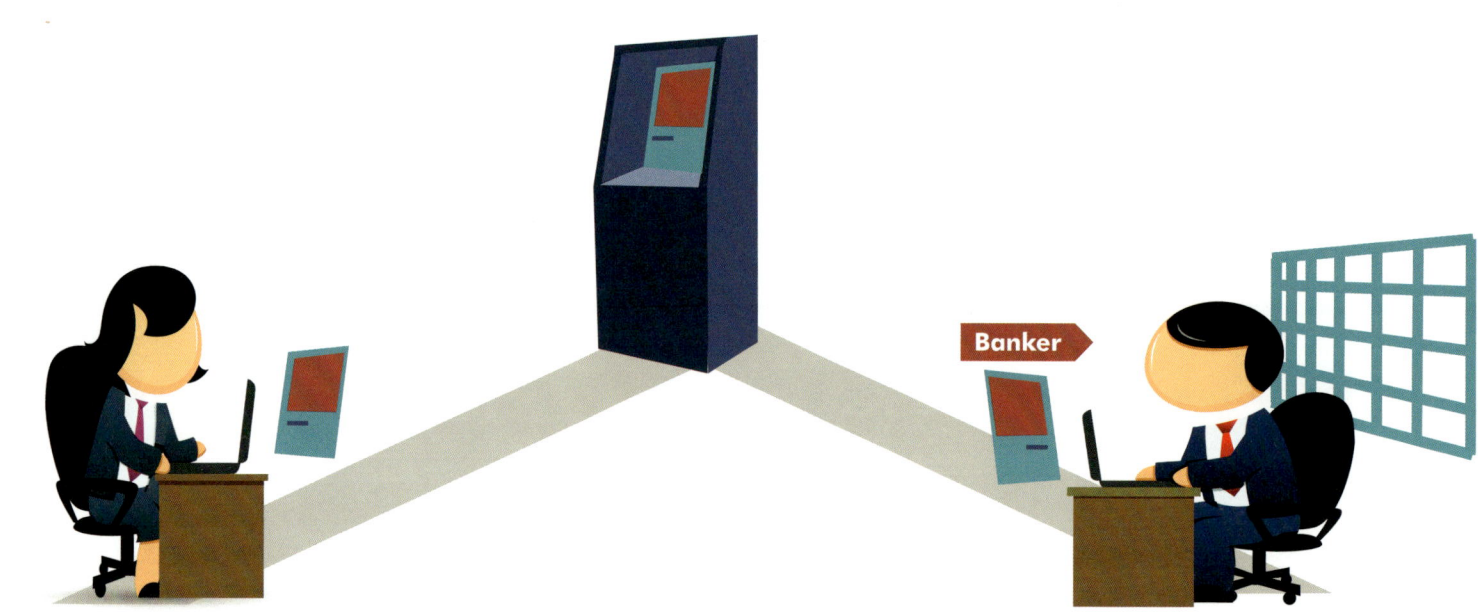

Banker

Virtuelle Mu

Geschäftsmodelle können auch vollkommen virtuell abgewickelt werden. Dabei werden dann Waren und Leistungen in komplett digitaler und virtueller Form erbracht. Der eine Akteur stellt seine Ware in den Automaten ein und die andere Seite kann auf die Ware zugreifen und diese verwenden.

**Info**

*Virtuell*

Virtualität stellt gedachte Dinge dar, die zwar nicht physisch, aber in ihrer Funktionalität oder Wirkung existent sind.[1]

Beide Seiten benötigen in diesem Fall vollständige eigene Automaten, die sowohl Eingaben als auch Ausgaben durchführen können. Denn in diesem Fällen müssen beide Seiten vollständig mit den Automaten kommunizieren und interagieren können.

Es gibt aber auch eine Modellform, bei der nur ein Akteur benötigt wird, weil die Leistung komplett durch die Interaktion zwischen Akteur und Automaten erbracht wird. In diesen Fällen ist es so, dass sich die Grundstruktur des Modells halbieren „kann". Diese Modelle beziehen sich immer auf ungebundene Dienstleistungen, die nur durch eine Hard- und Softwareausstattung von dem Akteur selber erbracht werden können und für ihn einen Wert schaffen.

[1] https://de.wikipedia.org/wiki/Virtualität

### 1.4.4  Halbe Modelle und halbe Automaten

Die Dreiteiligkeit von Eingabe-, Verarbeitungs- und Ausgabesystem kann allerdings auf zwei Teile reduziert werden, immer wenn es möglich ist, die Wiederholbarkeit eigenständig zu erbringen, ohne dafür einen direkten Leistungsbezug von anderer Seite zu benötigen. Dies sind typischerweise Dienstleistungen[2]. Sehen wir uns hierzu eine typische Dienstleistung an: einen Arztbesuch zur Messung des Blutdrucks.

Der Arzt bietet eine gewünschte (oder notwendige) Leistung an, erwartet dafür die für ihn relevante Gratifikation. In diesem Beispiel könnte diese darin bestehen, dass der Arzt nur eine bestimmte Kundengruppe annimmt. Wenn hier keine Übereinstimmung vorliegt, kommt keine Transaktion zustande. Um die Leistung erbringen zu können, benötigt der Arzt eine technische Ausstattung, um die Leistung erbringen zu können. Wenn der Arzt einmal die Ausstattung hat,

---

[2] Abgesehen von Modellen des sogenannten primären Sektors – auch Urproduktion genannt.

kann er seine Leistung beliebig oft wiederholen. Der begrenzende Faktor ist nur er selbst beziehungsweise seine Zeit. Daher sind derartige Modelle immer auf eine Seite des Modells beschränkt. Schematisch abgebildet sieht das Modell nun so aus:

 **Merke!**

Technologien können die Eigenschaften von Leistungen fundamental verändern und damit die bisherigen Leistungen komplett ersetzen.

Sofern die Transaktion durchgeführt wird, ist es bei Dienstleistungen immer so, dass der Nachfrager selbst Teil der Leistungserbringung ist, da der Arzt die Leistung nicht ohne den Patienten ausführen kann. Der Wert der Leistung hängt damit von vier Faktoren ab:

- der Bereitschaft des Nachfragers, sich selbst in den Leistungsprozess einzubringen,
- dem Ausstattungsvorteil des Arztes, durch technische Geräte (Ausstattungsbindung und damit auch Ortsbindung),
- Anwendungsvorteil des Arztes durch die

Fähigkeit, den Vorgang prozessual durchführen zu können (Durchführungsbindung),
- Wissensvorsprung des Arztes bei der Interpretation der Ergebnisse (Kompetenzbindung).

Hierbei kann daher von gebundenen Dienstleistungen gesprochen werden. Damit ändert sich die Wertearchitektur deutlich im Vergleich zu Geschäftsmodellen, die auf Waren basieren. Denn nun steht der Prozess selbst im Mittelpunkt der Leistungserbringung.

Nun ist die entscheidende Frage, ob derartige Bindungen mittels neuer Technologien und vor allem Automaten ersetzt werden können. Dies ist pauschal nicht zu beantworten. Aber in der Tendenz werden immer mehr Dienstleistungen durch eine entsprechende Software- und Hardwareausstattung ersetzbar oder zumindest „ergänzbar". So kann in diesem Fall ein Blutdruckautomat die Leistung erbringen.

**Halber Automat**

## Halber Automat: Der Kunde als eigener Dienstleister

Modellieren wir diese Situation, dann hängt die Leistungsdurchführung erst einmal von der technischen Ausstattung des Patienten ab. Er benötigt also einen Automaten, der für ihn zugänglich ist.

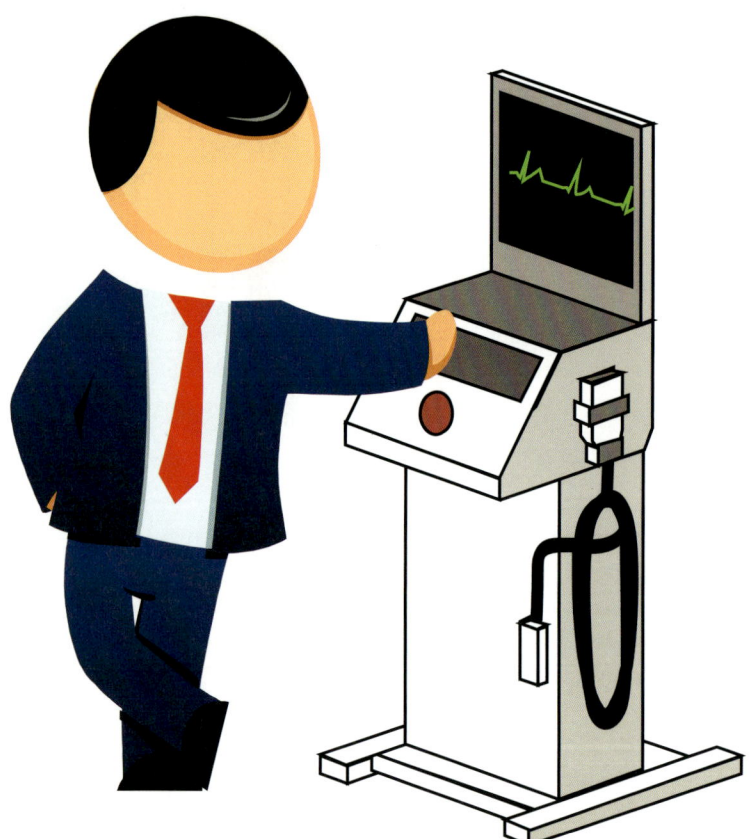

Wenn er Zugang zu dem Automaten hat, dann muss dieser den Ablauf exakt vorgeben, so dass er den Prozess ohne besondere eigene fachliche Kenntnis durchführen kann. Solche Abläufe können durch Algorithmen beschrieben werden.

Algorithmen sind Regelwerke und Verfahren, die so formuliert sind, dass konkrete Problemstellungen nur durch die Anwendung des Verfahrenes lösbar sind, ohne, dass der Anwender die Lösung des Problems selber intellektuell erfassen oder begreifen muss (Schöning 2008, S.1).

Damit benötigt der Automat wieder ein Eingabesystem, welches die Schritte beschreibt und individuelle Eingaben des Nutzers ermöglicht, ihn aber führt. Zudem benötigt der Automat ein Ausgabesystem, das dem Nutzer das Ergebnis der Messung mitteilt.

Auch dieses Muster kann nun wieder örtlich getrennt werden:

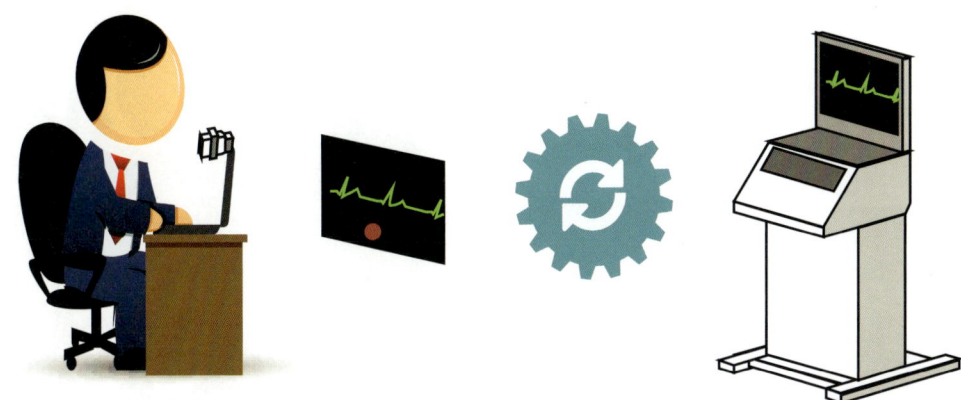

In diesem Fall wird die Software dezentral zur Verfügung gestellt, der Anwender muss die Hardware besitzen, damit die individuellen Daten in die Software eingegeben werden können. Der Automat selbst hält nur die Software vor und könnte, da es sich nun um ein verteiltes System (siehe dazu das Kapitel „Das neue technologische Ökosystem") handelt, auch die Interpretation der Messergebnisse mit anbieten.

Mit der Herleitung dieser beiden Architekturen wurde ein großer Rahmen aller möglichen digitalen Geschäftsmodellmuster beschrieben (es gibt noch ein Mulitagentensystem, welches aber später erst eingeführt wird).

Bildet man das Grundmuster ab, kann eine dreiteilige Architektur hierfür verwendet werden, die in einigen Fällen nur zur Hälfte befüllt wird, wenn die Geschäftsmodelle sogenannte ungebundene Dienstleistungen anbieten.

**Fazit** Digitale Ge
stehen aus drei Re
*Verarbeitung* und

schäftsmodelle be-
gelkreisen: **_Eingabe_**,
**_Ausgabe_**.

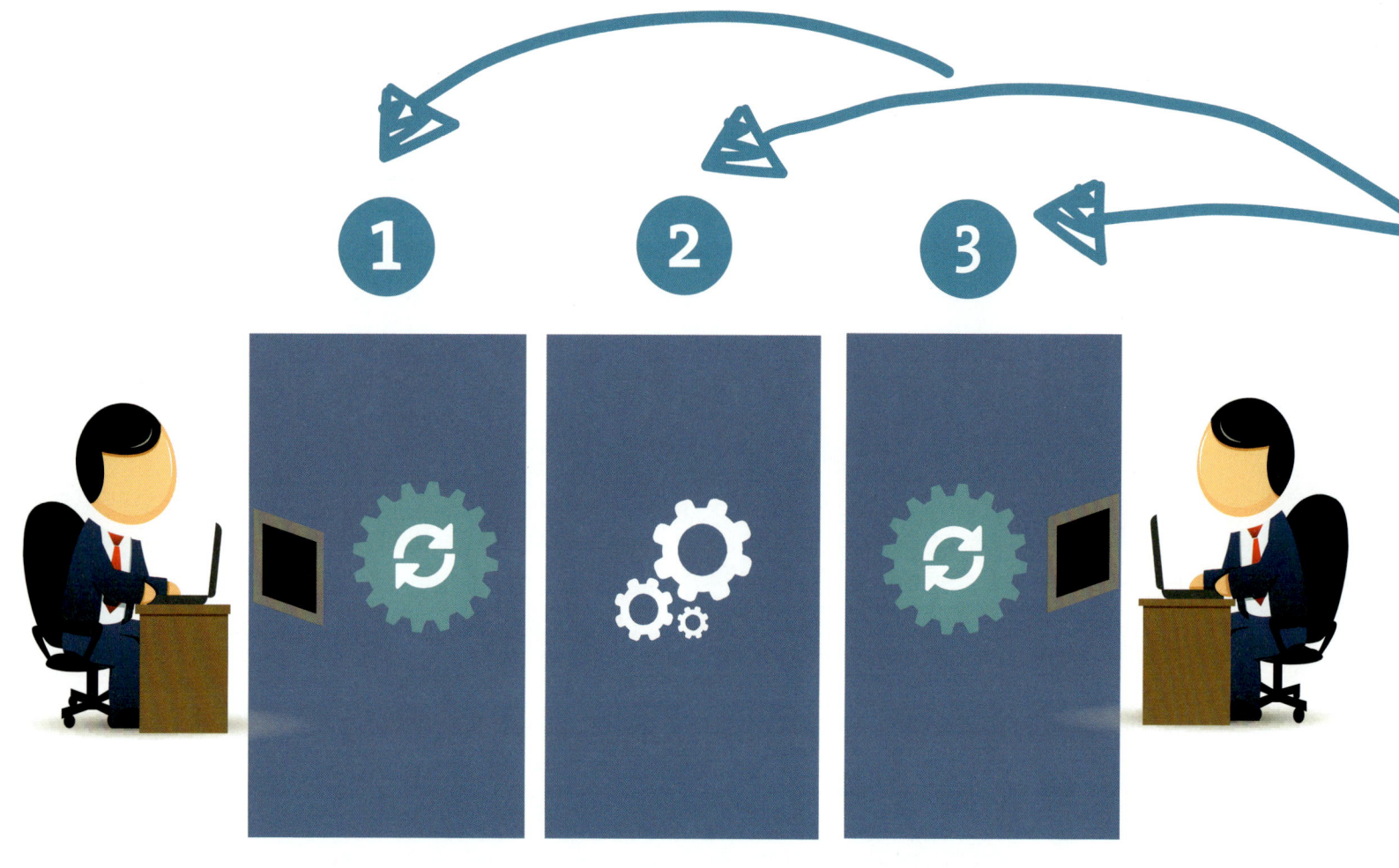

Dreiteiligkeit digitaler Geschäftsmodelle, bestehend aus Eingabe-, Verarbeitungs- und Ausgabesystem

# *Dreiteiligkeit*

Diese **Dreiteiligkeit** leitet sich nicht nur aus der Analyse von Geschäftsmodellen ab, sondern wird bei digitalen Geschäftsmodellen vor allem auch durch die technische Grundkonzeption von Computern und die heute in der Internettechnologie angewandte Architektur der verteilten Systeme festgelegt. Generell ist es so, dass Geschäftsmodelle immer nur aus Sicht einer spezifischen Umwelt oder eines spezifischen Ökosystems definiert werden können, da diese festlegt, wie und ob diese Modelle dann auch tatsächlich anwendbar sind. Digitale Geschäftsmodelle müssen folglich in eine besondere Wirkumgebung eingebettet sein, um überhaupt zu funktionieren. Diese technologische Umwelt, ist dabei in fünf Ebenen unterteilbar. Diese sind:

**1.** digitale Technologien,

**2.** Computer, die auf digitaler Technologie aufbauen,

**3.** verteilte Systeme,

**4.** Internet,

**5.** Online.

 Sehen wir uns dieses neue und dominante Technologiesystem im nächsten Schritt an und leiten die technischen Voraussetzungen für digitale Geschäftsmodelle her.

# 1.5 / IN WELCHER UMWELT DIGITALE GESCHÄFTS

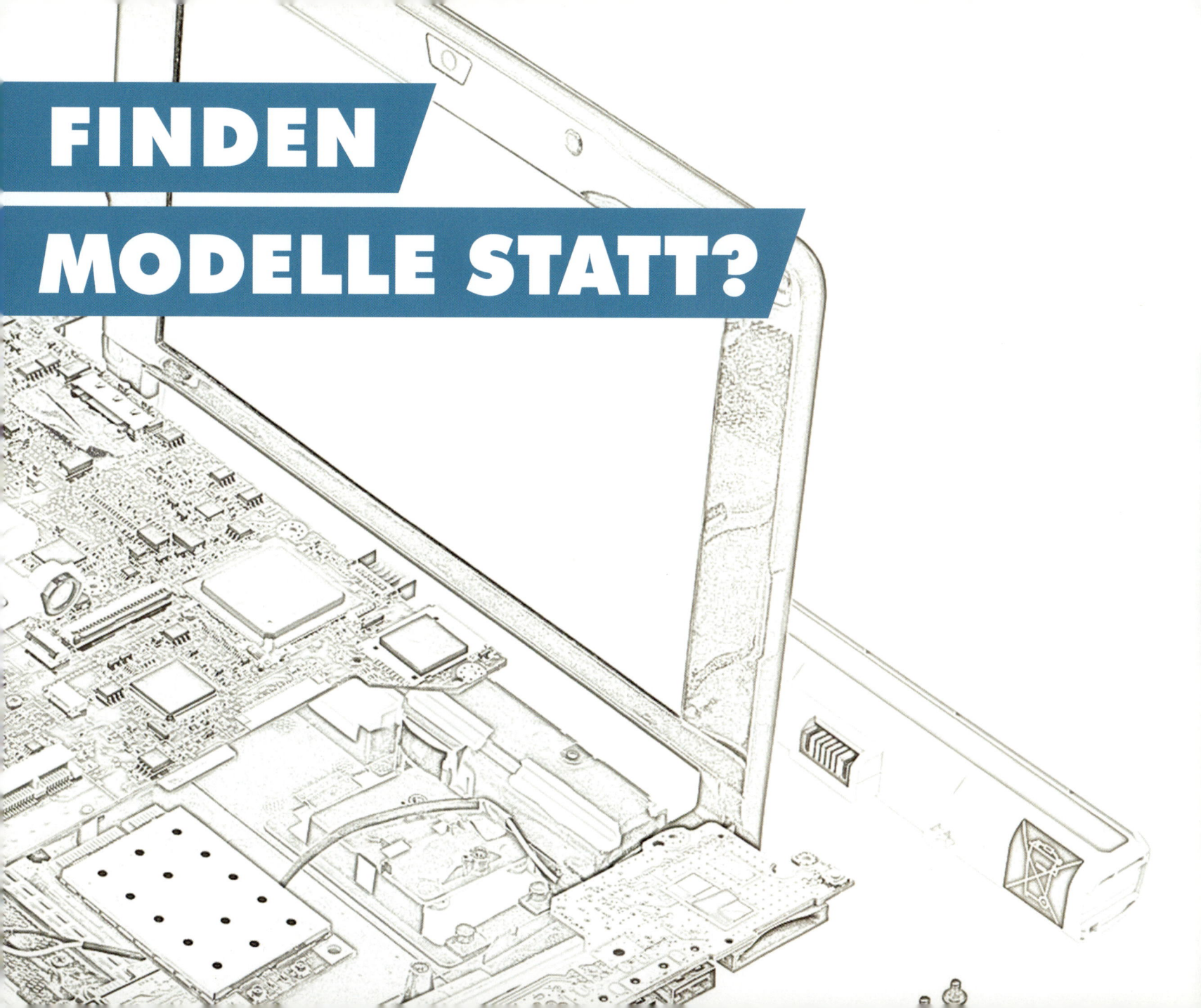

# FINDEN

# MODELLE STATT?

Obwohl im Sprachgebrauch massenhaft angewandt, ist die Definition, was Digitalisierung eigentlich ist und warum diese überhaupt so eine Bedeutung hat, für die meisten schwer zu beantworten. Oft wird Digitalisierung mit 0 und 1 – also einer besonderen Form der binären Codierung – gleichgesetzt. Aber diese Definition ist nicht zielführend, wenn wir über digitale Geschäftsmodelle sprechen. Denn nach der 0/1-Definition wären digitale Geschäftsmodelle Modelle die aus Nullen und Einsen bestehen. Dies reicht aber nicht aus, um digitale Geschäftsmodelle und digitale Strategien zu entwerfen. Wir müssen uns diesem Begriff daher anders nähern und die Bedeutung für die Ökonomie ableiten.

Digital bedeutet im eigentlichen Sinne „Ziffer". Es geht nämlich darum, dass heute physikalische Größen in exakten Ziffern abgebildet werden können und vor allem müssen, damit alle digital basierten Technologien

funktionieren. Damit ist die wichtigste Voraussetzung, dass alles in exakten Werten messbar und darstellbar ist.

Misst man eine Temperatur digital, dann liegt der Wert nicht irgendwo zwischen 90 und 91 Grad Celsius, sondern es wird ein exakter Wert ermittelt, der nur in exakten Zahlen dargestellt wird, so z. B. 90,3 Grad.

Noch deutlicher wird die Bedeutung der Digitalisierung, wenn man eine Sonnenuhr mit einer Digitaluhr vergleicht. Beobachtet man eine Sonnenuhr, dann kann man die Bewegung nicht exakt erkennen. Der Schatten wandert kontinuierlich. Eine Digitaluhr erhält man, wenn dem Schatten an einem bestimmten Punkt ein eindeutiger Wert zugewiesen wird. Hierbei würde in festen Abständen der Stand des Schattens markiert und diesem eine Zahl zugewiesen. Dazwischen gibt es keine Zustände, außer sie würden wieder exakt gemessen. Aus einem kontinuierlichen

Verlauf, wurde nun ein sogenannter diskreter Verlauf.

Exakt darum geht es bei der Digitalisierung. Aus kontinuierlichen physikalischen Verläufen werden nun diskrete einzelne Werte. Diese wiederum werden zum einem in einen Zahlenwert abgebildet. Damit erhält man in einem Koordinatensystem immer einen wert- und einen zeitdiskreten Punkt.

Damit kann man jegliche physikalische messbare Größe in exakte Punkte in einem Koordinatensystem überführen und immer exakt wieder reproduzieren. Vor allem ist es möglich, diese Informationen in einzelne Pakete aufzuteilen und in einem beliebigen Koordinatensystem (welches auf denselben Maßstäben basiert) wieder herzustellen.

Dieses Vorgehen wird am Beispiel der digitalen Abbildung eines Würfels verdeutlicht:

*Digitalisierung*

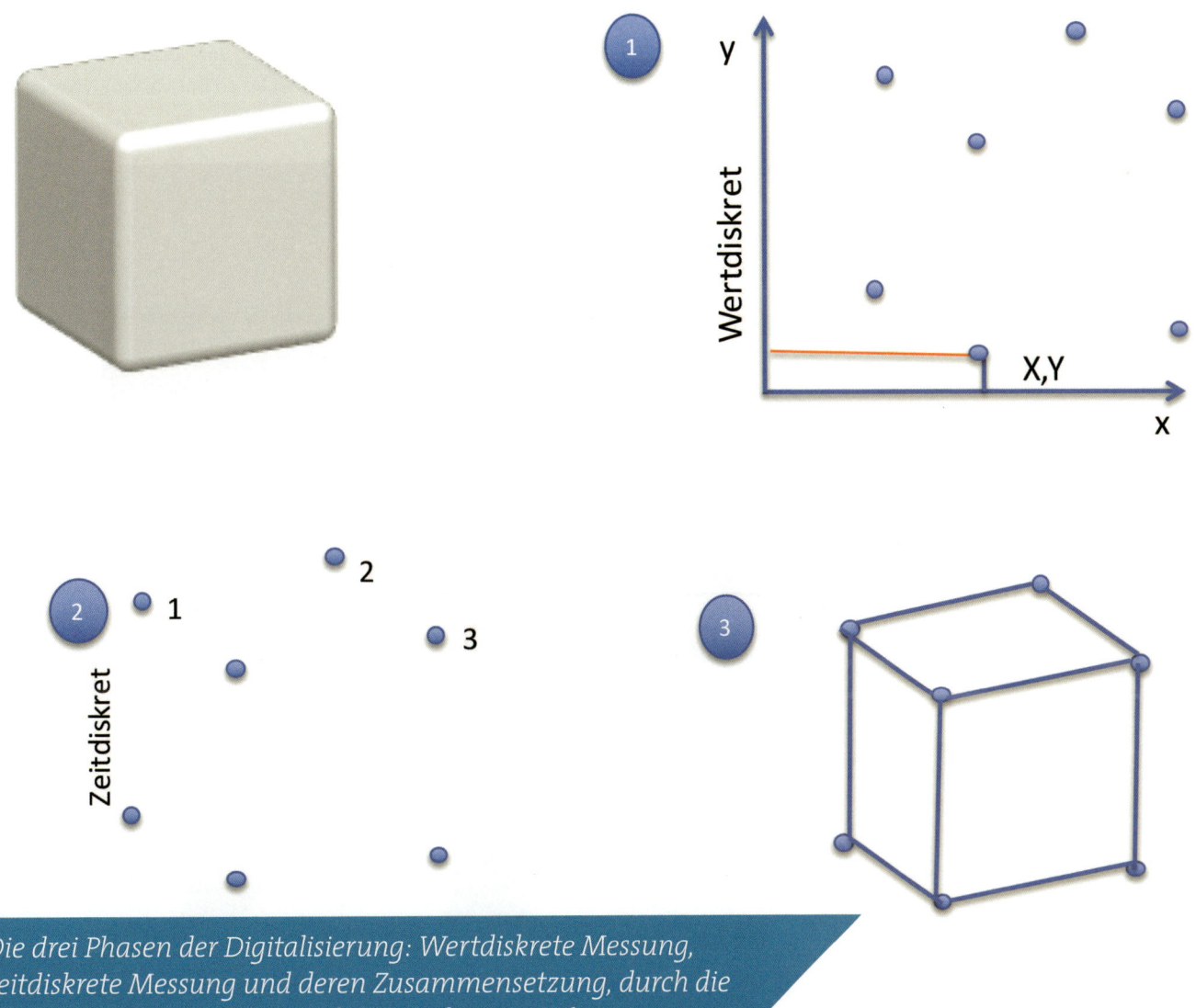

*Die drei Phasen der Digitalisierung: Wertdiskrete Messung, zeitdiskrete Messung und deren Zusammensetzung, durch die zeitliche Verbindung der Punkte mittels eines Vektors.*

In einem ersten Schritt werden relevante Messpunkte des Würfels in einem eindeutigen Ort in einem Koordinatensystem zugewiesen. Die Distanz der Messpunkte muss so sein, dass die Summe der Punkte so viel Information erhält, dass später daraus wieder der Würfel reproduziert werden kann. Zu wenige Punkte würden dazu führen, dass die ursprüngliche Form und Größe nicht wieder erkannt wird und damit nicht wieder exakt zurückgewandelt werden kann. Bei einem Würfel müssen mindestens acht Punkte gemessen und in ein Koordinatensystem übertragen werden.

Danach wird ein zeitdiskretes Signal erfasst. Dieses zeigt auf, in welcher Reihenfolge die Punkte verbunden werden müssen. Es entsteht eine Art Punktekarte, die eine bisher kontinuierliche Größe in exakt definierbare einzelne Punkte zerlegt und so als Zahlen (Digits) darstellt. Jeder, der über das Wissen der Punkte verfügt, kann den Würfel exakt nachbauen. Er muss noch nicht einmal von Beginn an erkennen, um welches Objekt es sich handelt, sondern er muss nur die Koordinaten kennen und den Weg, wie Punkte miteinander verbunden werden sollen. Damit tritt die individuelle Fähigkeit des Zeichnens eines Würfels in den Hintergrund. Digitalisierung kann daher auch mit „Malen nach Zahlen" verglichen werden.

Digitalisierung ist für die Entwicklung von Software elementar und die beschriebene Vorgehensweise kann in vielen Anwendungen wiedererkannt werden, zum Beispiel bei Adobe After Effects. Diese Software ermöglicht es, grafische Animationen so zu entwerfen, dass das Auge des Menschen einzelne Grafiken als einen Film wahrnimmt.

Die „digitale" Vorgehensweise (Algorithmus) zur Realisierung einer sogenannten Motiongraphic Software. (Quelle: Gyorfi Szilard, www.bluefx.net)

Hierbei werden Grafiken, wie z. B. ein Mann, der eine Zeitung liest, und eine Hand, die diese Grafik zeichnet in einzelne Punkte zerlegt. Lässt man nun beide Bewegungen zwischen den Punkten ablaufen, sieht es für den Betrachter so aus, als ob die Hand tatsächlich die Figur zeichnen würde. Die im Netz so beliebten Erklärvideos können so komplett über Software erstellt werden und müssen nicht tatsächlich von Hand gezeichnet und dann mittels Kamera abgefilmt werden.

**Diese Vorgehensweise ist auch als Algorithmus zu bezeichnen, da hier in exakter Weise ein Ablauf festgelegt wird, wie eine Aufgabenstellung gelöst werden soll.**

Es ist zu beachten, dass Digitalisierung nicht gleichzusetzen ist mit Software oder Computern. Die Idee der Digitalisierung ist technologisch unabhängig. Das ist für die Konzeption digitaler Geschäftsmodelle relevant, weil die Voraussetzung für die Umsetzung softwarebasierter Modelle die Digitalisierung ist.

Das heißt konkret: Die Idee muss digital und digital beschreibbar sein – dann ist sie auch mit den technischen Möglichkeiten realisierbar. Daher ist in der Informatik nicht entscheidend programmieren zu können, sondern zu verstehen, wie Probleme formal korrekt mit Ziffern und Formeln gelöst werden.

Digitalisierung ist die Grundlage und Voraussetzung für die heutigen Computer, die Vernetzung von Computern und damit für das heute größte Rechnernetz, das Internet. So wird es nun möglich, physikalische Größen in exakte Werte zu transformieren und dann in einzelnen Wertpaketen (in Form von Ziffern) zu versenden und mit diesen Ziffern exakt zu rechnen. ◢◣▬

*Algorithmus*

## 1.5.2 Voraussetzung: Computer

### Rechner

Für digitale plattform- und internetbasierte Geschäftsmodelle sind Computer die zwingende Voraussetzung. Computer, synonym Rechner genannt, sind immanenter Teil eines jeden digitalen Geschäftsmodells. Daher müssen wir das Ausstattungsminimum der Modelle und die grundlegende Infrastruktur der Modelle definieren.

Computer sind Rechner und diese sind im eigentlichen Sinne dreigeteilt. Ein Computer besteht aus einem Prozessor, der Rechenoperationen ausführt. Der Prozessor besteht aus einem Rechen- und Steuerwerk.

Der Prozessor, ist die wichtigste Einheit für Computer und steuert alle Komponenten eines Rechners. In Zusammenarbeit mit dem Arbeitsspeicher (RAM) bildet er die Zentraleinheit für die Verarbeitung aller Eingaben. Diese Einheit nennt man auch CPU (Central Processing Unit).

Inzwischen sind die Prozessoren schon vollständige Computer. Diese werden heute Mikrocontroller genannt, da diese über digitale Ein- und Ausgänge verfügen. So werden heute z. B. Mircrocontroller in alle mögliche Hardware – von der Kleidung bis hin zu Autos – verbaut.

Die Zentraleinheit greift im Rahmen der Verarbeitung der Befehlseingabe auf externe Speicher zu. Zu externen Speichern gehören Festplatten, aber heute auch immer häufiger Speicher, die außerhalb des eigenen Gerätes liegen, wie z. B. cloudbasierte Datenspeicher.

Damit diese zentralen Rechnereinheiten überhaupt für Anwender und Anwendungen nutzbar sind, benötigen diese weitere Komponenten. Von hoher Bedeutung sind dabei Schnittstellen.

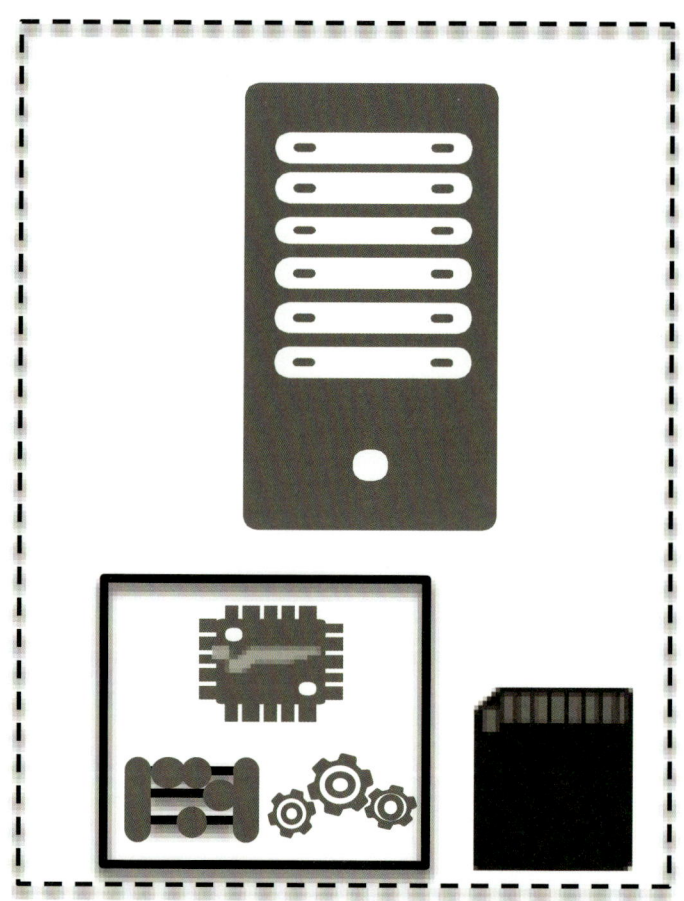

*Ein Computer ist im Kern dreiteilig:*
*Rechnereinheit, Steuerungseinheit und Speicher.*

Eingaben müssen einem Rechner zugänglich gemacht werden. Daher benötigen Computer immer Schnittstellen für andere Systeme.

Eine Schnittstelle verbindet Systeme, die unterschiedliche physikalische, elektrische oder mechanische Eigenschaften besitzen. Schnittstellen befinden sich überall dort, wo unterschiedliche Hard- oder Softwaresysteme miteinander verbunden werden müssen. Die Schnittstellen bilden den Übergang von einem System in ein anderes. Softwareschnittstellen bilden den Übergang zwischen unterschiedlichen Softwareanwendungen oder zwischen Teilen von Softwareanwendungen und ermöglichen dadurch den Datenaustausch zwischen diesen Programmen. Die Softwareschnittstellen werden oft auch synonym API (Application Programm Interface) genannt.

Diese Schnittstellen öffnen die Rechner nach außen. Erst die Schnittstellen ermöglichen, Systeme verteilt zu betreiben. Für digitale Geschäftsmodelle bedeutet dies, die Komponenten der Technologiearchitektur verteilt einsetzen und nutzen zu können. Denn erst dadurch können Leistungserbringung und Nutzung an verschiedenen Orten erfolgen.

Durch die Softwareschnittstellen können dann auch erst Programme hinzugefügt und vor allem verändert und aktualisiert werden.

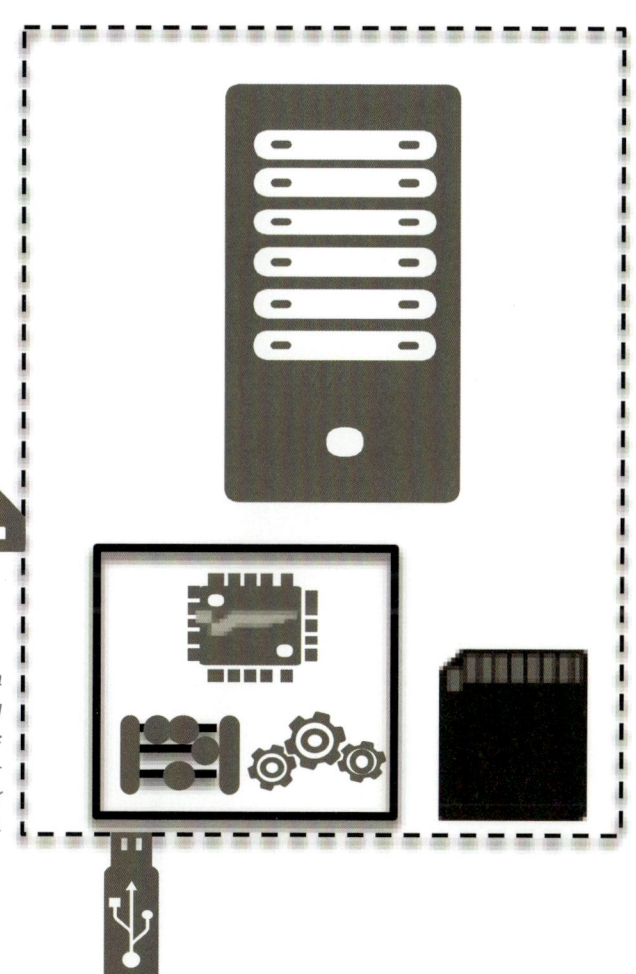

*Ein Rechner muss zwei Arten von Schnittstellen für die Realisierung digitaler Geschäftsmodelle haben: 1. Schnittstellen zur Eingabe/Ausgabehardware und 2. Schnittstellen für Betriebs- und/oder Anwendungssoftware.*

software

## Softwaresysteme

Das Betriebssystem fungiert als Schnittstelle zwischen Benutzersoftware und Hardware. Das System ermöglicht die Eingabe von Befehlen und übersetzt diese, damit der Computer diese ausführen kann. Ohne Betriebssystem können keine Anwendungssysteme auf Rechnern installiert werden.

Anwendungssoftware sind Computerprogramme, die entwickelt werden, um Funktionalitäten zur Problemlösung für Anwender zur Verfügung zu stellen. Auf dieser Ebene spielt sich der Großteil digitaler Geschäftsmodelle ab, weil im eigentlichen Sinne Geschäftsmodelle Anwendungen sind oder aus der Summe von Anwendungen entstehen bzw. entwickelt werden. Diese werden dann mittels eigener oder Standard-Clients (dem Webbrowser oder einem Reader wie Acrobat Reader) angewandt.

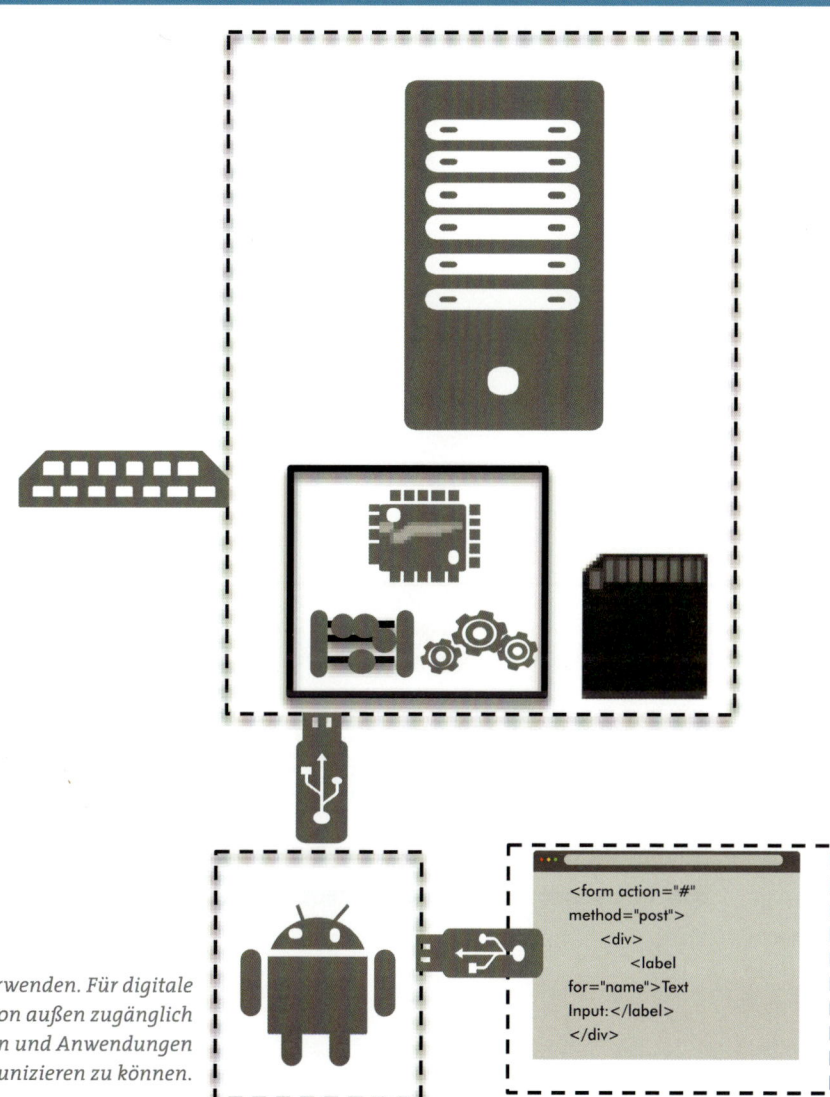

```
<form action="#"
method="post">
    <div>
        <label
for="name">Text
Input:</label>
    </div>
```

Ein Rechner muss Software verwenden. Für digitale Geschäftsmodelle muss diese von außen zugänglich sein, um mit anderen Rechnern und Anwendungen kommunizieren zu können.

## Eingabesysteme

Damit Anwender Daten/Inhalte in die digitale Welt überführen können, werden Eingabesysteme benötigt. Inzwischen sind neben Touchoberflächen, der Maus und der Tastatur alle möglichen Sensoren geeignet, Daten zu messen, digital zu transformieren und so Computern zugänglich zu machen. Zu den weiteren Eingabesystemen gehören Mikrofone, Kameras, Scanner und GPS-Sensoren. Immer mehr Sensoren können Daten erfassen und digital wandeln. So werden heute auch Fahrzeugdaten in Motoren mittels Sensoren erfasst und in digitale Signale gewandelt. Beispiele hierfür sind Regensensoren, der Klimaanlagensensor oder der Ölstandsmessungssensor. Bei Smartphones sind die typischen Eingabesensoren die Touchoberfläche, die elektrische Spannung der Finger wandelt, zudem Kameras, GPS, Gyrometer (misst Drehbewegungen) und Mikrofon.

Um überhaupt mit Eingaben, die über Sensoren erfasst und zum Computer transportiert werden, arbeiten zu können, müssen die Signale aus einer analogen oder mechanischen Größe in digitale Werte übertragen werden. Hierzu werden die zu den Sensoren passenden Analog-Digital-Wandler benötigt. Diese wandeln analoge und damit alle nicht numerischen Messgrößen in binäre Bitfolgen um.

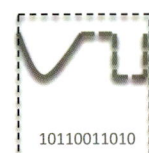

*Eingabe/A*

## Ausgabekomponenten

Eingaben müssen nach der Verarbeitung in irgendeiner Form ausgegeben werden. Damit ein Benutzer etwas sieht, was im Rechner passiert, benötigt er einen Bildschirm. Oder die Sprache, die über ein Mikrofon eingegeben wird, müssen über einen Lautsprecher wieder in das Ohr wahrnehmbare Schallwellen gewandelt werden.

Die Ausgabeebenen können unterschiedlich ausfallen, so sind nicht nur Bankautomaten, Smartphones, Tablets oder Laptop mit Bildschirmen ausgestattet, sondern auch Waschmaschinen, Kühlschränke und die Cockpits in Autos.

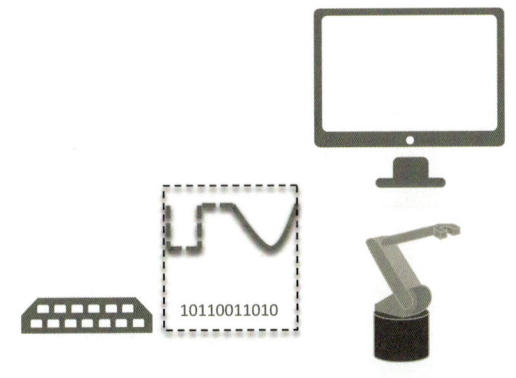

Ausgaben können aber auch wieder in haptische und materielle Größen gewandelte werden, z. B. dadurch, dass die Informationen auf Papier oder als 3D-Formen gedruckt werden. Zudem ist es auch möglich, dass die Ausgaben im Sinne einer sogenannten Aktorik erfolgt.

Daher können digitale Geschäftsmodelle auf Seiten der Ausgabe immer auch in die reale und haptische Welt überführt und mit entsprechenden Geschäftsmodellen gekoppelt werden.

 **Info**

Unter Aktorik versteht man, dass Eingaben und die damit angestoßenen Anwendungen in physische Bewegungen gewandelt werden, z. B. im Rahmen von Produktionsautomatiken oder bei der Robotik oder bei der Steuerung von Motoren bei Autos.

### 1.5.3 Basis: Verteilte Systeme

Um nun digitale Geschäftsmodelle realisieren zu können, muss es möglich sein, Anwendungen und Aufgaben über verschiedene Rechner zu verteilen. Ohne diese Fähigkeit gibt es keine digitalen Geschäftsmodelle.

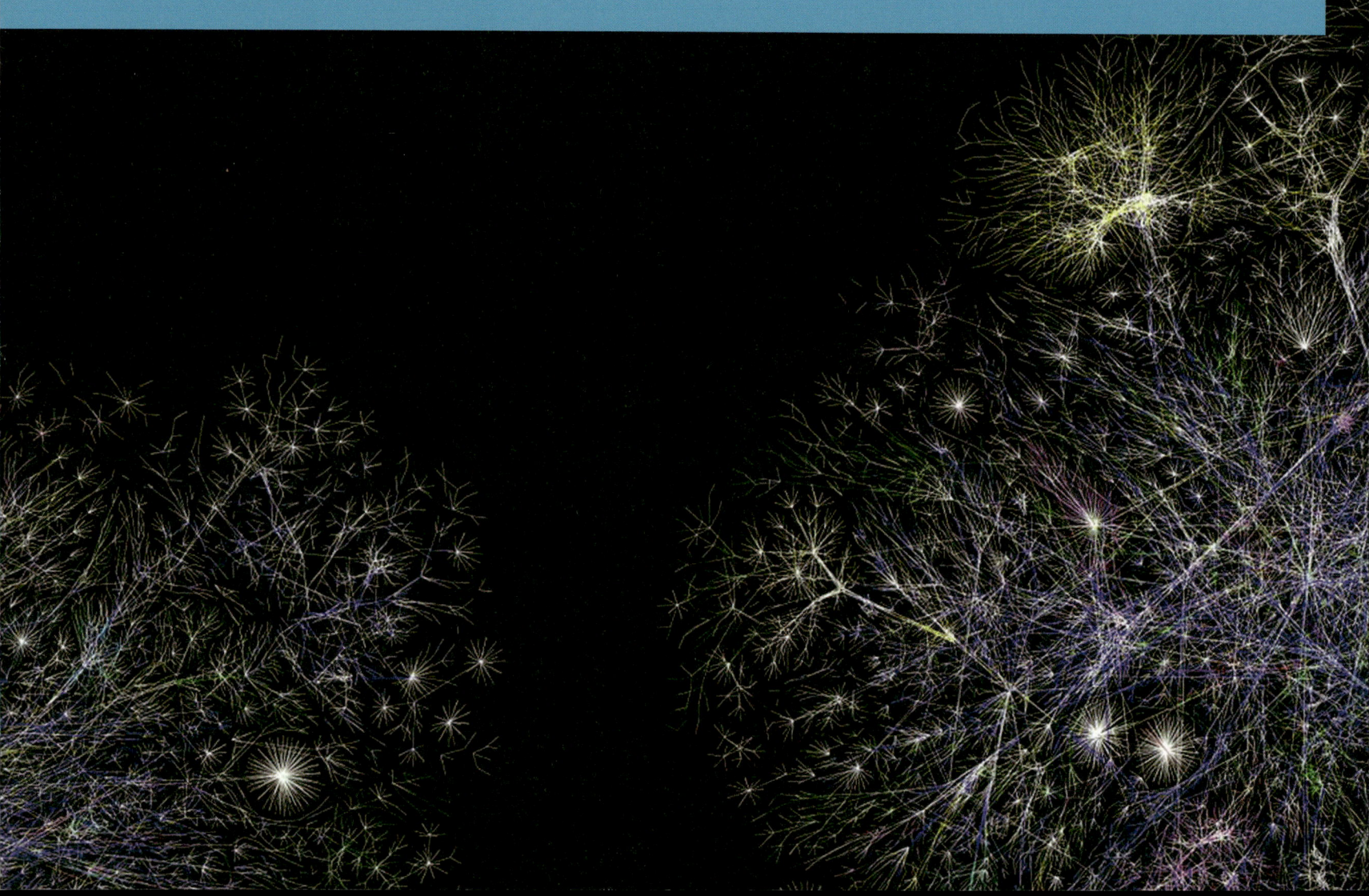

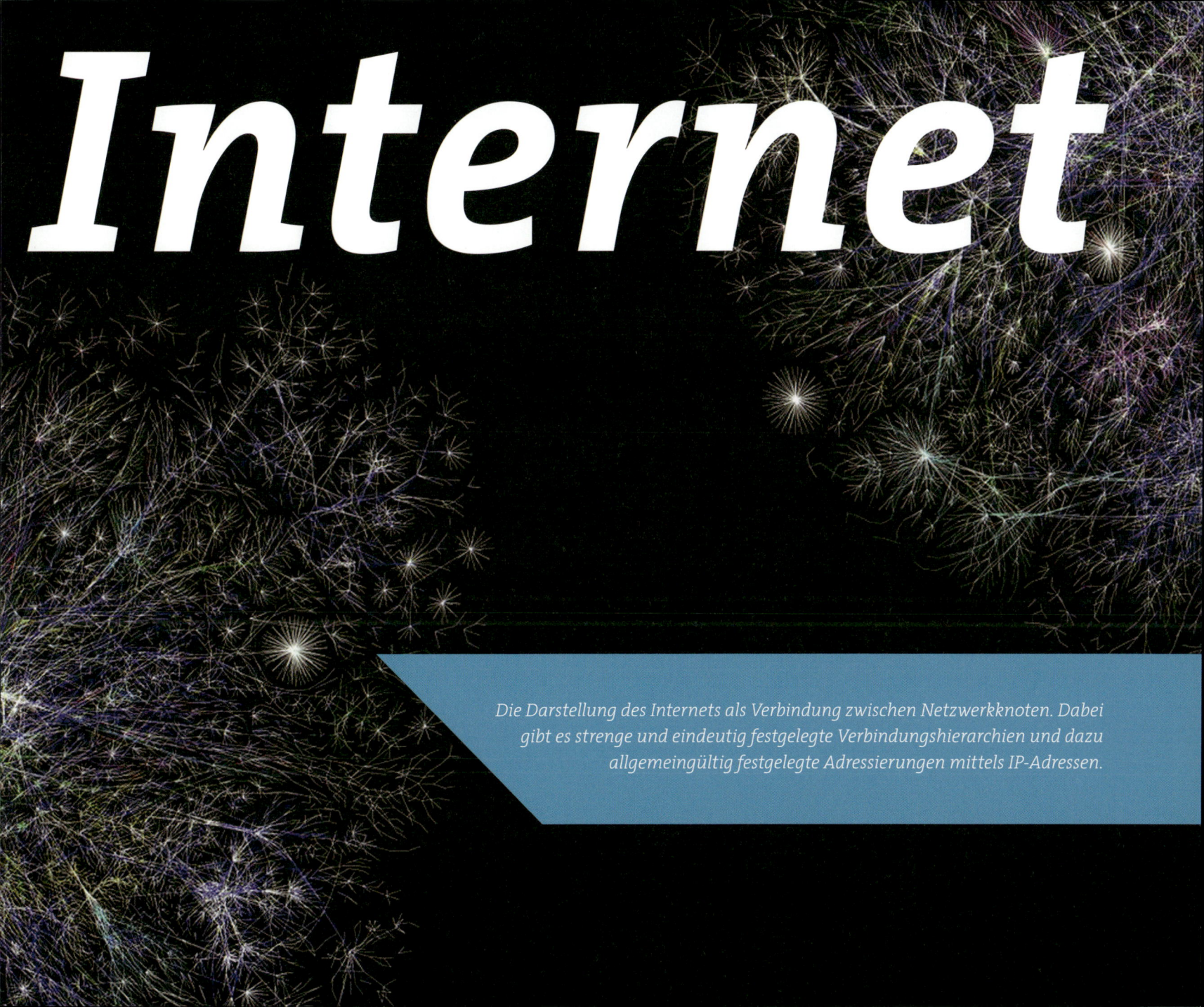

# Internet

Die Darstellung des Internets als Verbindung zwischen Netzwerkknoten. Dabei gibt es strenge und eindeutig festgelegte Verbindungshierarchien und dazu allgemeingültig festgelegte Adressierungen mittels IP-Adressen.

Ein verteiltes System ist ein System, in dem sich Hardware- und Softwarekomponenten auf verschiedenen Computern befinden, diese allerdings technisch miteinander vernetzt sind und daher miteinander kommunizieren können.

Voraussetzung ist die Ausstattung von Rechnern mit Komponenten, die einen Zugang zu einem Kommunikationsnetzwerk ermöglichen. Um die Verbindung zum Netzwerk herstellen zu können, müssen die Rechner mit entsprechenden Hardware-Komponenten ausgestattet sein. Die Standard-Verbindungen sind dabei Kabelverbindungen in lokale Netze (LAN-Kabel oder kabellose Verbindungen in lokale Netze wie WLAN).

Inzwischen gibt es aber auch die direkten Verbindungen zu Telekommunikationsnetzwerken, die den Zugang zum Internet ermöglichen, ohne ein lokales Netz nutzen zu müssen. Daher haben viele Geräte Antennen für GSM, Edge, UMTS oder LTE. Die Unterscheidung zwischen fixed und mobile Internet macht daher keinen Sinn. Denn es geht vielmehr darum, über welches Netzwerk und damit über welche Verfügbarkeit und Bandbreite die Geräte an das Internet angeschlossen werden können.

Rechner, die an ein Netzwerk angeschlossen werden, kommunizieren auf Basis eines gemeinsamen Protokolls, welches den Ablauf und die Form des Informationsaustausches regelt. Dabei gibt es das Verbindungsprotokoll und ein Anwendungsprotokoll.

Das heutige Standardprotokoll zur Verbindung von Rechnern ist dabei das IP (IP = Internet Protocol). Durch das IP-Protokoll ist es möglich, über eine IP-Adresse Computer

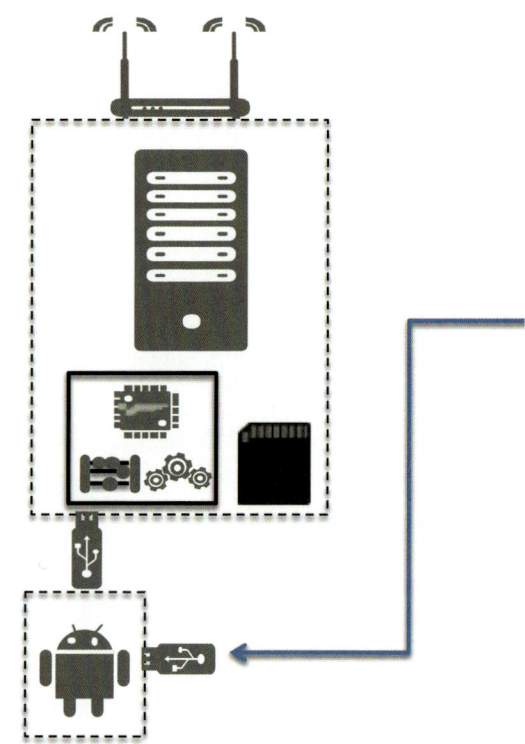

*Ein Rechner muss Software verwenden und für digitale Geschäftsmodelle muss diese von außen zugänglich sein, um mit anderen Rechnern und Anwendungen kommunizieren zu können.*

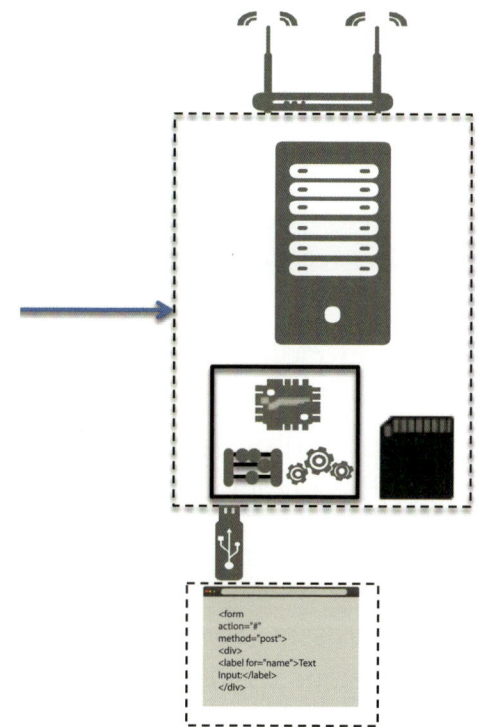

innerhalb eines Netzwerkes in logische Einheiten zu gruppieren und dann exakt zu adressieren. Diese Adressierung ist also Voraussetzung, damit zwischen Rechnern, die an ein Netzwerk angeschlossen sind, Daten ausgetauscht werden können.

Erst nach dieser Verbindung kommt dann das sogenannte Anwendungsprotokoll zum Einsatz. Dieses regelt, wie die Clients und Server auf denen die Anwendungen zur Verfügung gestellt werden, miteinander Daten austauschen und diese interpretieren.

Durch das Internet können nun Anwendungen und Clients über große Distanzen verteilt werden.

### Merke!

Anwendungsprotokolle und die Aufteilung in Client und Server haben für die Entwicklung digitaler Geschäftsmodelle die höchste Bedeutung. Sie bilden den zentralen Kern digitaler Geschäftsmodelle.

## Internet ist „das" verteilte System

Das Internet selbst ist nur eine Ausweitung der physikalischen Netzwerkstruktur in dem viele Netzwerke standardisiert über festgelegte IP-Adressen miteinander verbunden werden.

Diese gigantische Netzwerkstruktur zeichnet sich zudem dadurch aus, dass zur Kommunikation der Rechner untereinander meist das TCP/IP- Protokoll (korrekt: die Protokollfamilie; TCP = Transmission Control Protocol; IP = Internet Protocol) zum Einsatz kommt.

Innerhalb des Internets gibt es eine sehr hohe Zahl an verteilten Anwendungen. Diese Anwendungen können unterschieden werden in standardisierte Anwendungen wie z. B. E-Mail oder auch das Word Wide Web (WWW) und zudem werden proprietäre Anwendungen offeriert, wie z. B. das Flug-

buchungssystem von Lufthansa, der Music Store iTunes, die Musikstreaming-Plattform Spotify oder der Chatdienst WhatsApp. Im Rahmen digitaler Geschäftsmodelle haben die proprietären Anwendungen eine besondere Bedeutung.

Technisch gesehen muss ein Anbieter eines digitalen Geschäftsmodells also einen Server haben, der über spezifische IP-Adressen über das Internet erreichbar ist und auf diesem spezifische Leistungen anbieten. Dabei ist unerheblich, ob die Anwendungen in einem Standard-Client wie dem Web-Browser nutzbar sind, oder in spezifischen eigen entwickelten Clients wie dem iTunes-Client auf einem Mac oder PC.

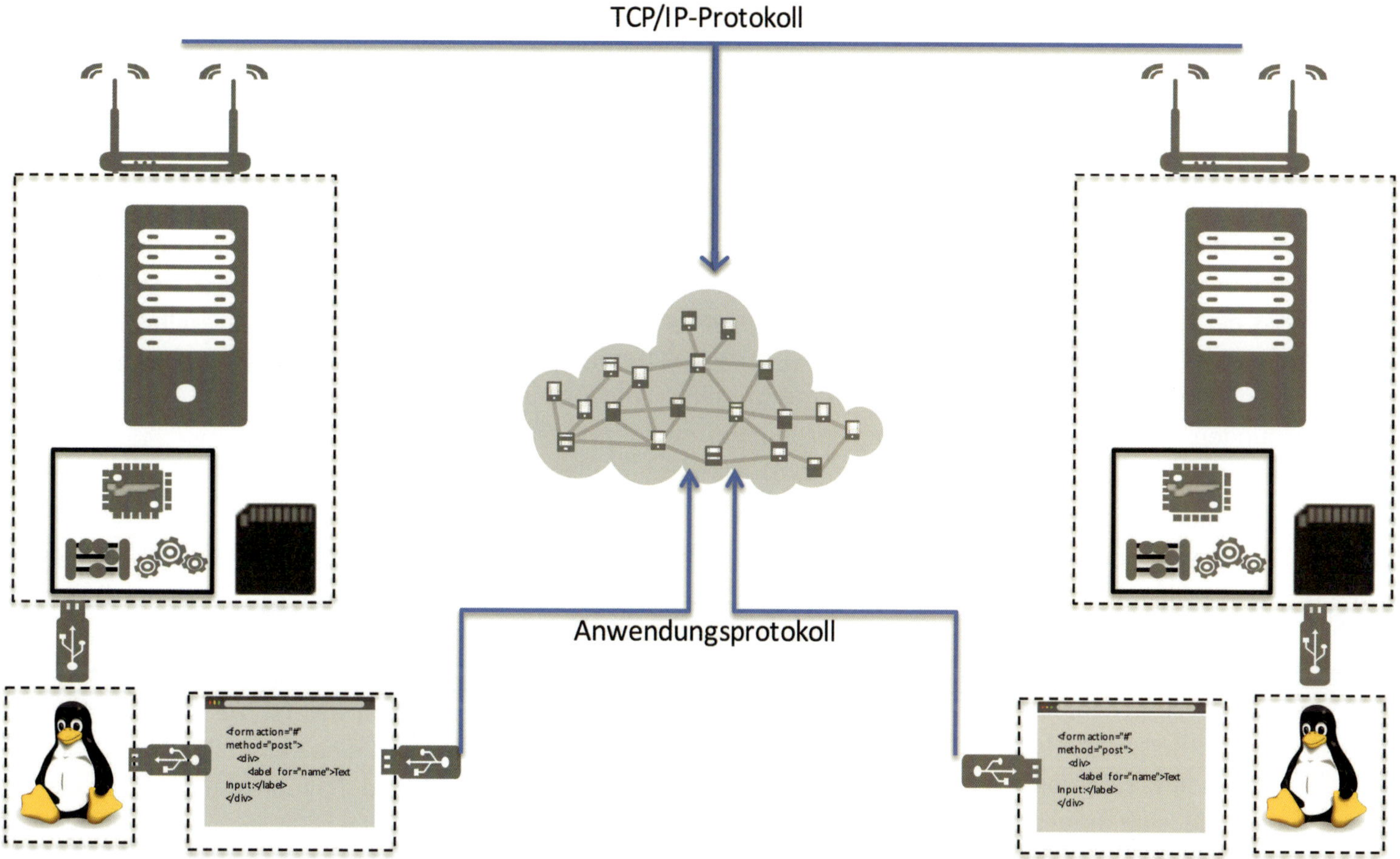

TCP/IP-Protokoll

Anwendungsprotokoll

```
<form action="#"
method="post">
 <div>
  <label for="name">Text
Input:</label>
 </div>
</div>
```

```
<form action="#"
method="post">
 <div>
  <label for="name">Text
Input:</label>
 </div>
</div>
```

*Im Internet werden Rechner (Server) mit einem Verbindungsprotokoll adressiert und über ein Anwendungsprotokoll werden Services, verteilt zwischen Server und Server oder Server und Client, genutzt.*

 Für die Konzeption digitaler Geschäftsmodelle ist nun noch zu differenzieren zwischen Internet und Online. Was ist der eigentliche Unterschied?

**Menschen sind online**

Rechner können mit einem Netzwerk verbunden sein und innerhalb dessen Daten austauschen. Sofern dies stattfindet, kann man davon sprechen, dass ein Computer online ist. Im heutigen Sprachgebrauch wird damit aber gemeint, dass ein Computer nicht nur mit einem Netzwerk, z. B. dem WLAN, sondern, wenn der Rechner mit dem Internet verbunden ist.

Der normale Anwender ist nicht zwangsläufig immer mit dem Internet verbunden und somit auch in einem technischen Sinne kein Teil des Internets. Nur wenn ein Server oder ein Rechner eine feste IP-Adresse hat, kann man davon sprechen, dass er ein Teil des Internets ist. Normale Anwender verbinden sich mit dem Internet, indem sie eine Telekommunikationsverbindung zu einem sogenannten Accessserver aufbauen, den ein Zugangsprovider (Internet-Service-Provider) wie z. B. die Telekom oder Vodafone, betreibt und dort erst den Datenverkehr der Endbenutzer in das Internet einspeist. Diese Differenzierung ist für die Konzeption digitaler Geschäftsmodelle relevant, denn Anwender müssen immer technischen Zugang zum Internet haben (also online sein können), um die Anwendungen online und internetbasiert nutzen zu können.

Es gibt auch digitale Geschäftsmodelle, die nur darauf basieren Standarddienste und -Anwendungen zwischen immer angebundenen und über eine definierte IP-Adresse erreichbare Server anzubieten und zu betreiben, so z. B. Anbieter von Webservern oder Anbieter von E-Mail-Servern.

Sofern proprietäre Modelle rund um Anwender entwickelt und Anwendungen für diese konzeptioniert werden, muss berücksichtigt werden, dass die meisten Anwender selbst keine dauerhafte IP-Adresse aufweisen, sondern eine temporäre IP-Adresse von einem Telekommunikations- und Internet-Service-Provider dynamisch zugewiesen bekommen. Dies ist für Identifikation von Kunden wichtig zu wissen.

Aus diesem Grund sind z. B. Anbieter, die eigene online- und internetfähige Endgeräte anbieten, bei der Identifikation der Nutzer klar im Vorteil, da diese eine eindeutige Nutzeridentifikation durchführen können.

**📓 Merke!**

Internet ist die technische Verbindung von Rechnern untereinander, die Daten austauschen. Online ist der Zugang die ein Nutzer oder ein System zu diesen Rechnernetzwerken erhält.

Wer digitale Geschäftsmodelle realisieren möchte, muss also Anwendungen realisieren, die über das Netzwerk „Internet" erreichbar und „online" nutzbar sind.

## 1.5.5 Die technische Architektur

Für digitale Geschäftsmodelle gibt es aus der Ableitung der generellen technologischen Infrastruktur zwei dominante Architekturen:

• Client-Server-Architektur,
• Internetarchitektur.

### Client-Server Architektur

Eine Client-Server-Architektur ist eine Systemarchitektur für verteilte Anwendungssysteme bei der Server definierte Dienste anbieten, die von anderen Systemen, den „Clients", genutzt und ausgeführt werden können.

Die Client-Server-Architektur ist zugleich eine typische Architektur sogenannter verteilter IT-Systeme. Bei verteilten Systemen ist es nicht notwendig, dass Client und Server in einem System fest gebündelt sind. Vielmehr ist es so, dass die einzelnen Komponenten zwar miteinander gekoppelt sind und Aufgaben kooperativ abwickeln, dies aber nicht auf einem Rechner stattfinden muss.

Dafür werden auf der Serverseite vor allem Anwendungsserver benötigt. Auf diesen Server sind die passenden Anwendungen installiert wie z. B. Textverarbeitung, oder Tabellenkalkulation oder grafische Programme, auf die entsprechende Clients zugreifen können. Der Applicationserver teilt sich die Datenverarbeitung mit den Clients.

**Client: Webbrowser**

Anwendungsprotokoll http

Verbindungsprotokoll TCP/IP

*Die Verteilung von einem Client und einem Server am Beispiel eines des populärsten Dienstes im Internet, dem World Wide Web. Server und Client (der Webbrowser) kommunizieren über ein Verbindungsprotokoll (TCP/IP) und dem passenden Anwendungsprotokoll (http).*

## Webserver

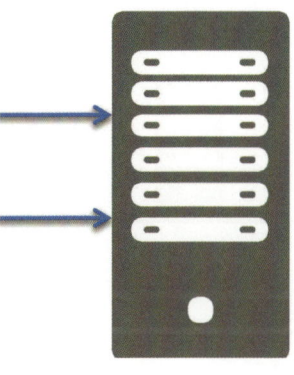

Client und Server sind über Transaktionen verbunden. Die Anwendungen werden mittels Transaktionen ausgeführt, welche die auf einem Server gespeicherten Daten von einem Zustand in einen anderen überführen. Diese Überführung erfolgt durch Abfolge von Programmschritten, die logisch zusammenhängen und eine logische Einheit bilden. Transaktionen haben immer einen eindeutigen Startpunkt und ein klar definierbares Ende.

Damit ist die wichtigste Voraussetzung für die Internetarchitektur geschaffen, denn das Internet ist nur auf Basis einer verteilten Realisierung von Anwendungssystemen möglich, die mittels klar definierter Transaktionen Anwendungen kooperativ ausführen können.

**i** Info

Eine Transaktion ist eine Abfolge von Regeln zwischen zwei Systemen.

Im Internet finden technische Transaktionen unter anderem zwischen Client und Servern statt.

## Internetarchitektur

In der Internetarchitektur kommt es zu einer Kommunikation zwischen Rechnern, die wiederum einmal einen Client beheimaten, und mindestens einem Rechner, der als Server fungiert und Dienste anbietet. Mit dieser Verbindung über das Internet können Client und Server über beliebige Distanzen verteilt werden und dennoch gekoppelt und kooperativ Aufgaben ausführen.

So werden Anwendungen und Daten auf einem Server gespeichert und ein Client greift auf diese Anwendungen und Daten über das Internet zu. So können zum Beispiel Daten auf Servern gespeichert werden und über den Webbrowser oder einen eigenständigen Client, der auf dem Laptop installiert wird, wiederum auf die Daten zugegriffen werden. Eine derartige Anwendung wäre jede Form sogenannter Cloudspeicher.

Durch die Internetarchitektur wird es möglich, hardwareunabhängige Anwendungen anzubieten und diese

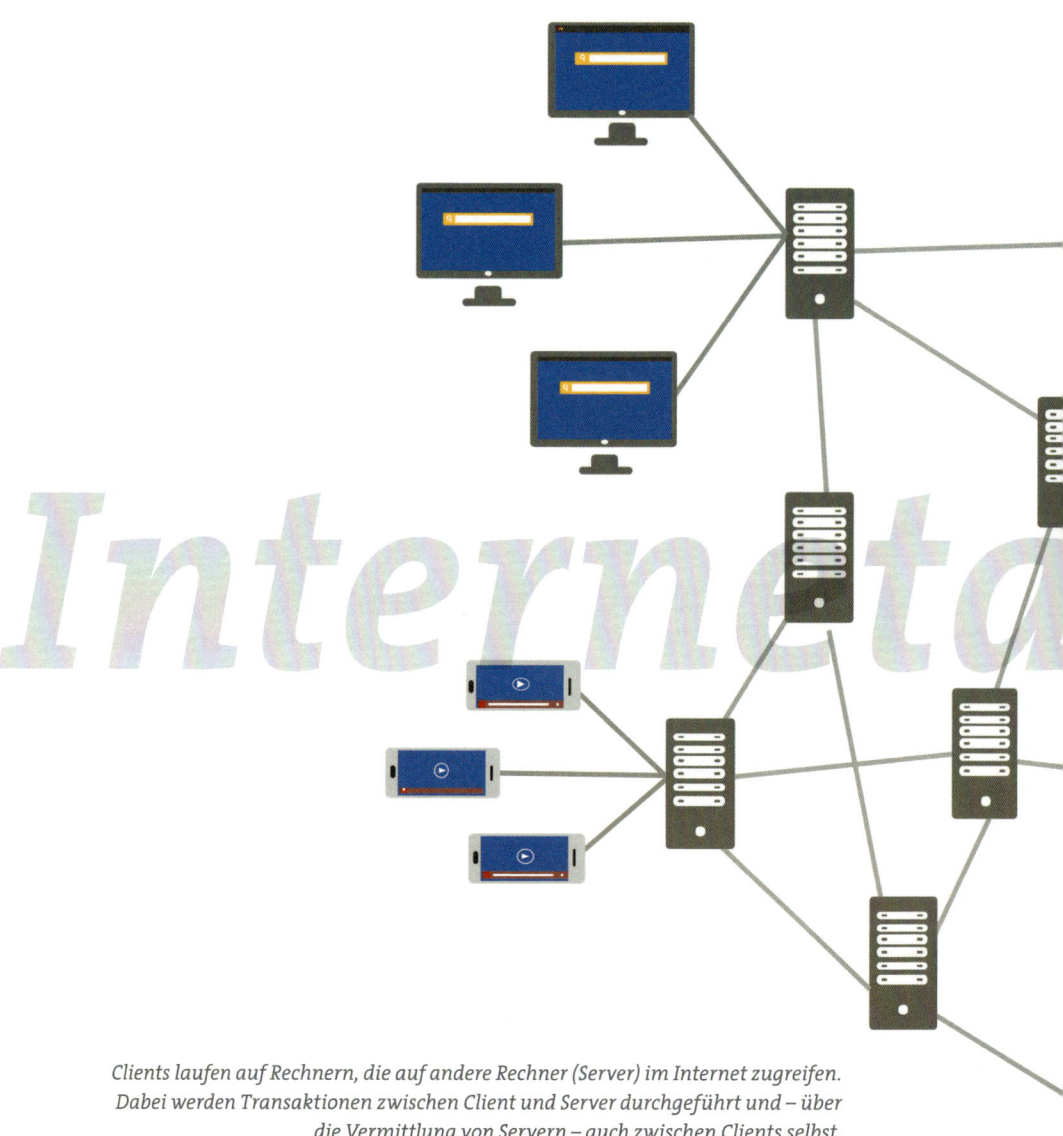

*Clients laufen auf Rechnern, die auf andere Rechner (Server) im Internet zugreifen. Dabei werden Transaktionen zwischen Client und Server durchgeführt und – über die Vermittlung von Servern – auch zwischen Clients selbst.*

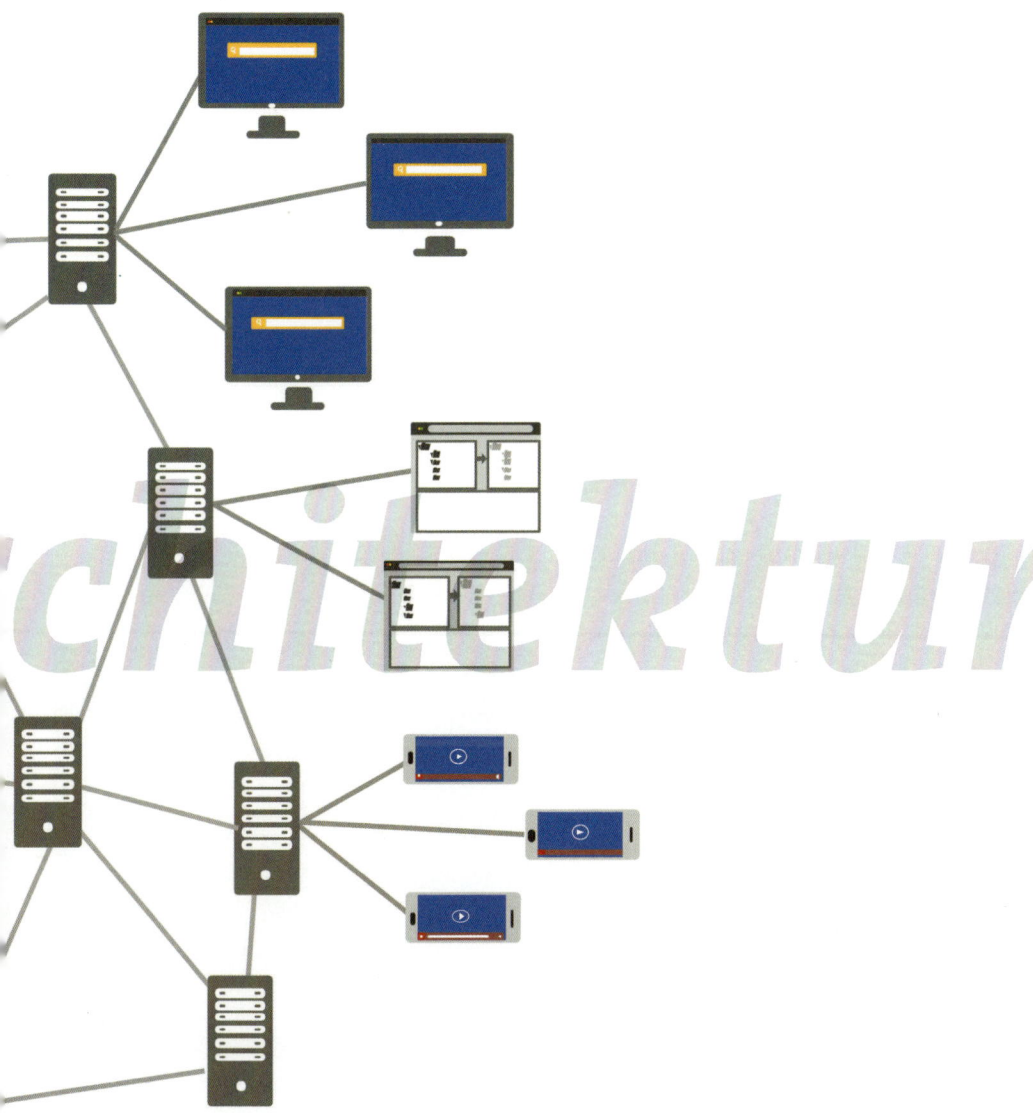

überall (dort, wo ein Zugang zum Internet möglich ist) und jedem, der ein eigenen Computer besitzt, anzubieten. Bevor es das Internet gab, konnten diese Dienste nur mittels geschlossener Hardware-Software-Systeme (z. B. dem CD-Player oder einem DVD-Player) geleistet werden und später dann nur innerhalb geschlossener Netzwerke.

Über das Internet können Anwendungen heute nicht nur einmalig auf einen Rechner direkt distribuiert werden, z. B. über den App-Store von Apple, sondern die Anwendungen können nun feste technische Onlinebeziehungen zu den Computern der Anwender herstellen und aufrechterhalten. Dadurch entstehen direkte Transaktionsbeziehungen zwischen den Rechnern und den Anwendungen und den Clients. Digitale Geschäftsmodelle werden im Wesentlichen um diese Architektur herum entwickelt. Wir sehen uns einige Modelle an Hand dieser Architektur an. ◢

## 1.5.6 Anwendungsbeispiele

### Anwendungsbeispiele – Video-on-Demand

Egal, ob YouTube, AmazonPrime oder Watchever, immer mehr Anbieter offerieren die Möglichkeit, dass User sich Videos über das Internet ansehen können. Die Voraussetzungen dafür sind:

1. die Möglichkeit große Dateien über das Internet versenden zu können (Stichwort: Breitbandinternet) und

2. dass immer mehr Video-Clients, die es ermöglichen auf dem Rechner der Anwender Videos ansehen zu können, vorhanden (installiert) sind.

Dabei gibt es Anwendungen, bei denen eigene Clients von Anbietern wie Apple (Quick Time Player) zur Verfügung gestellt werden oder aber es werden die Standardclients genutzt, die mittlerweile in fast jedem Webbrowser installiert sind. Zu diesen gehören Java, Flash, Shockwave oder Silverlight. Wenn HTML5 verwendet wird, können alle gängigen Webbrowser ein Video abspielen, ohne Installation von Zusatzprogrammen wie Flash oder Shockwave.

Damit diese Clients Videos abspielen können, müssen die Dateien in den passenden Formaten zur Verfügung gestellt werden, z. B. in MPEG-4, WebM oder Ogg.

Diese Videos müssen dann wiederum auf einem passenden Anwendungsserver bereitstehen, der zum einen die Daten speichert (Datenbankserver) und zugleich eine Anwendung vorhält, die das Streamen von Videodateien ermöglicht. Diese Server werden Streamingserver genannt, da es nicht nötig ist, den Film zuerst auf die eigene Festplatte herunterzuladen und dann über einen Client zu starten, sondern immer nur ein Teil des Filmes zwischengespeichert und nach und nach in den Client geladen wird.

 **Info**

*Komplementoren*

Anbieter, die durch ihre eigenen Leistungen (unbewusst) Voraussetzungen für andere Geschäftsmodelle schaffen, werden auch Komplementoren genannt. So verbessert die Zugangsgeschwindigkeit der Internetservice-Provider die Funktionsfähigkeit von einem Angebot wie Netflix, ohne, dass die Infrastruktur explizit für Netflix ausgebaut worden ist.

In HTML5 wird das Streaming inzwischen in den Browser ermöglicht, weshalb in diesem Fall die Standardumsetzung Webbrowser mit http-Protokoll ausreicht, wie aber erwähnt, ist dafür die passende Videoformatierung (z. B. Ogg) notwendig.

In jedem Fall müssen die entsprechenden Protokolle verwendet oder eigene Protokolle dafür entwickelt werden und für diese die passenden Anwendungen. Im Rahmen der Modellierung von Geschäftsmodellen fehlt nun noch die zweite Seite, nämlich die, wie Videos überhaupt auf den Streaming oder auch Webserver gelangen. Hierfür werden im Falle eines nicht Livestreamings andere Verfahren verwendet, die ebenso eine Client-Server-Konfiguration bedürfen.

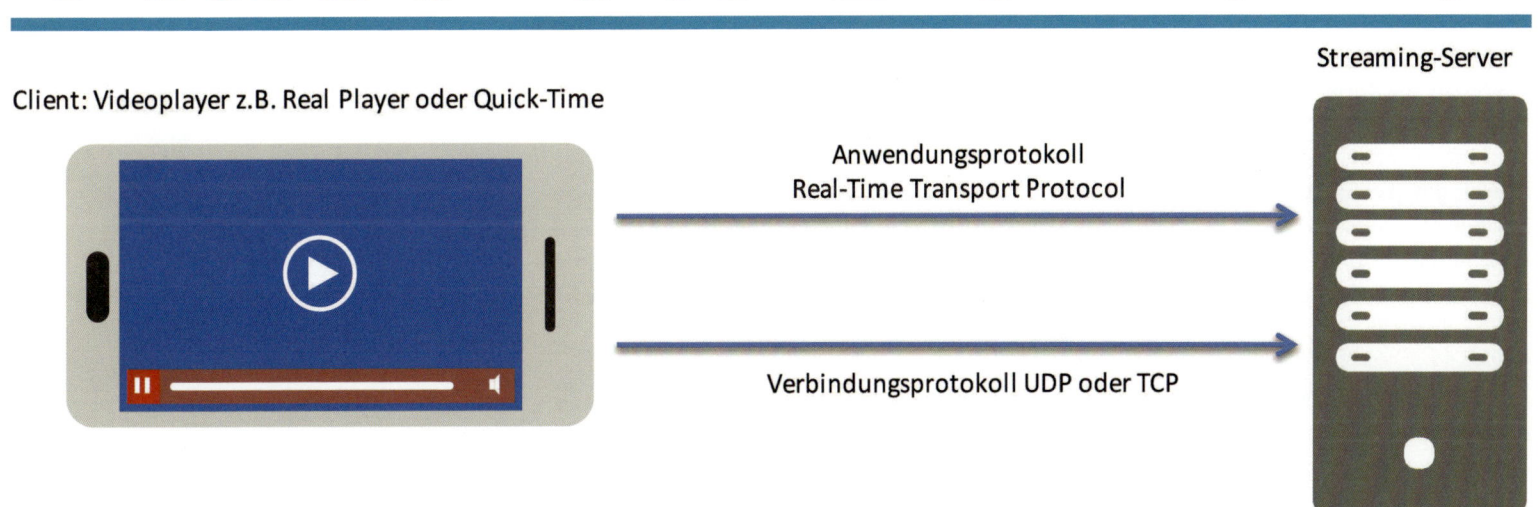

*Clients werden über entsprechende Protokolle mit einem Server verbunden. Durch die Verbindung werden Anwendungen vom Server genutzt und im Client verarbeitet und verwendet. Im Bereich des Videostreamings kommt es zu einer Verbindung von einem Video-Client mit einem Streamingserver.*

## Anwendungsbeispiel – File Upload

Damit Daten auf Server gelangen, müssen diese über das Internet auf die Server geladen werden. Eine Standardanwendung hierfür ist FTP. FTP steht für File Transfer Protocol und ermöglicht es, Daten von einem Rechner und dem dort liegenden Speicher (z. B. die Festplatte) auf einen anderen Rechner zu transportieren und die Datei dort in den Speicher zu kopieren.

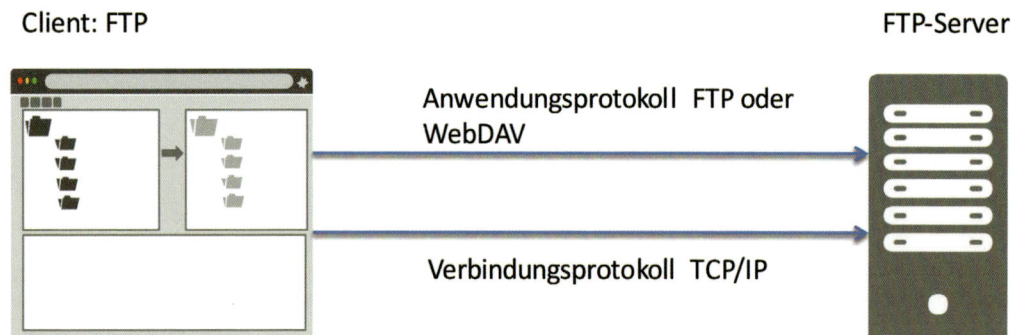

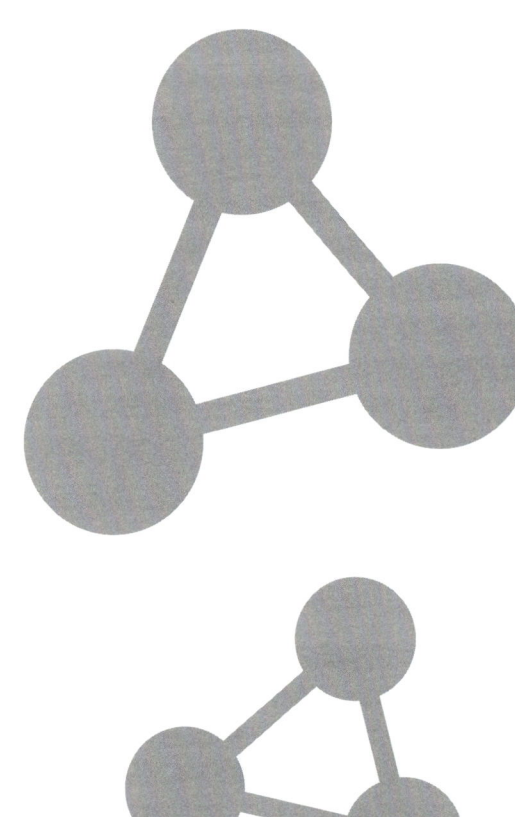

*File-Uploads werden über eigene Clients wie dem FTP-Client ausgeführt.*
*Der Server muss entsprechend zu dem Client und dem Protokoll passen.*

Hierfür gibt es eigene Clients wie z. B. den Filezilla-Client, die auf Rechnern installiert werden. Mit diesen Clients baut ein Rechner eine technische Verbindung zum Internet auf, verbindet sich mit einem anderen Server (dafür muss er die IP-Adresse kennen) und kopiert dann die Datei in einen Ordner auf dem Speicher des andern Rechners – der in diesem Fall ein FTP-Server darstellt.

Auch hier gibt es inzwischen den Trend, dass entsprechende Integrationen dieser Anwendungen direkt in den Webbrowser erfolgen, so dass Dateien über einen Browser auf einen Server geladen werden können. Dabei wird ein eigenes Protokoll, das WebDAV-Protokoll verwendet. Hierfür wird ein entsprechender Server – ein WebDAVServer benötigt. Um also einen Streaming-Service anbieten zu können, werden zwei Server, zwei Anwendungen und zwei Protokolle benötigt.

## Gesamte Video-on-Demand-Architektur

In Summe sieht das Modell (z. B. von You-Tube) folgendermaßen aus: Ein Eingabe-Client der auf einem Rechner installiert ist, transferiert eine Videodatei z. B. in dem Format MPEG-4 auf einen Server auf dem diese Datei gespeichert wird. Diese Datei wird durch einen Anbieter wie YouTube in viele Formate gewandelt (z. B. Ogg, flash) und mit einem Streamingserver verbunden.

Auf diesen greifen Clients zu (die wiederum einen Computer benötigen, um zu laufen) und rufen die Videos passend zum eigenen Client ab. Der Server liefert entsprechend des Protokolls die Videodateien an den Client aus.

An jeder Schnittstelle zwischen Client und Server laufen Transaktionen ab, die den Austausch der Daten regeln. Hierzu werden die jeweils passenden Protokolle verwendet. Abstrahiert man das Modell noch einen Schritt weiter, dann gibt es drei relevante Teile eines digitalen Geschäftsmodells, mit zwei relevanten Schnittstellen an denen Transaktionen stattfinden. Dies sind die Eingabe-Clients, die Daten in Richtung Server transportieren. Diese Richtung wird auch Upstream genannt, da es den sendenden Datenverkehr in Netzwerken (in diesem Fall dem Internet) vom Client zum Server regelt. In dem Modell wird Stream durch Transaktion ersetzt. Daher wird dies im

Schaubild als Up-Transaction bezeichnet.

Auf dem Server und zwischen den Ein- und Ausgabeservern laufen weitere Anwendungen ab, die formal definierte Aufgaben mittels Algorithmen lösen. Und nach der Verarbeitung werden dann die Daten in Richtung eines anderen (oder identischen) Clients transferiert. Im Sinne der Informatik kann man hier von einer Down-Transaction sprechen, da die Übertragungsrichtung in einem Netzwerk vom Server zum Client verläuft.

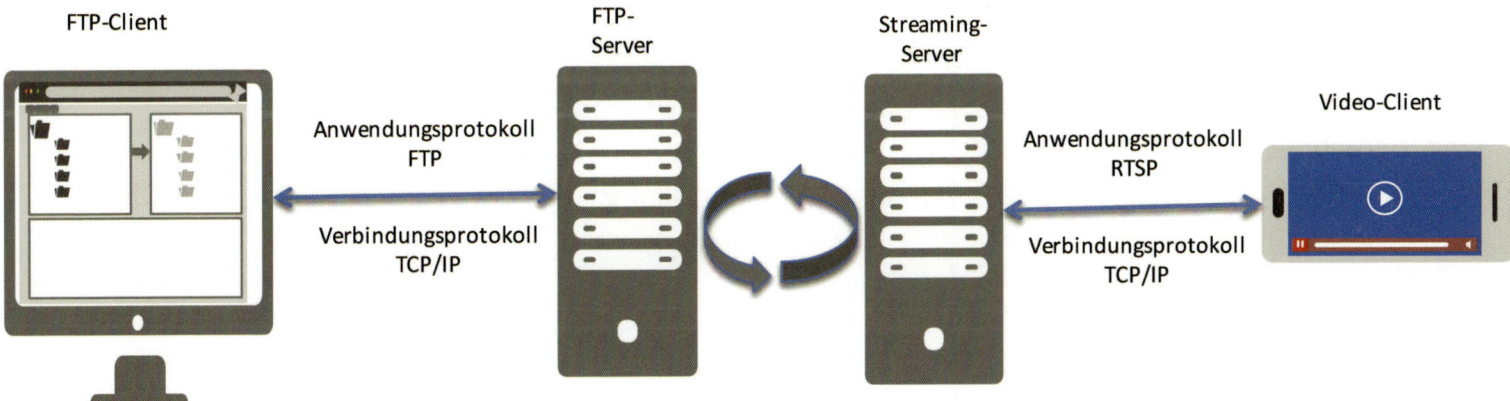

*Die Video-on-Demand-Architektur zeigt die Zweiseitigkeit digitaler Plattform-Modelle. Videos müssen als Datei eingestellt, dann gewandelt und mittels eines Streams einem anderen Client zur Verfügung gestellt werden.*

## 1.5.7 Die technische Grundarchitektur als Basis digitaler Geschäftsmodelle

Aus der technischen Analyse heraus kann eine technologische Grundarchitektur abgeleitet werden, welche die Struktur des bereits vorgestellten Frameworks prägt. Das technische Grundmodell ist die Basis für das Framework und legt vor allem die Eingabe- und Ausgabeseite fest und zeigt zudem die Bedeutung von Transaktionen im Rahmen digitaler Geschäftsmodelle auf.

Abstrahiert man die in diesem Kapitel dargestellten technischen Komponenten, ergibt sich in einer vereinfachten Skizzierung diese Grundstruktur:

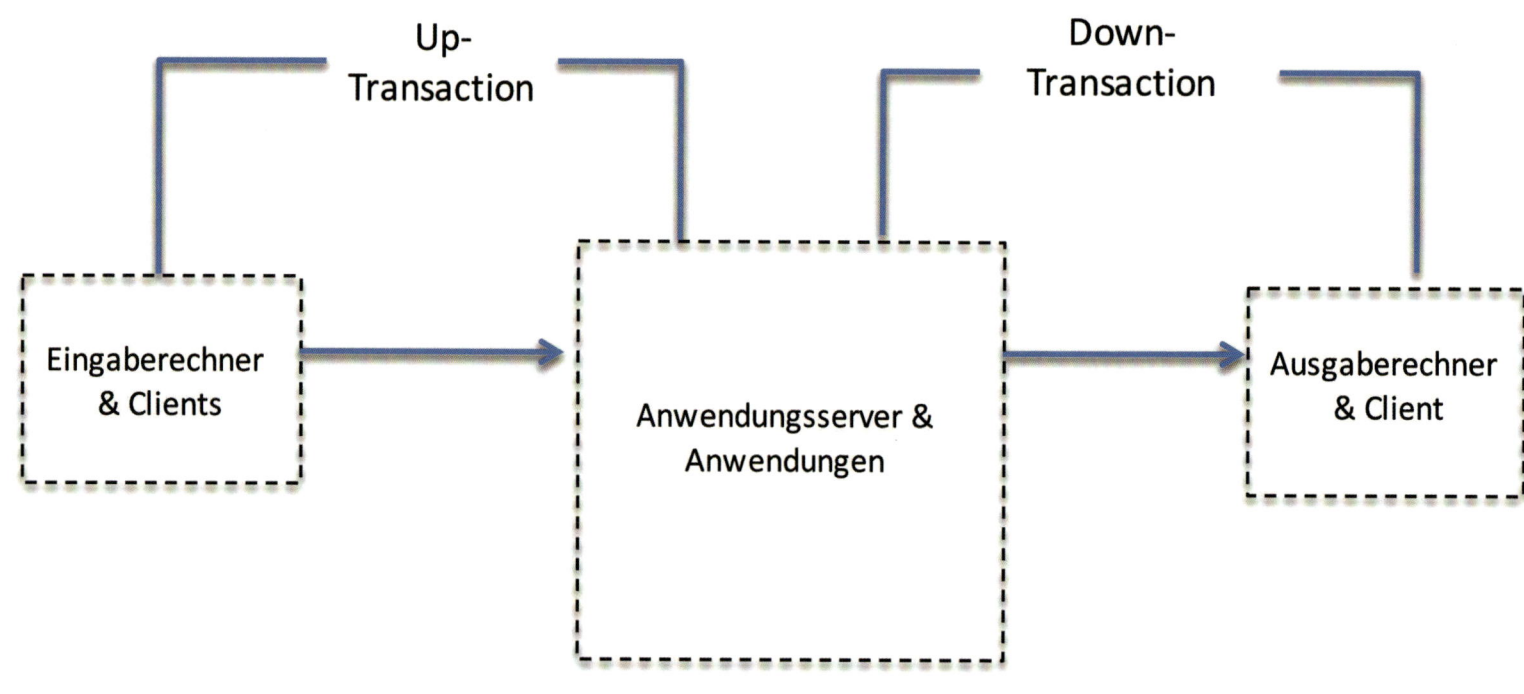

Die links dargestellten Elemente: Eingaberechner & Clients, Anwendungsserver & Anwendungen sowie Ausgaberechner & Client können aus technischer Sicht unterschiedlich verteilt und angeordnet werden.

**Daraus ergeben sich ...**

 **3**

... weitere Architekturvarianten.

Die „kleinste" Anordnungseinheit, die, bei der ein Anwender über ein verteiltes System mit sich „selbst" kommuniziert.

Alle notwendigen Ausstattungen liegen nur auf Seiten eines Anwenders. Das typische Anwendungsbeispiel hierfür sind Software-as-a-Service-Anwendungen wie beispielsweise Nike+ oder Google Drive.

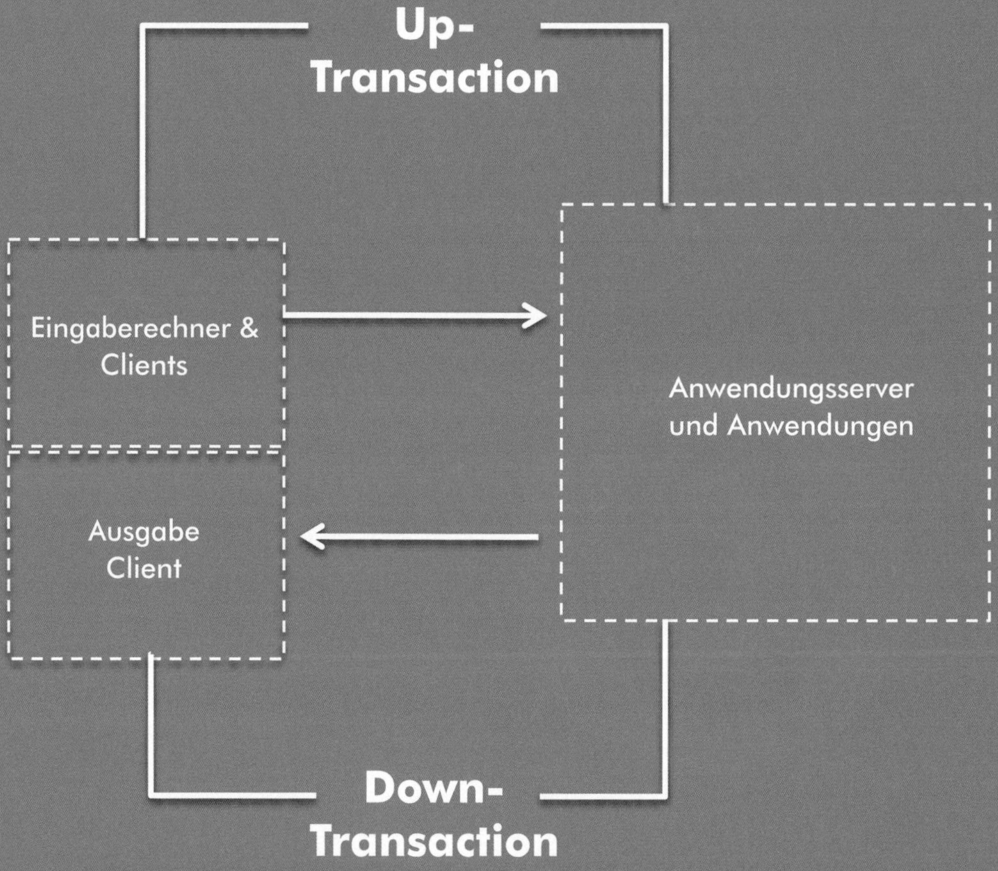

# 1 Software-as-a-Service

**Up-Transaction**

Eingaberechner & Clients

Anwendungsserver und Anwendungen

Ausgabe Client

**Down-Transaction**

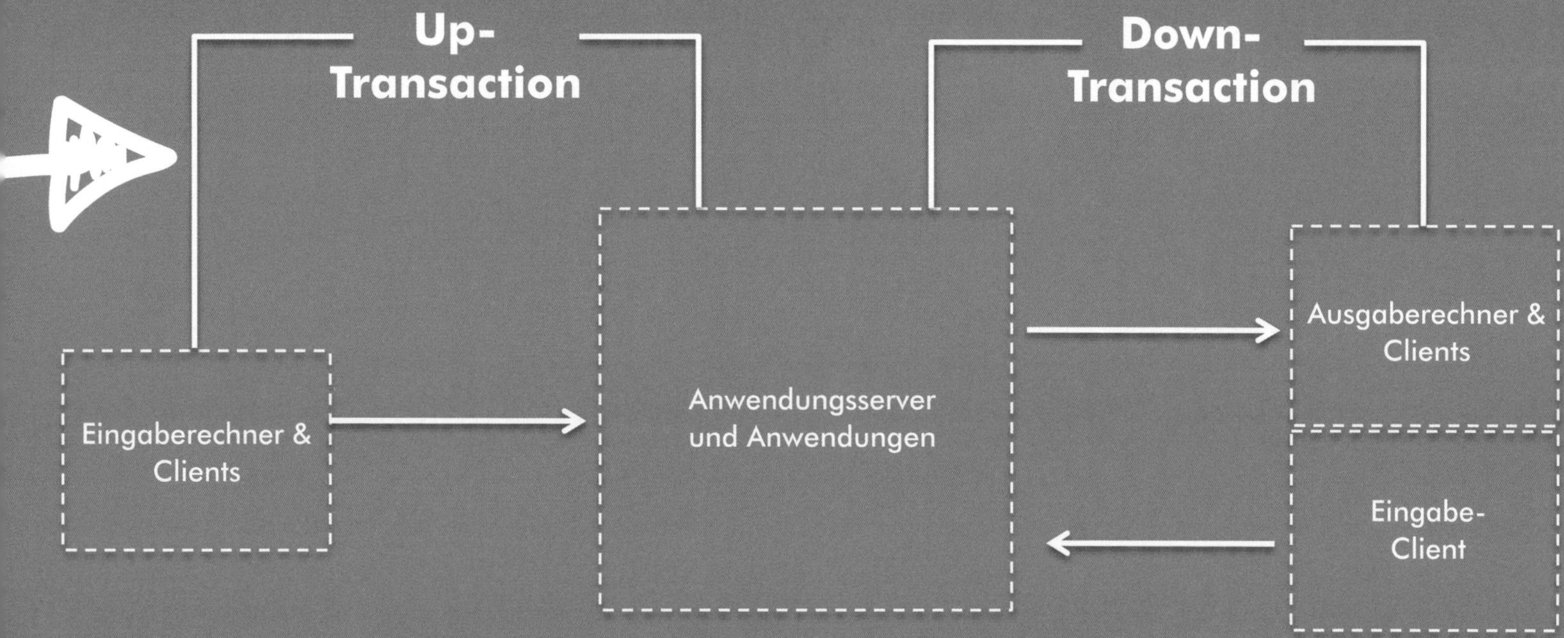

**Up-Transaction**

**Down-Transaction**

Eingaberechner & Clients

Anwendungsserver und Anwendungen

Ausgaberechner & Clients

Eingabe-Client

Der zweite Fall ist eine gerichtete Transaktion, die auch „Broadcast" genannt wird, bei der Eingabe und Ausgabe getrennt sind und theoretisch die Seiten keine rückläufigen Richtungen benötigen. Diese finden sich eher in den „vor-digitalen" Medien, wie TV oder Radio, können aber auch in verteilten Architekturen stattfinden. Allerdings muss auf Seite der Ausgabe auch eine Eingabe mög-

lich sein, sonst kann das Modell nicht funktionieren. Anbieter von Wetterdaten wenden solche Modell-Templates an. Diese Form bietet sich immer dann an, wenn an einer Seite kein menschlicher Anwender platziert ist, sondern z. B. Sensoren, die an einer örtlich anderen Stelle Daten erfassen und diese für Anwender aufbereiten.

**2**

Broadcast

# 3 Interactive

Und schließlich gibt es vollständig interaktive Architekturen, bei denen beide Seiten sowohl Ein- als auch Ausgabeausstattungen aufweisen und somit immer in beide Richtungen Interaktionen stattfinden können. Dabei müssen an beiden Enden nicht unbedingt menschliche Anwender sitzen.

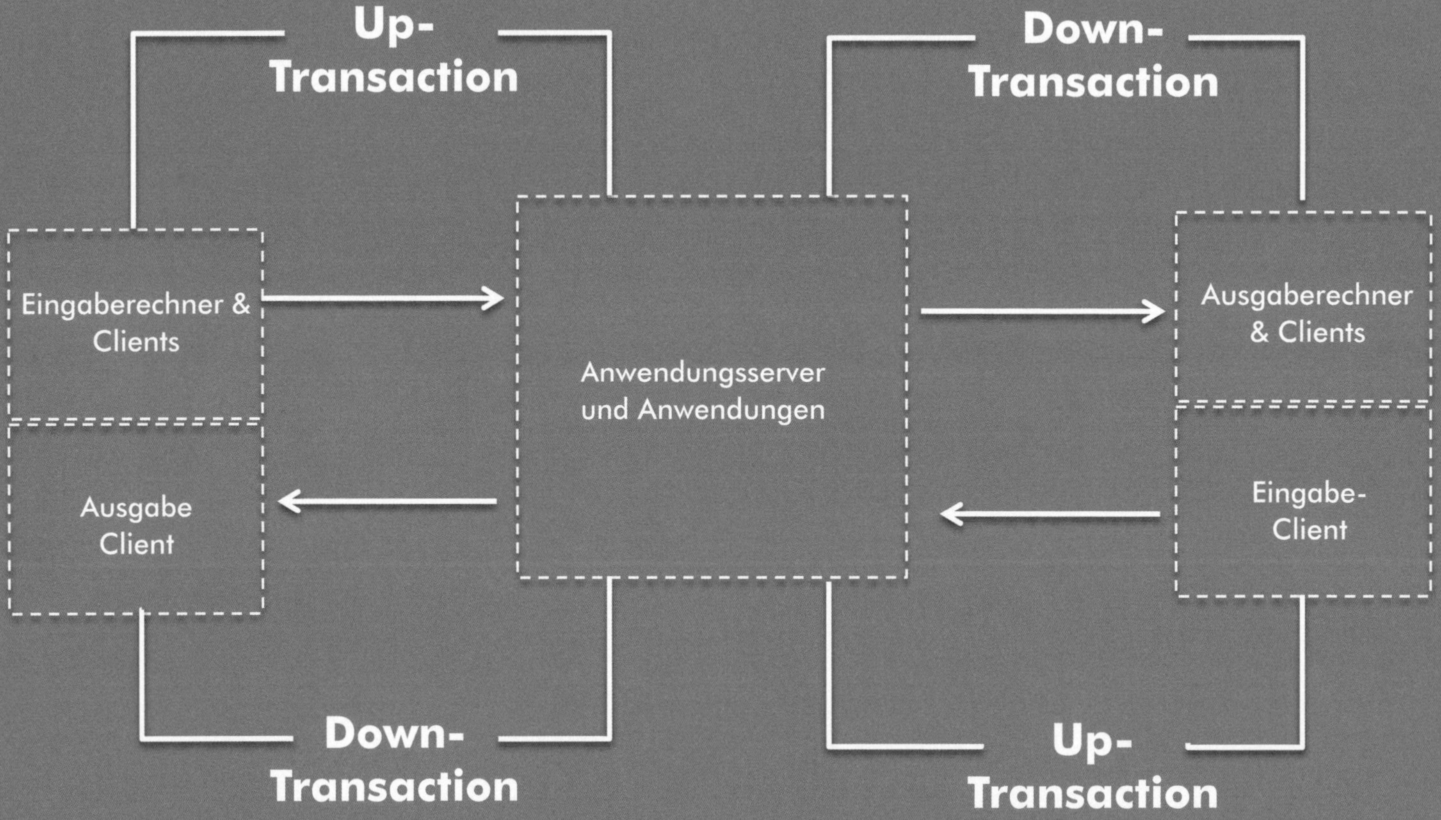

**Up-Transaction**

**Down-Transaction**

Eingaberechner & Clients

Anwendungsserver und Anwendungen

Ausgaberechner & Clients

Ausgabe Client

Eingabe-Client

**Down-Transaction**

**Up-Transaction**

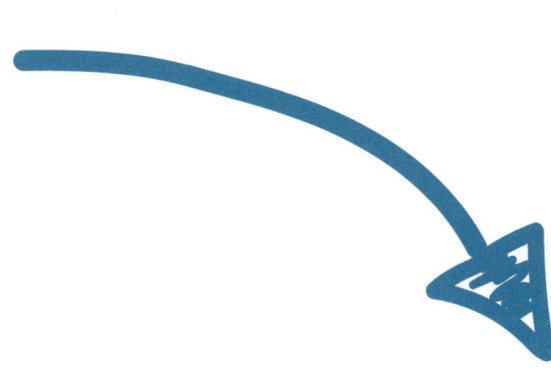

Diese grundlegende technologische Architektur kann harmonisch mit der dreiteiligen digitalen Geschäfts-modellarchitektur verbunden werden.

Legt man diese beiden Modelle übereinander, können daraus typische und häufig anzutreffende Geschäftsmodellmuster abgeleitet und beschrieben werden.

# Technologie-architektur

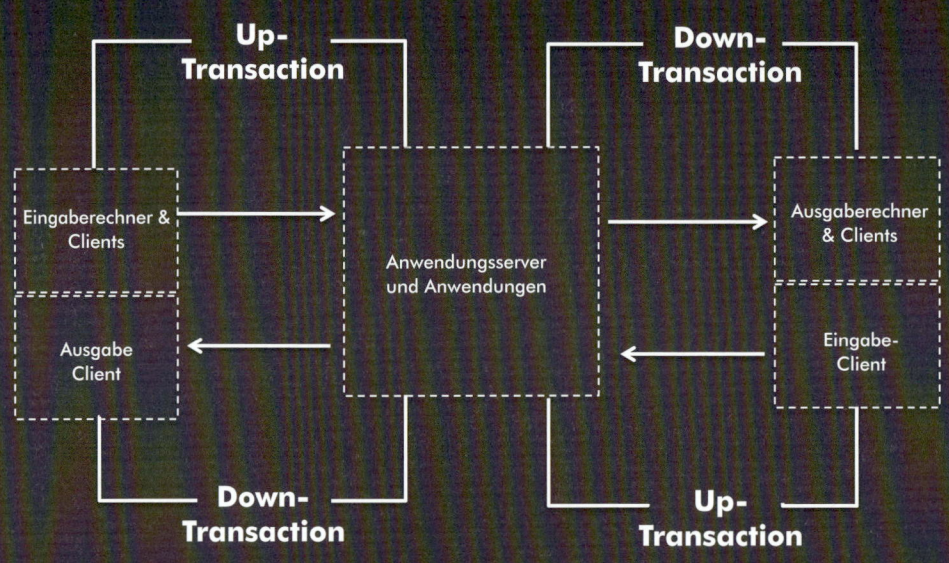

Up-Transaction

Down-Transaction

| Eingaberechner & Clients | | Anwendungsserver und Anwendungen | | Ausgaberechner & Clients |

Ausgabe Client

Eingabe-Client

Down-Transaction

Up-Transaction

# Digitale Geschäftsmodell-architektur

digitale Geschäftsmodellmuster

# MODELLMUSTER

## 1.6.1 Mehrseitiges interaktives Geschäftsmodellmuster

Dieses Muster digitaler Geschäftsmodelle weist an beiden Seiten handelnde Akteure auf, die aus technischer Sicht mit vollständigen Computern ausgestattet sind oder ausgestattet werden müssen. Die Akteure interagieren mit der zentralen Plattform über technische Verbindungen und Netzwerke hinweg. Damit stehen auch die beiden Seiten direkt oder indirekt miteinander in Kontakt und können auch direkt miteinander interagieren.

*Mehrseitig*

*Interaktiv*

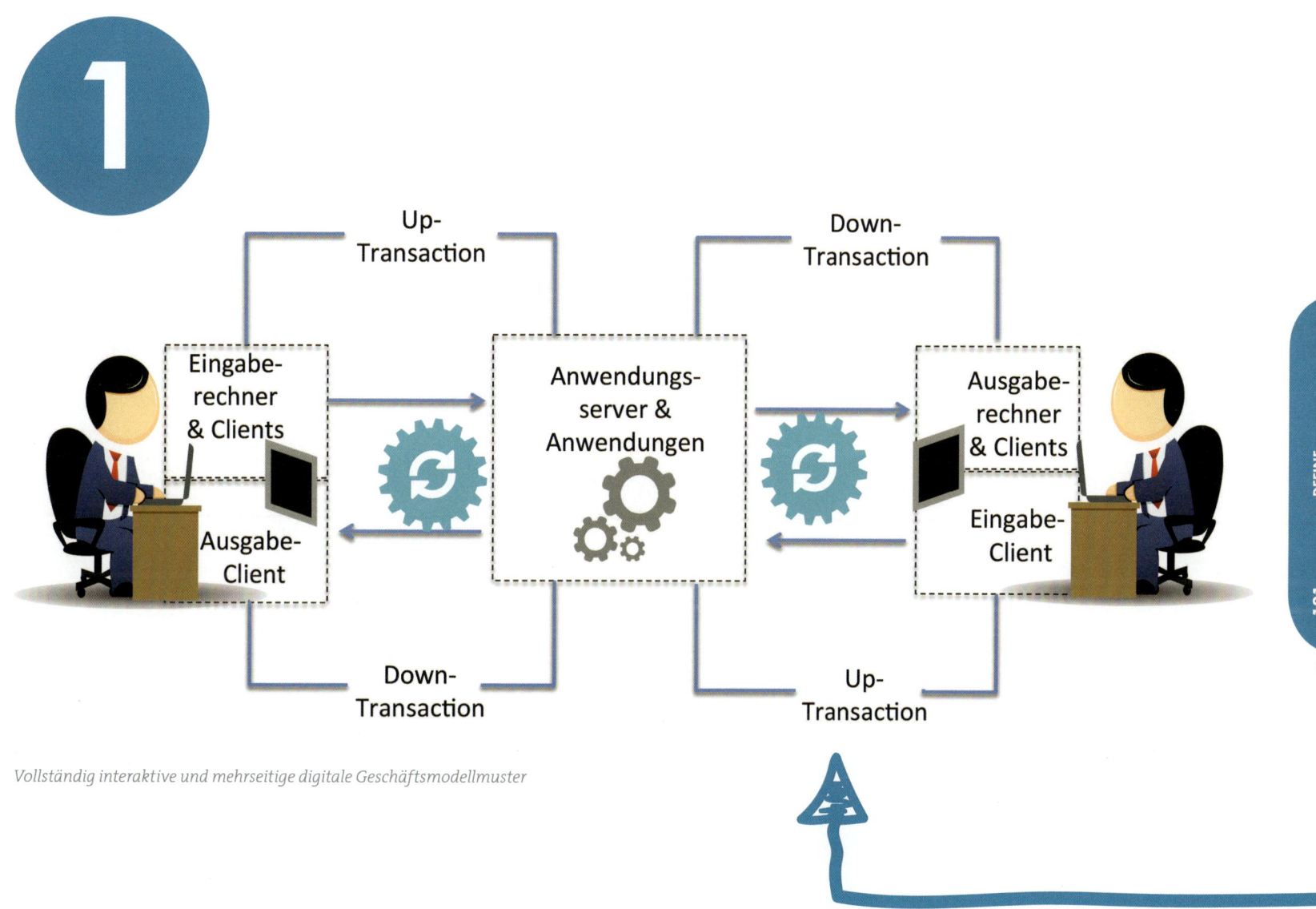

*Vollständig interaktive und mehrseitige digitale Geschäftsmodellmuster*

| Plattform | Angebot |
|---|---|
| YouTube | verbindet Videoanbieter und Videorezipienten über die Videos miteinander. |
| Amazon Bookstore | verbindet Verlage mit Buchkäufern über die Präsentation der zu kaufenden Bücher. |
| MyTaxi | ermöglicht die direkte Bestellung von Taxis über die Plattform von MyTaxi. |
| Lufthansa.de | ermöglicht die direkte Buchung von Flügen bei Lufthansa ohne dass ein Reisebüro dazwischen geschaltet ist. |
| Jameda | ermöglicht es Ärzten, ihre Leistungen anzubieten, und Patienten, Ärzte zu bewerten aber auch nach Ärzten zu suchen. |
| Skype | ermöglicht die direkte Livekontaktaufnahme zwischen zwei Akteuren. |
| Facebook | verbindet Akteure miteinander und ermöglicht die direkte und indirekte Kommunikation zwischen diesen. |
| Booking.com | ermöglicht es Reisenden, Hotelzimmer zu suchen und zu buchen, und gibt die Daten direkt an die Hotels weiter. |
| AirbnB | vermittelt Wohnungen zur Untermiete zwischen zwei Akteuren. |

Wird **dieses Muster** in ein etwas komplexeres Muster aufgespalten, so erhält man die sogenannten **Multiagentensysteme**. Diese spielen bei der Entwicklung digitaler Geschäftsmodelle eine erhebliche Rolle. AdServer-Modelle basieren auf diesem Design, ebenso wie zum Beispiel das Staudarstellungsmodell von TomTom (das auch hinter den Apple Kartenddienst steht).

Bei einem **Multiagentensystem** steht an beiden Seiten (oder mindestens an einer) ein Akteur, der aber nicht operativ handelt, sondern nur administrativ oder nur einmal, z. B. bei der Softwareinstallation, aktiv agiert. Dann übernehmen die Ausführung der Aufgaben Softwareagenten, die relativ autonom untereinander interagieren und Transaktionen ausführen.

Dieses Muster kann dadurch dargestellt werden, dass unterhalb der Akteure auf den Rechnern nun Softwareagenten platziert werden, die dann die Transaktionen durchführen. Die Akteure interagieren dann erst einmal mit den Softwareagenten und diese dann untereinander.

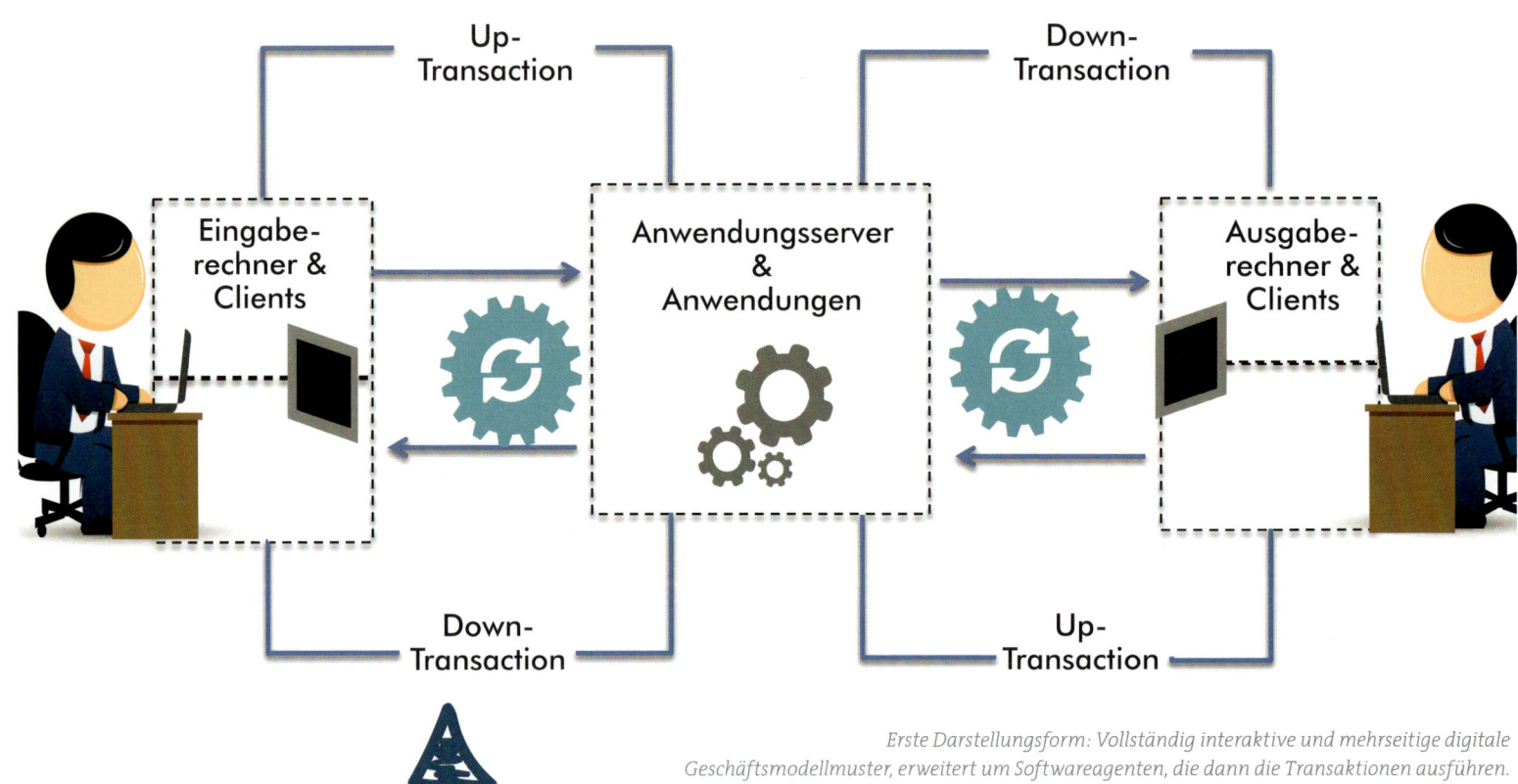

*Erste Darstellungsform: Vollständig interaktive und mehrseitige digitale Geschäftsmodellmuster, erweitert um Softwareagenten, die dann die Transaktionen ausführen.*

| Plattform | Angebot |
|---|---|
| AdWords | Akteure richten die Grundinstallation und die Einstellungen ein. Die Schaltung und die Abwicklung der Anzeigenschaltungen und Messungen werden von Softwareagenten durchgeführt. |
| TomTom | Sammelt Daten der Nutzer ein und berechnet daraus Staus und stellt diese automatisch auf den Karten der Navigationsgeräte dar, z. B. auf dem iPhone. Akteure nutzen die Karten, aber die relevanten Interaktionen laufen zwischen den Agenten ab. |
| TollCollect | Lkw-Fahrer müssen Installationen vornehmen. Das Mautsystem funktioniert vollautomatisiert zwischen Softwareagenten. |

## 1.6.2 Broadcast-Muster

Eine häufig anzutreffende Variante, ist die Reduktion der Eingabeseite auf ein rein sendendes Eingabesystem. Hierbei werden technische Eingabesysteme über die Plattformen Akteuren zugänglich gemacht, die dann auf diese direkt oder indirekt zugreifen können.

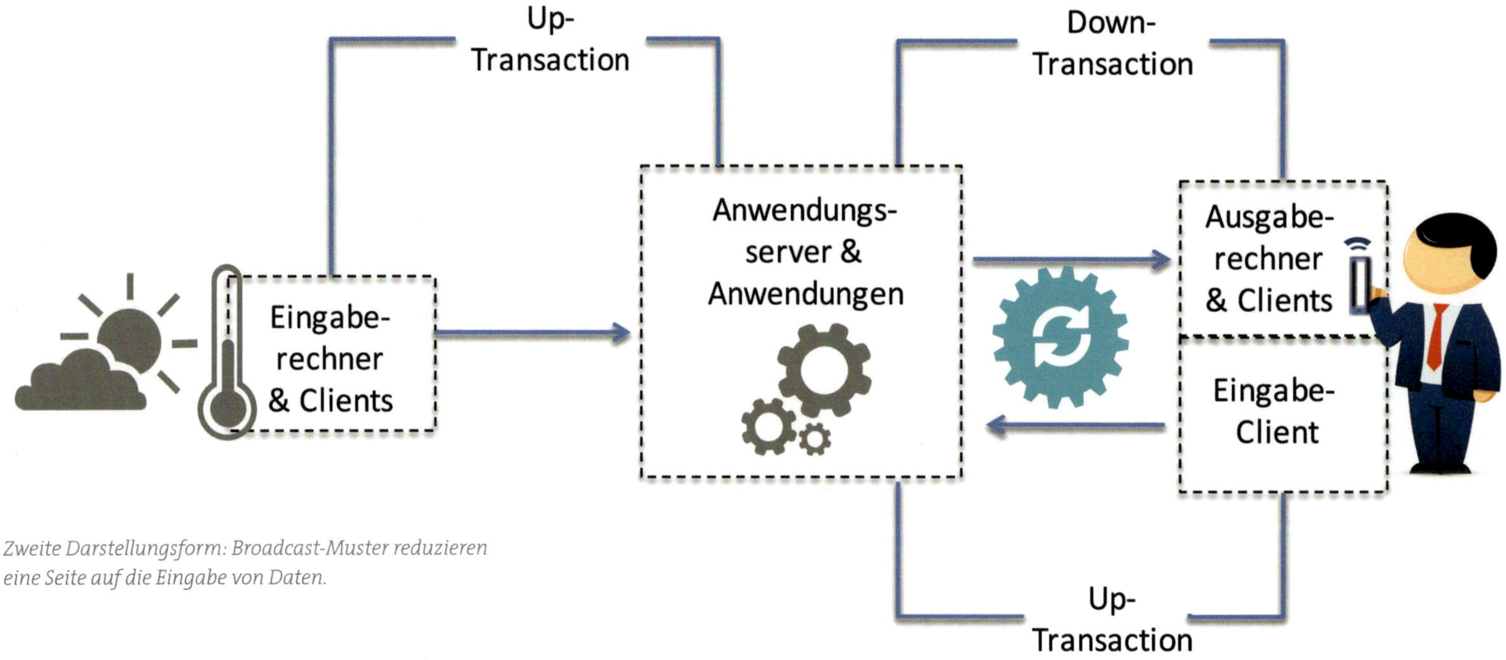

Up-
Transaction

Down-
Transaction

Eingabe-
rechner
& Clients

Anwendungs-
server &
Anwendungen

Ausgabe-
rechner
& Clients

Eingabe-
Client

Up-
Transaction

*Zweite Darstellungsform: Broadcast-Muster reduzieren eine Seite auf die Eingabe von Daten.*

In diesem Framework ist die Interaktionsrate eher gering, da der Akteur nur Eingaben vornimmt, die es ihm ermöglichen auf die Daten individuell und spezifisch zuzugreifen. Heute werden dabei die Daten über Sensoren oder Aktoren in die Plattform automatisiert eingespielt. Auch hier gibt es zahlreiche Anbieter die solche Muster realisiert haben und anbieten.

Dabei kann es zwei Anwendungsfälle geben:

1. Der Anwender installiert selbst Sendestationen oder hat Zugriff auf eigene Sendestationen, so zum Beispiel im Bereich von Smarthome Anwendungen. Der Geschäftsmodellanbieter stellt dabei die notwendigen Ausstattungen zur Verfügung, die dann der Akteur selbst installiert und auch selbst nutzt.

2. Der Geschäftsmodellanbieter greift auf Daten aus Netzwerken zu, die er selbst betreibt oder auf die er über Kooperationen oder einen Markt Zugriff hat. Diese Daten werden dann anderen Akteuren, die keine Kontrolle über die Sendestationen haben, zur Verfügung gestellt, z. B. Wetterdaten.

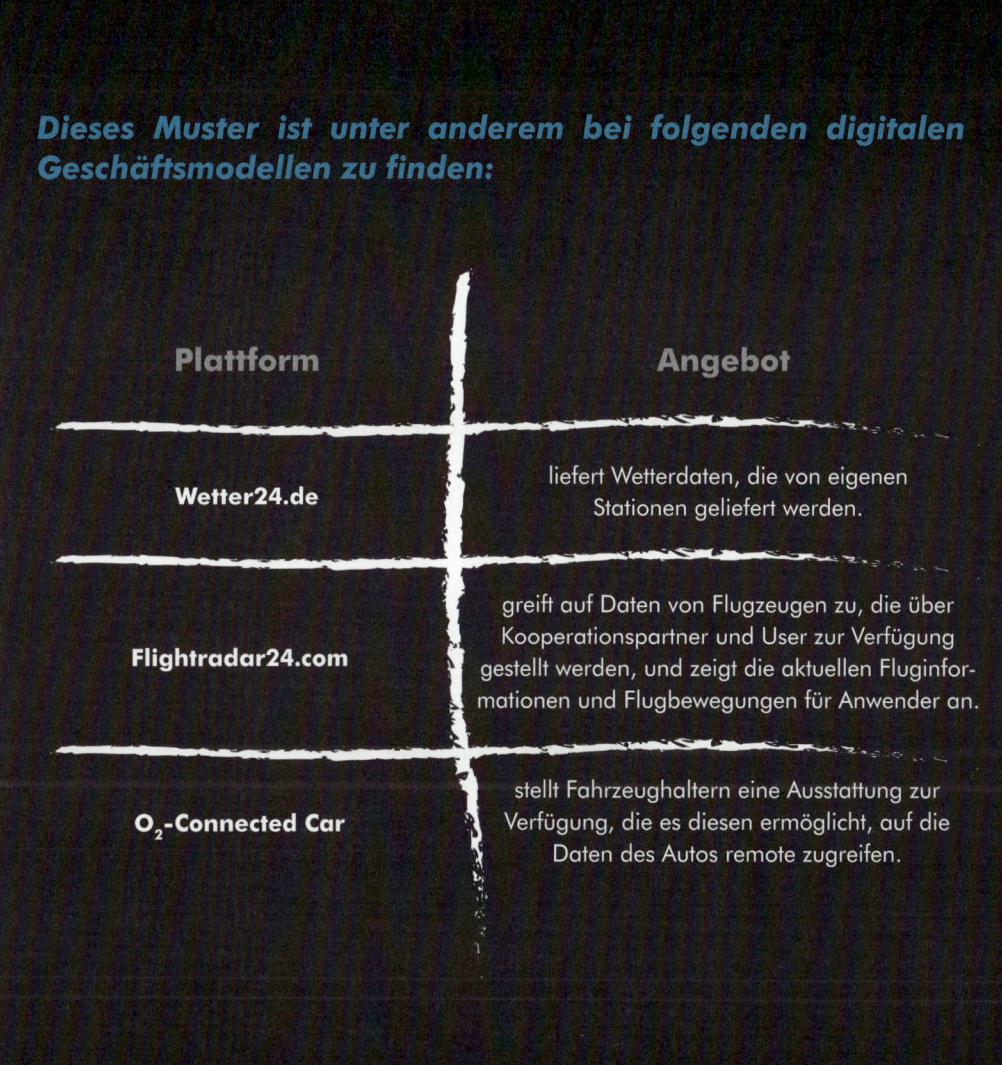

**Dieses Muster ist unter anderem bei folgenden digitalen Geschäftsmodellen zu finden:**

| Plattform | Angebot |
|---|---|
| Wetter24.de | liefert Wetterdaten, die von eigenen Stationen geliefert werden. |
| Flightradar24.com | greift auf Daten von Flugzeugen zu, die über Kooperationspartner und User zur Verfügung gestellt werden, und zeigt die aktuellen Fluginformationen und Flugbewegungen für Anwender an. |
| O$_2$-Connected Car | stellt Fahrzeughaltern eine Ausstattung zur Verfügung, die es diesen ermöglicht, auf die Daten des Autos remote zuzugreifen. |

### 1.6.3 Software-as-a-Service-Muster

Schließlich kann das Software-as-a-Service-Muster als Basismuster genannt werden. Hierbei sind alle Modelle mittels neuer Technologien subsumierbar, die sich auf ungebundene Dienstleistungen und Anwendungen beziehen und somit der Akteur selbst Aufgaben lösen kann, da ihm der Geschäftsmodellanbieter entsprechende Software- und Hardwareausstattung anbietet.

Up-
Transaction

Eingabe-
rechner
& Clients

Anwendungs-
server &
Anwendungen

Ausgabe-
Client

Down-
Transaction

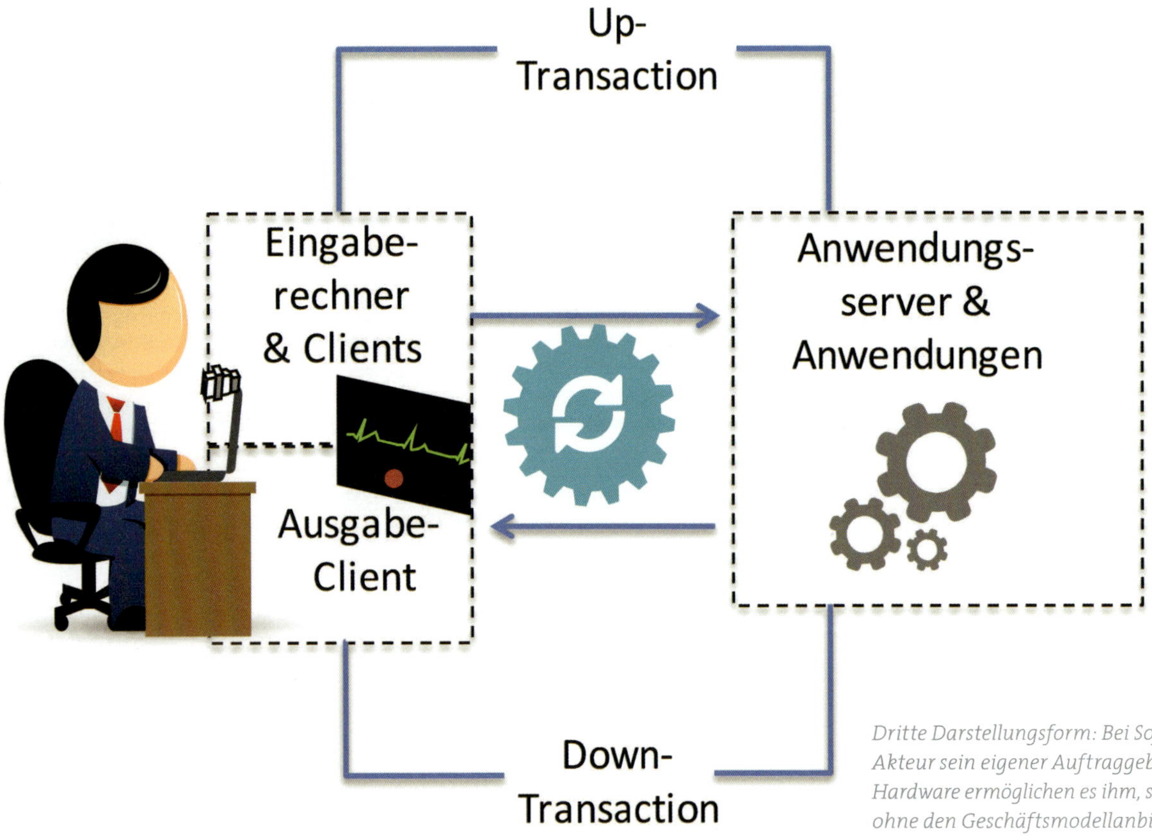

*Dritte Darstellungsform: Bei Software-as-a-Service-Mustern ist der Akteur sein eigener Auftraggeber und Auftragnehmer. Software und Hardware ermöglichen es ihm, selbst Leistungen zu erbringen, die er ohne den Geschäftsmodellanbieter nicht realisieren könnte.*

| Plattform | Angebot |
| --- | --- |
| MyFitnessPal | ist ein Kalorienzähler, der unter anderem einen Scanner enthält der Strichcodes lesen kann und dadurch von den Lebensmitteln die Daten direkt darstellen kann. |
| Reposito | dient dem Aufbewahren von Quittungen. Diese werden abfotografiert und der Barcode kann von der Verpackung einer Ware eingescannt werden, sodass der Beleg mit den Produktdaten verknüpft wird. |
| Apple Game Center | bietet Spiele an, die ein Akteur gegen einen Softwareagenten spielt. Andere menschliche Mitspieler werden nicht benötigt. |
| Nike Plus Running App | ermöglicht, dass Läufer jeden Lauf einfach durch Sensoren erfassen und speichern können. |

**Fazit** Überlagert und abstrahiert man die Technologie- und Geschäftsmodellarchitektur, dann erkennt man das Framework als gemeinsame Basis für jegliche Abbildung und Konzeption digitaler Geschäftsmodelle.

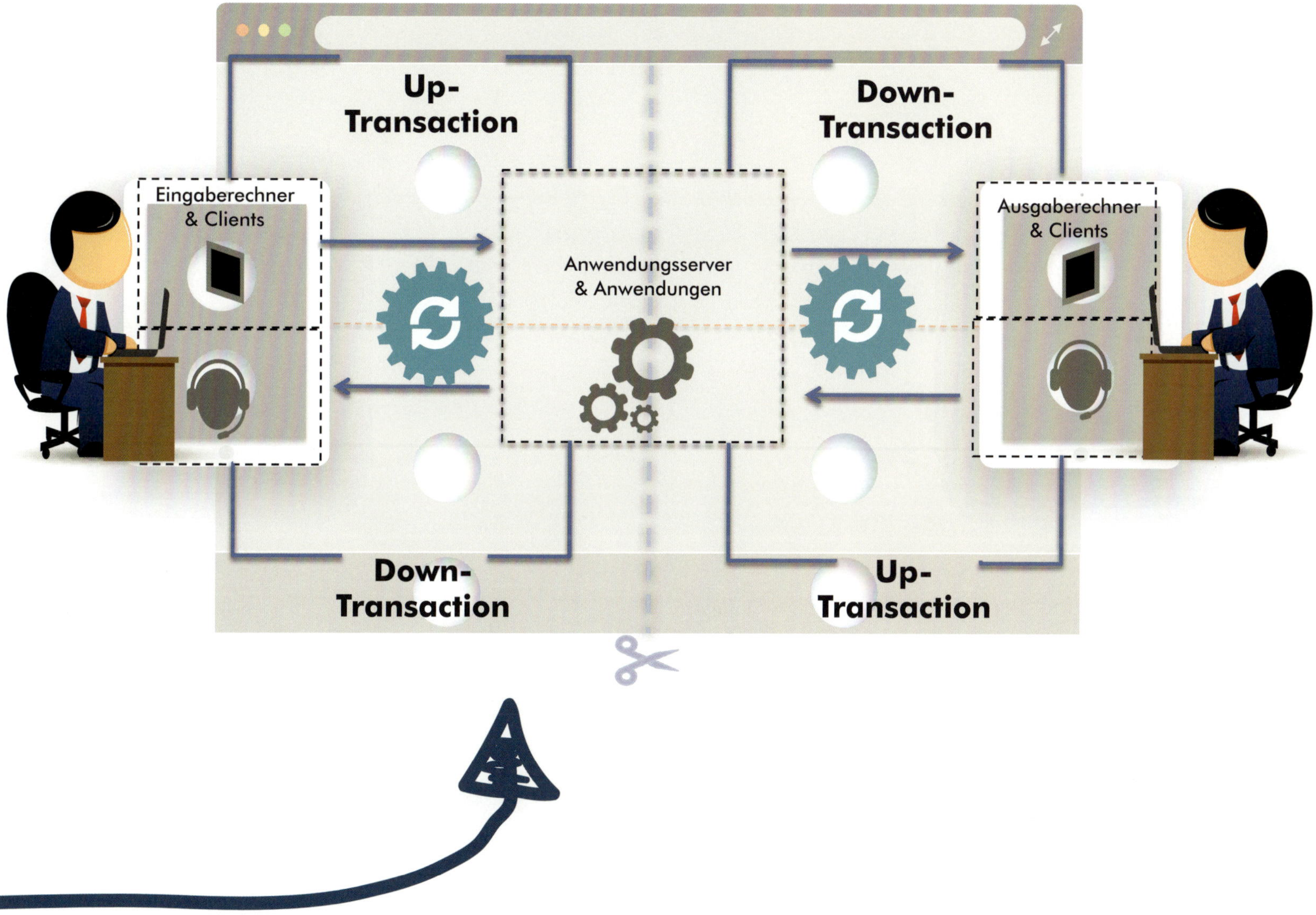

Up-
Transaction

Down-
Transaction

Eingaberechner
& Clients

Ausgaberechner
& Clients

Anwendungsserver
& Anwendungen

Down-
Transaction

Up-
Transaction

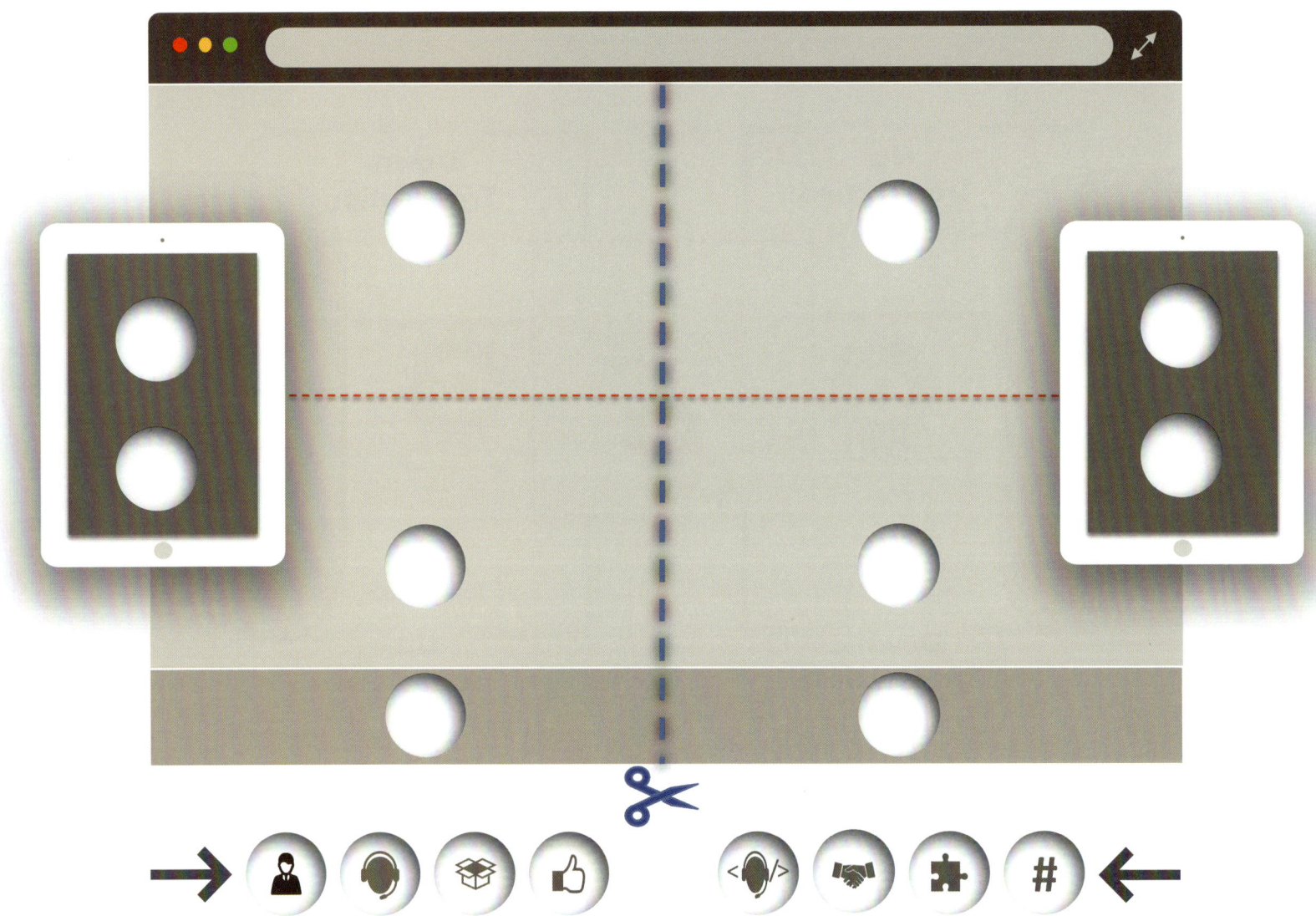

 Nun können die einzelnen Elemente und Bausteine des Frameworks detailliert beschrieben und die sich daraus ableitenden Muster jedes Bausteins dargelegt werden. Beginnen wir mit der Beschreibung der Elemente, welche die grundsätzliche Wertearchitektur digitaler Geschäftsmodelle bestimmen.

## 1.7 Literatur

Mandelbrot, Benoit (1987): Die fraktale Geometrie der Natur. Birkhäuser, Basel, Boston

Roebke, Joshua (2010): Realität auf dem Prüfstand. In: Spektrum der Wissenschaft Dossier 4/10: Quanteninformation, S. 9-13

Rothermund, Klaus; Eder, Andreas (2011): Motivation und Emotion, Wiesbaden Schöning, Uwe (2008): Ideen der Informatik, München

Springer Gabler Verlag (Herausgeber), Gabler Wirtschaftslexikon, Stichwort: Transaktion, unter: http://wirtschaftslexikon.gabler.de/Archiv/5996/transaktion-v12.html

Warnecke, Hans-Jürgen (1996): Die Fraktale Fabrik – Revolution der Unternehmenskultur, Reinbek

# TEIL II

# DESIGN
*Architektur*

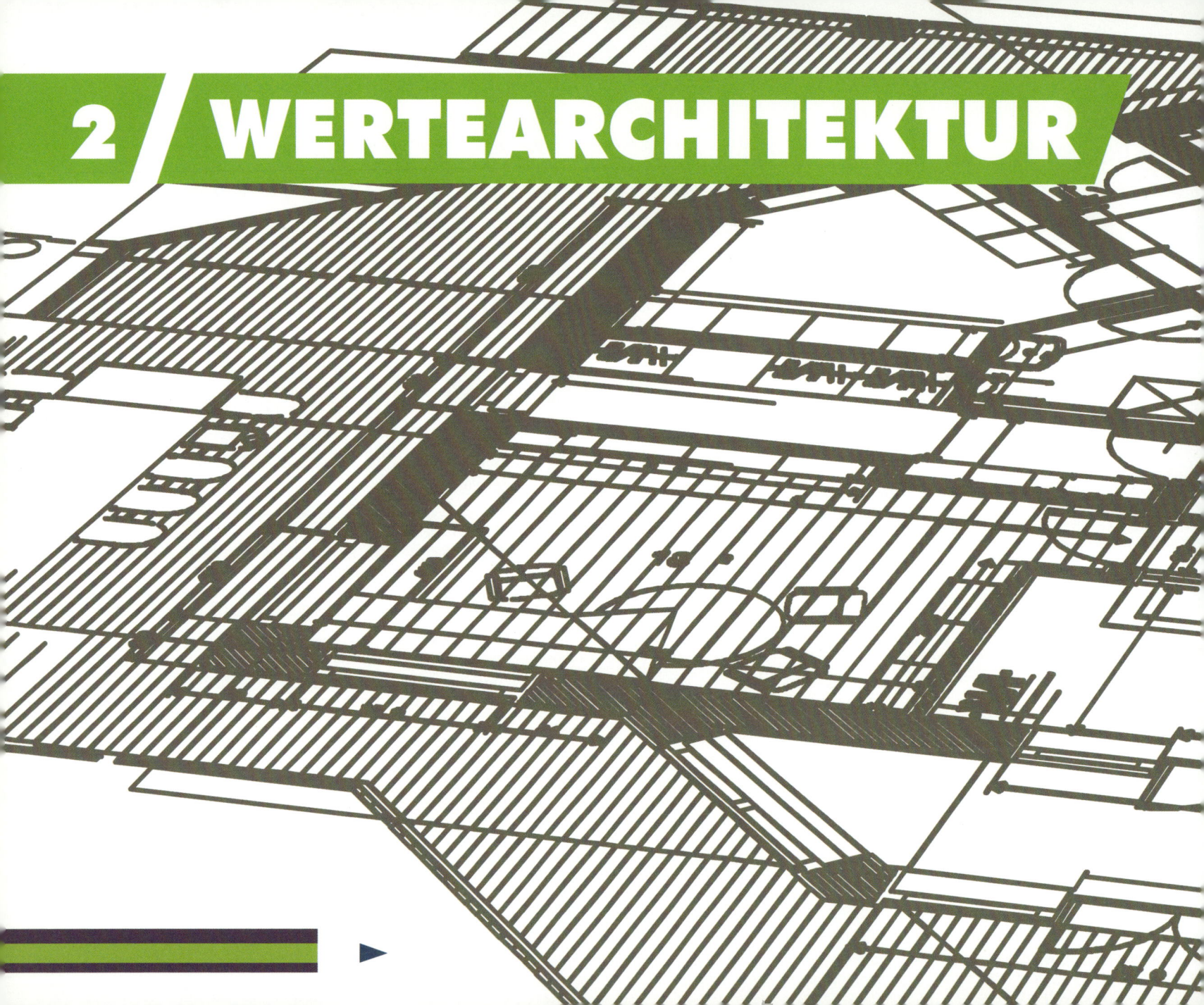

# 2 WERTEARCHITEKTUR

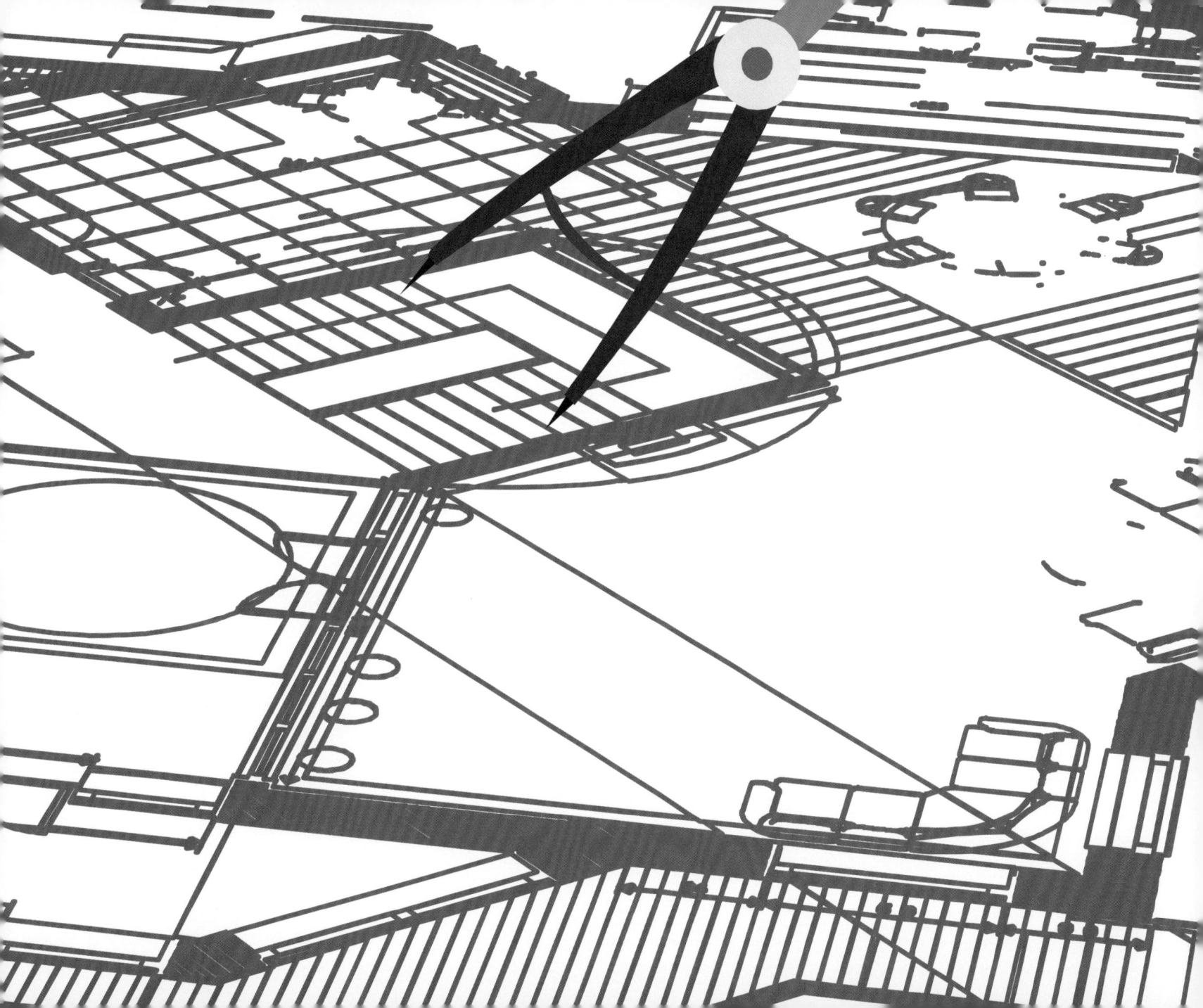

# Inhalt

In dem ersten Teil der Modellierung werden die statischen Elemente des Frameworks abgebildet und beschrieben.

**Dieser Teil kann als Wertearchitektur bezeichnet werden.**

Dabei geht es darum, zentrale Fragen des digitalen Geschäftsmodells zu beantworten und soweit möglich in eine Konsistenz zu überführen.

Die jeweiligen Kapitel liefern einen tieferen Einblick in die Optionen, die bestehen, um die Fragen zu beantworten und führen in einige Besonderheiten bei der digitalen Geschäftsmodellentwicklung ein. Zudem können einige Aufgaben aus den jeweiligen Handlungsfeldern abgeleitet werden, deren individuelle  Lösung hilfreich bei der Konzeption des eigenen digitalen Geschäftsmodells sein kann.

Die

{

# 12

*die Ihre Geschäftsmodell*

# FRAGEN

*architektur beantworten muss*

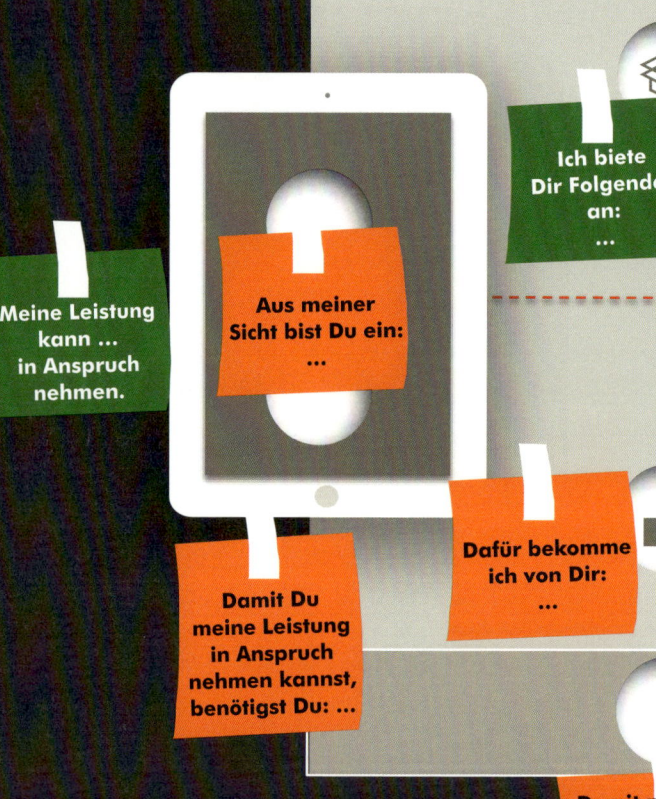

Ich biete
Dir Folgendes
an:
...

Meine Leistung
kann ...
in Anspruch
nehmen.

Aus meiner
Sicht bist Du ein:
...

Dafür bekomme
ich von Dir:
...

Damit Du
meine Leistung
in Anspruch
nehmen kannst,
benötigst Du: ...

Damit mein Modell
funktioniert, müssen
folgende
Vorraussetzungen
erfüllt sein ...

ist von Ihnen nur bedingt
beeinflussbar

ist von Ihnen gut steuerbar

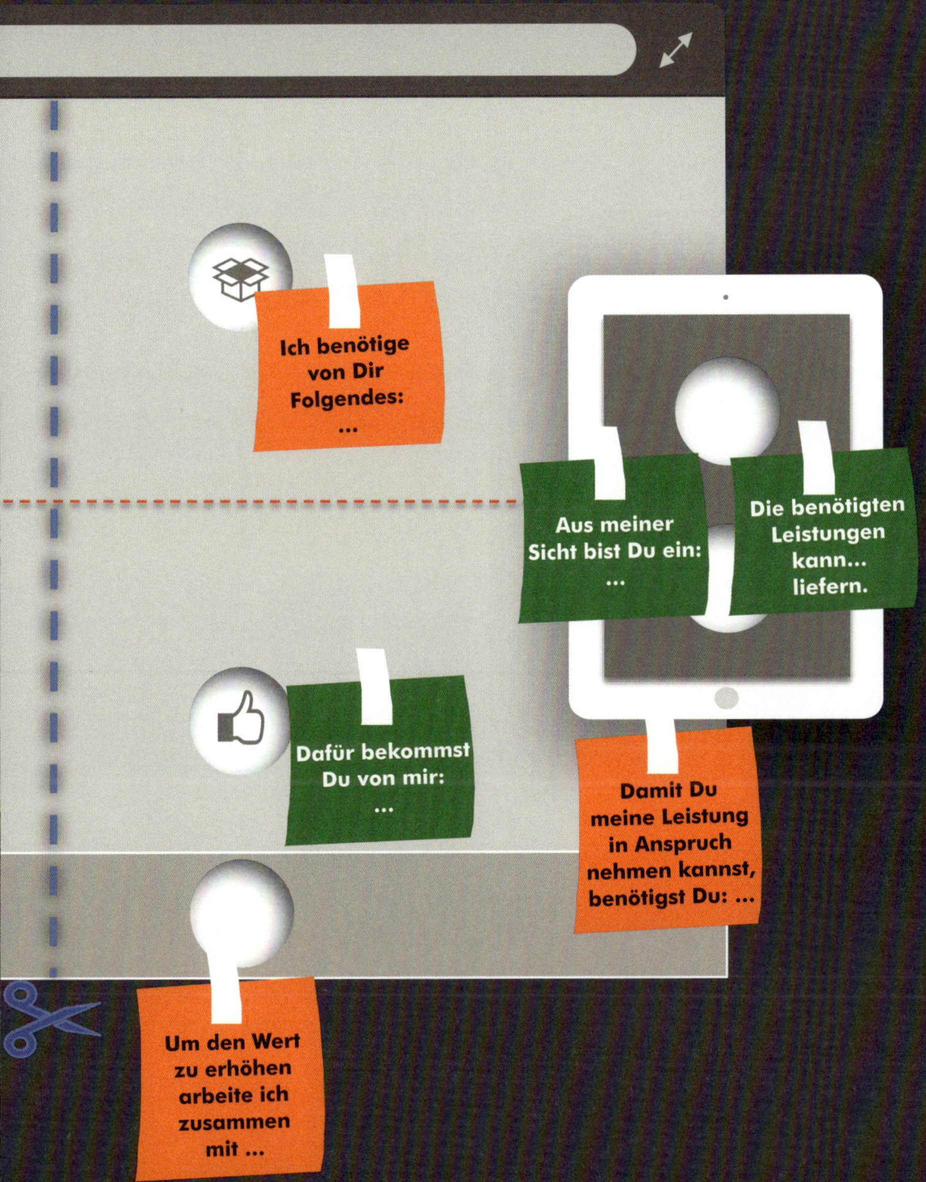

Ich benötige
von Dir
Folgendes:
...

Aus meiner
Sicht bist Du ein:
...

Die benötigten
Leistungen
kann...
liefern.

Dafür bekommst
Du von mir:
...

Damit Du
meine Leistung
in Anspruch
nehmen kannst,
benötigst Du: ...

Um den Wert
zu erhöhen
arbeite ich
zusammen
mit ...

 **Wer steht aus Ihrer Sicht an der linken Schnittstelle des Frameworks?**

Ein Kunde, der an Sie Aufträge stellt (= Principal) oder von Ihnen fertige Leistungen in Anspruch nimmt? Oder sehen Sie dort jemanden, der eigentlich die relevanten Leistungen zum Funktionieren Ihres Geschäftsmodells beiträgt und dem eher Sie Aufträge geben, die er erfüllen sollte (= Agent)? Sie beantworten die Frage mit: „Aus meiner Sicht bist Du eine Agent!" oder „Aus meiner Sicht bist Du ein Principal!"

In der Grundidee des Frameworks stehen an dieser Seite eher Principals, die an Sie Aufträge stellen. Eine genauere Beschreibung dieser Gruppen an der linken Seite erhalten Sie im Kapitel „Wen benötigen Sie an welcher Stelle?"

 **Wer kann aus Ihrer Sicht Ihre Leistungen in Anspruch nehmen?**

Darf jeder Ihre Leistungen in Anspruch nehmen, oder bedarf es gewisser Nutzungsvoraussetzungen? Dürfen zum Beispiel nur Anwender aus dem eigenen Unternehmen die Leistungen nutzen?

Sie beantworten die Frage mit: Meine Leistung kann

- jeder (Markt),
- nur ein Partner oder
- nur ein interner Mitarbeiter

in Anspruch nehmen.

Im Framework sind alle drei Antworten möglich.

**?** **Wer steht aus Ihrer Sicht an der rechten Schnittstelle des Frameworks?**

Ein Kunde, der an Sie Aufträge stellt (= Principal) oder von Ihnen fertige Leistungen in Anspruch nimmt? Oder sehen Sie dort jemanden, der eigentlich die relevanten Leistungen zum Funktionieren Ihres Geschäftsmodells beiträgt und dem eher Sie Aufträge geben, die er nach Ihren Ansprüchen erfüllen sollte (= Agent)? Sie beantworten die Frage mit: „Aus meiner Sicht bist Du eine Agent!" oder „Aus meiner Sicht bist Du ein Principal!"

Im Sinne des Frameworks ist diese Seite offen, es können hier sowohl Agents als auch Principals stehen. Eine genauere Beschreibung dieser Gruppen an der linken Seite erhalten Sie im Kapitel „Wen benötigen Sie an welcher Stelle?"

 **Wer darf aus Ihrer Sicht Leistungen anbieten?**

Darf jeder Ihre Leistungen in Anspruch nehmen, oder bedarf es gewisser Nutzungsvoraussetzungen? Dürfen zum Beispiel nur Anwender aus dem eigenen Unternehmen die Leistungen nutzen?

Sie beantworten die Frage mit: Meine Leistung kann

- jeder (Markt),
- nur ein Partner oder
- nur ein interner Mitarbeiter

in Anspruch nehmen.

Im Framework sind alle drei Antworten möglich.

 **Was bieten Sie der Gruppe an, die Sie auf der linken Seite positioniert haben?**

Sie beantworten die Frage mit: „Ich biete Dir folgendes an _____"

Eine genauere Beschreibung, was Sie im Rahmen digitaler Geschäftsmodelle anbieten und wie Sie diese einordnen, können Sie im Kapitel „Was können Sie anbieten?" erfahren.

 **Was erwarten Sie als Gegenleistung von der Gruppe, die Sie auf der linken Seite positioniert haben?**

Sie beantworten die Frage mit: „Dafür bekomme ich von Dir _____"

Eine genauere Beschreibung, was Sie im Rahmen digitaler Geschäftsmodelle von einem Nutzer erhalten können, erhalten Sie im Kapitel „Was haben Sie davon, eine Leistung anzubieten?"

 **Was benötigen Sie, um die Leistung anbieten zu können?**

Die Antwort finden Sie tendenziell auf der rechten Seite des Frameworks, wenn dort ein Agent steht.

Sie beantworten die Frage mit: „Ich benötige von Dir Folgendes: _____"

An dieser Stelle kann abhängig von Ihrer Position auch eine Leistung von Ihnen stehen, die Sie anbieten. Dies ist immer dann der Fall, wenn Sie auch an der rechten Seite einen Principal positioniert haben. Diese Seite ist abhängig von dem, was Sie anbieten wollen, weshalb auch diese Leistungen aus dem Kapitel: „Was können Sie anbieten?" ableitbar sind.

 **Was bieten Sie als Gegenleistung der Gruppe an, von der Sie Leistungen erhalten?**

Sie beantworten die Frage mit: „Dafür bekommst Du von mir: _____"

An dieser Stelle können Sie entweder Leistungen anbieten oder eine Gratifikation, die Sie auf der linken Seite erhalten und weitergeben oder in ähnlicher Form anbieten. Mögliche Ideen für Leistungen und Gratifikationen, die Sie anbieten können, entnehmen Sie den Kapiteln „Was wird angeboten?" oder „Was bringt es?".

 **Welche technische Ausstattung benötigen die Akteure an beiden Seiten des Frameworks, um Ihre Leistungen in Anspruch nehmen zu können?**

Sie beantworten die Frage mit: „Damit Du meine Leistung in Anspruch nehmen kannst, benötigst Du: _____"

An dieser Stelle listen Sie die notwendigen technischen Ein- und Ausgabesysteme auf, mit denen Sie dann kommunizieren und interagieren. Hierbei gibt es einige Besonderheiten, die von „nicht-digitalen" Geschäftsmodellen abweichen. Was Sie dort für Voraussetzungen auflisten können, finden Sie im Kapitel „In welcher Umwelt finden digitale Geschäftsmodelle statt?"

**Wen benötigen Sie, um den Wert zu erhöhen oder den Wert zu erfassen?**

An dieser Stelle können Sie sogenannte Geschäftsmodellpartner integrieren. Diese helfen Ihnen, den Wert Ihres Modells zu erfassen. Mit diesen Partnern tauschen Sie Leistungen und Gratifikationen aus und mit diesen Partnern interagieren Sie auch über Schnittstellen. Für manche Modelle sind diese Partner wichtige Teile des Gratifikationsmodells, weil zum Beispiel hier Gratifikationen, die von Nutzer erhalten wurden (z. B. Daten) an die Partner weitergegeben und an dieser Stelle dann erst monetarisiert werden. Auch diese Partner sind in ein Netzwerk eingebunden, welches Sie im Rahmen der Modellierung bestimmen sollten.

Sie beantworten die Frage mit: „Um den Wert zu erhöhen, arbeite ich zusammen mit _____"

Was Geschäftsmodellpartner sind und welche Formen es davon gibt, erfahren Sie im Kapitel „Wer ist beteiligt?"

 **Wer kann Ihre Leistungen durch seine Produkte verbessern bzw. wer schafft die Voraussetzungen dafür, dass Sie Ihre Leistungen anbieten können?**

An dieser Stelle können Sie sogenannte Komplementoren aufzählen und benennen. Diese bieten Leistungen an, die Sie benötigen, damit Ihr Geschäftsmodell funktioniert oder besser funktioniert. Mit diesen müssen Sie nicht unbedingt in einem direkten Kontakt stehen. Es kann aber sein, dass Sie auch mit diesen Leistungen und Gratifikationen tauschen.

Sie beantworten die Frage mit: „Damit mein Modell funktioniert, müssen folgende Voraussetzungen erfüllt sein _____"

Was Komplementoren sind und welche Formen es davon gibt, erfahren Sie im Kapitel „Wer ist beteiligt?"

 Und genau zu diesen Bausteinen leiten wir direkt über.
Wen brauchen Sie, damit Ihr Modell funktioniert?

*Performancegruppen*

Es versteht sich von selbst, dass es bei einem Geschäftsmodell Beteiligte gibt. Die Beschreibung dieser Beteiligten, also der Performancegruppen, ist notwendig, um die Leistungsfähigkeit des eigenen Geschäftsmodells verstehen und dann auch erhöhen zu können.

Dabei gibt es zum einen die Gruppen, die jeweils an einer der beiden Seiten des Modells stehen und mit denen die Kernleistungen erstellt, erfasst und an mindestens eine Akteurgruppe verteilt werden. Und es gibt die Gruppe, die Leistungen hauptsächlich in Anspruch nimmt.

Aus Sicht eines Anbieters können diese beiden Gruppen, die an den beiden äußeren Schnittstellen des Frameworks stehen, in Rollen eingeteilt beziehungsweise in Rollen differenziert werden, und zwar in **Auftraggeber** oder **Auftragnehmer**. In Anlehnung an die Differenzierung dieser Rollen, wird im Rahmen des Frameworks von **Principals** und **Agents** gesprochen.

Neben diesen beiden Akteurgruppen, gibt es zwei weitere relevante Performancegruppen, die teilweise erst die wirtschaftliche Existenzfähigkeit von Geschäftsmodellen ermöglichen: **Geschäftsmodellpartner** und **Komplementoren**.

Geschäftsmodellpartner werden an das eigene Leistungs- oder Gratifikationsmodell angeschlossen und ermöglichen dadurch erst bestimmte Gratifikations- oder Leistungsmodelle (z.B. Lieferservice beim E-Commerce). Komplementoren offerieren zum eigenen Angebot konkret oder zufällig ergänzende Produkte oder Dienstleistungen, die den Nutzen der eigenen Angebote verbessern. Diese stehen aber nicht zwingend in einem direkten Austauschverhältnis zur Plattform.

**ⓘ Info**

*Performancegruppen:*
- Principals (Auftraggeber)
- Agents (Auftragnehmer)
- Geschäftsmodellpartner (werden an das eigene Leistungs- oder Gratifikationsmodell angeschlossen)
- Komplementoren (bieten ergänzende Produkte oder Dienstleistungen, die den Nutzen der eigenen Angebote verbessern)

## 2.1.1 Principals

Normalerweise hat der Principal nicht die Fähigkeiten, die Zeit, das Wissen oder die Ausstattung, die gewünschten Aufträge selbst auszuführen. Damit besteht für die Auftraggeber immer eine Asymmetrie zwischen Ziel und aktueller eigener Situation. Die Plattform schafft daher an dieser Stelle einen Mehrwert für den Principal. Aus Sicht des Geschäftsmodellanbieters muss es mindestens einen Principal geben, der Leistungen nachfragt. In vielen Fällen stehen an beiden Seiten des Geschäftsmodells Principals. So sind zum Beispiel bei Vermittlungsgeschäften aus Sicht des Business Model Anbieters beide Seiten Kundengruppen, da die Plattform nur existiert, wenn an beiden Seiten genügend Kunden präsent sind. Dabei geben beide Seiten einen aktiven Auftrag an die Plattform.

Im Fall von Modellen an denen an beiden Seiten Principals stehen, muss bei der Konzeption beachtet werden, ob diese homogene oder heterogene Gruppen ausbilden.

Sieht man sich zum Beispiel Anzeigenplattformen wie mobile.de oder Stepstone an, dann stehen an beiden Seiten aus Sicht des Anbieters Principals, die Ansprüche an das Geschäftsmodell stellen. Allerdings sind diese Anspruchsgruppen heterogen, da sie selbst verschiedene Ziele verfolgen und dafür aus Sicht des Anbieters auch unterschiedliche Funktionen benötigen. Der Autohändler, der Anzeigen bei mobile.de platziert, benötigt andere Funktionen, als ein Kaufinteressent.

Es gibt aber auch Modelle bei denen homogene Gruppen an beiden Seiten stehen. Das bedeutet, dass aus Sicht des Geschäftsmodellanbieters zwei Akteure miteinander verbunden werden, die keine unterschiedlichen Ziele verfolgen. Telekommunikations- oder Social Media-Plattformen wie Instagram oder WhatsApp verbinden Akteure untereinander, die in keinem Dienstleitungsverhältnis zueinander stehen. Damit benötigen alle Akteure immer dieselben Funktionen, um miteinander über die Plattform interagieren zu können. Auch Dating-Plattformen bedienen an beiden Seiten homogene Gruppen: Alle, die einen „Partner" suchen!

Um die Aufträge ausführen zu können, muss ein Agent Wissen anwenden und zudem über eine entsprechende Ausstattung verfügen, um die Ziele und Wünsche des Auftraggebers erreichen und erfüllen zu können. Die Plattform (die immer selbst ein Agentensystem darstellt, weil sie Aufträge für andere ausführt) interagiert mit den Agents und tauscht mit diesen auch Leistungen aus. Die Leistungserbringung verläuft hauptsächlich in Richtung der Plattform. Dabei liegt es meist im Interesse des Geschäftsmodellanbieters, dass diese Leistungen im Sinne der eigenen Leistung erbracht werden, da sie eine Voraussetzung für seine eigene Leistungserbringung darstellen.

Agenten erhalten daher aus Sicht der Plattform also selbst einen bestimmten Auftrag, zum Beispiel: „Liefere mir die neuesten Kino-Filme!" oder „Gib mir nur Bücher, die eine ISBN-Nummer haben!".

Die Leistungen haben daher einen höheren Bestimmtheitsgrad. Deswegen sind Agenten zwar notwendige Performancegruppen, aber aus Sicht des Geschäftsmodells nicht unbedingt Principals. Wenn Netflix zum Beispiel Filme „geliefert" bekommt, dann müssen diese eine gewisse Anforderung erfüllen, die Netflix definiert. In diesem Fall ist der Grad der Bestimmtheit höher, als bei YouTube, denn YouTube legt nicht fest, wer was liefern muss und in welcher Qualität. Allerdings sind diese Differenzen oft schwer zu erkennen, weshalb die Zuweisung von Richtungsverläufen erst definiert, ob es aus Sicht einer Plattform überhaupt Agents gibt oder nur Principals (siehe dazu das Kapitel: „In welche Richtungen verlaufen Leistungen und Gratifikationen?"). ◢◣◤

 **Info**

*Agent*

Ein Agent nimmt Aufträge an und führt diese im Auftrag eines Auftraggebers mit einem bestimmten Grad an Unabhängigkeit bzw. Autonomie aus.

### 2.1.3 Geschäftsmodellpartner

Digitale Geschäftsmodelle werden in den meisten Fällen mit anderen Geschäftsmodellen gekoppelt, um einen Mehrwert für das eigene Modell zu erreichen.

Die Idee der Kopplung ist deswegen wichtig, weil dadurch besser konzeptioniert werden kann. Es können sozusagen geschlossene Regelkreise entwickelt werden, die in der Komplexität geringer sind und dann mit anderen geschlossenen Regelkreisen so verbunden werden, dass in diesem Verbund der Wert des Modells steigt. Damit können dann auch in einer Entwicklungsphase einzelne Komponenten besser und schneller realisiert werden.

Die Geschäftsmodellpartner können an den Leistungen oder an den Gratifikationen angedockt werden. Dabei kann differenziert werden in abhängige oder optimierende Kopplungen, also in Geschäftsmodellpartner, die abhängig vom eigenen Geschäftsmodell sind, und in Geschäftsmodellpartner, die nicht vom eigenen Geschäftsmodell abhängig sind, dieses aber optimieren.

Modelle, die zum Beispiel keine direkte monetäre Beziehung zu mindestens einer Akteurgruppe haben, benötigen oft eine abhängige Kopplung. So sind werbefinanzierte Modelle immer abhängig von der Kopplung ihres Kernleistungsmodells an ein AdServer-Modell, das die Vermarktung des eigenen Inventars ermöglicht.

## Abhängige Geschäftsmodellpartner

Oft werden digitale Geschäftsmodelle abhängig gekoppelt. Dabei kommt es zu einem aktiven Zusammenschluss von zwei Geschäftsmodellen, die sich in den Leistungen und Modulen gegenseitig ergänzen und bedingen. Ein typisches Beispiel sind AdServer-Modelle. Hierbei werden vollständig eigenständige Geschäftsmodelle miteinander verbunden, die aber voneinander abhängig sind.

Als Beispiel können Newsanbieter genannt werden. Das Geschäftsmodell eines Newsanbieters besteht darin, zwischen einer Nachrichtenquelle und einem Nachrichtenrezipienten die entsprechende Nachricht auszuwählen, zu bewerten, aufzubereiten und dann den Rezipienten zur Verfügung zu stellen. Nur wenn dieser „Match" stimmt, wird der Rezipient die Plattform nutzen. Der Fokus des Geschäftsmodellanbieters liegt dabei auch auf der Erbringung dieser Leistung. Sein Ziel ist es nicht, die Reichweite zu erhöhen, sondern die Rezipienten zufriedenzustellen und damit an sich zu binden. Das daraus entstehende Inventar „gibt" er an einen anderen Geschäftsmodellbetreiber weiter, der versucht, dieses wirtschaftlich zu verwerten, weil es der Newsanbieter selbst nicht kann oder will. Damit wird dann dieses Modell mit dem Modell eines Adservers gekoppelt.

Das Geschäftsmodell des Adserveranbieters ist allerdings abhängig von dem Inventar anderer Seiten. Und damit die Seite, die das Inventar zur Verfügung stellt, zufrieden ist, müssen genügend passende Werbekunden akquiriert werden, damit das Inventar wirtschaftlich genutzt werden kann. Daher ist das AdServer-Modell wiederum ein geschlossener Regelkreis, der an beiden Seiten Kunden hat, die Leistungen erhalten und Leistungen erbringen müssen.

Dabei kann das AdServer-Modell über einen externen Anbieter betrieben werden, oder aber das Geschäftsmodell wird hierarchisch integriert (siehe dazu das Kapitel: „Welche Netzwerke sind relevant?"). So betreiben Amazon, Apple, Facebook und Google alle eigene AdServer-Modelle, während andere Betreiber digitaler Geschäftsmodelle externe Adserveranbieter integrieren und versuchen, so das Geschäftsmodell indirekt zu refinanzieren, so vor allem journalistische Webseiten oder Blogs, die AdServer von Google oder anderen Anbietern integrieren. Aus konzeptioneller Sicht ist das AdServer-Modell immer ein eigenständiges Business Model.

Auch bei E-Commerce-Plattformen gibt es abhängige Kopplungen, denn die Ware muss irgendwo und irgendwie versandt und geliefert werden. Hierbei können wieder eigene organisationsinterne Geschäftsmodelle angeschlossen werden oder es können Modelle anderer gekoppelt werden. Bei den E-Commerce-Geschäftsmodellen von OTTO wird ein internes Geschäftsmodell zur Versendung der Ware gekoppelt in Form des Anbieters Hermes, während Amazon eine kooperative Kopplung realisiert und mit DHL und anderen Paket-Dienstleistern zusammenarbeitet.

## Optimierende Geschäftsmodellpartner

Optimierende Kopplungen verbessern andere Geschäftsmodelle. Dies ist dann der Fall, wenn digitale Geschäftsmodelle im Rahmen einer hierarchischen Einbettung einen Wertbeitrag für einen anderen Unternehmensbereich liefern. So ist zum Beispiel E-Procurement, welches im Rahmen eines Unternehmens als Geschäftsmodell betrieben wird, eine optimierende Kopplung. Auch wenn eigene Kunden-Communities aufgebaut und betrieben werden, sind es aus konzeptioneller Sicht eigene Geschäftsmodelle, die allerdings in dem hierarchischen Verbund von Geschäftsmodellen erst eine Wirkung entfalten.

So ist zum Beispiel Paypal aus Sicht von eBay eine optimierende Kopplung, weil es den Service für Kunde verbessert. Es ist aber keine Voraussetzung für den Erfolg, da die Kunden auch anders bezahlen können. Es optimiert aber das gesamte Modell von eBay. Aus konzeptioneller Perspektive handelt es sich hier um ein vollständig autonomes Geschäftsmodell.

Bei der Konzeption digitaler Geschäftsmodelle sollte diese Kopplungsplanung zwingend erfolgen, denn sonst wird später das Geschäftsmodell infrage gestellt, da oft eine eigenständige und unabhängige Wirtschaftlichkeit erwartet wird. Die Kopplung zeigt den internen Wertbeitrag auf. Wenn das eigene Geschäftsmodell zum Beispiel nur von den Erlösformen abhängt, die Apple anbietet, dann kann Apple das eigene Modell komplett bestimmen. Je schwächer der unabhängige Wertbeitrag ist und je stärker auf die Kopplung mit anderen externen Geschäftsmodellen gesetzt werden muss, umso vorsichtiger sollte man also bei der Realisierung sein. Denn die eigenen Leistungen und damit die eigene Handlungsfähigkeit kann durch solche Kopplung erheblich begrenzt werden.

Für Start-ups hilft die Planung von Kopplungen, sich als möglicher Übernahmekandidat zu positionieren, da der Wert eines Unternehmens durch die Einpassung eines digitalen Geschäftsmodells gesteigert werden kann. Dieser Ansatz wird gerade im Silicon Valley sehr oft angewandt. Man will „Geschäftsmodelllücken" etablierter Unternehmen füllen und nicht unbedingt eine eigene Stand-alone-Marktfähigkeit aufbauen. So ist Google Analytics durch eine Übernahme entstanden. Facebook hat den Adserver von Microsoft abgekauft (Ihlenfeld 2013), ebenso kauft Apple immer wieder zu, um die eigenen Gratifikationsmodelle zu verbessern. So wurde erst im Januar 2015, eine Plattform für die Auswertung von Musikdaten gekauft, um mit den Kaufdaten aus dem iTunes Store das Geschäftsmodell von iTunes optimieren zu können (o.V. 2015).

Optimierend

## 2.1.4 Komplementoren

Unter Komplementoren versteht man Unternehmen, die zum eigenen Angebot konkret oder zufällig ergänzende Produkte oder Dienstleistungen anbieten und so für Kunden einen höheren Nutzen des Geschäftsmodells stiften oder dies erst ermöglichen.

Komplementoren stellen ergänzende oder bedingende Leistungen zum verbesserten oder zum grundlegenden Funktionieren des eigenen Geschäftsmodells bereit. Dabei kann unterschieden werden in bedingende Komplementoren und verbessernde Komplementoren.

Verbessernde Komplementoren erweitern das Leistungsspektrum des eigenen Geschäftsmodells, bedingende schaffen erst die Voraussetzung, um ein Geschäftsmodell anbieten zu können.

So sind zum Beispiel Anbieter von Wordpress-Themes (also Layouts), die nicht auf dem eigenen Marktplatz von Wordpress.com bereitgestellt werden, Komplementoren, weil die Leistungsfähigkeit für die Anwender von Wordpress erhöht wird. Es gibt in diesen Fällen aber keinen direkten Kontakt zwischen den Theme-Entwicklern und Wordpress.

Ebenso sind aus Sicht von Netflix Smart-TV Hersteller Komplementoren, weil sie die Einsatzmöglichkeiten der Plattform erweitern. Dabei ist es egal, ob Netflix mit diesen kooperiert oder nicht, weil die Betriebssoftware auf dem Smart-TV allein reicht, um dort dann die App von Netflix installieren zu können. Hersteller von Mikrochips, Betriebssoftware und Sensoren sind zum Beispiel bedingende Komplementoren für Smartphones. Die Konzeption des Geschäftsmodells legt fest, ob und was Komplementoren sind. Oft

werden aus Komplementoren dann Geschäftsmodellpartner, weil die Leistungen konkret in die eigene Architektur integriert werden. Die Suche nach Komplementoren verbessert drei Dinge:

1. das Erkennen eines optimalen Timings zur Umsetzung eines Geschäftsmodells. Manche Geschäftsmodelle sind erst realisierbar, wenn bestimmte andere Geschäftsmodelle und Leistungen im Markt verfügbar sind (z. B. Breitbandinternet, Nearfield-Sensoren in Smartphones ...).

2. die Beeinflussung relevanter Leistungsanbieter, um Netzwerkeffekte zu erzielen. Denn wenn Komplementoren passende Produkte zu dem eigenen Geschäftsmodell anbieten, wird der Kundennutzen indirekt gesteigert. So sind Softwareentwickler wichtige Komplementoren für Betriebssysteme.

3. die Chance von etablierten Geschäftsmodellanbietern aufgekauft zu werden, da etablierte Unternehmen oft die Leistungslücken schließen und die Leistungen dem Kunden aus einer Hand offerieren wollen, um so die Kontrolle über das Geschäft zu haben. Google, Apple und Amazon verfahren oft nach diesem Prinzip. Dabei können zwei Komplementorengruppen differenziert werden: Die bedingenden und die optimierenden Komplementoren.

## Bedingende Komplementoren

Bedingende Komplementoren schaffen erst die Voraussetzung, ein Geschäftsmodell anbieten zu können. Dies kann zufällig sein oder dadurch, dass die Anbieter in angrenzende und ähnlichen Marktsegmenten agieren. So ist die Voraussetzung für Streamingangebote wie Netflix oder Amazon Prime ein Hochgeschwindigkeitsnetz eines Telekommunikationsanbieters. Allerdings werden diese nicht wegen Netflix realisiert, sondern aufgrund der Weiterentwicklung eigener und nicht direkt abhängiger Geschäftsmodelle.

Auch Softwareanbieter, die Videoplayer als Plug-ins für Browser anbieten (so zum Beispiel Adobe Flash, Real Time und so weiter) sind Komplementoren für das Geschäftsmodell von Netflix oder andere Streamingmodelle wie YouNow, die sich ebenfalls nur indirekt bedingen.

Generell sind Webbrowseranbieter Komplementoren, da diese überhaupt erst Voraussetzungen für viele digitale Geschäftsmodelle schaffen. Nur was ein Browser als Softwaremöglichkeiten anbietet, können dann bestimmte Geschäftsmodellbetreiber für das eigen Gratifikations- oder Leistungsmodell nutzen.

Bei Apple waren Chiphersteller die bedingenden Komplementoren (die dann zu Geschäftsmodellpartnern wurden), die ab einem gewissen Zeitpunkt einen Chip zur Verfügung gestellt haben, der genügend Rechenleistung hatte, um die komplexen Softwareoperationen zu ermöglichen, die Apple im Bereich von Smartphones einsetzen wollte. Dabei wurden diese Chips nicht für Apple entwickelt, sondern unabhängig davon.

## Optimierende Komplementoren

Optimierende Komplementoren liefern einen Baustein, der im eigenen Modell fehlt, damit dieses „noch" besser funktioniert. Diese sind aber nicht zwingende Voraussetzung. So kann es sein, dass im Bereich Payment immer mehr Anbieter auf den Markt kommen und so die Auswahlvielfalt für Nutzer für bezahlte Inhaltsangebote wie Netflix größer wird. Daneben sind es Softwareentwickler, die immer bessere Filmbearbeitungssoftware anbieten und damit zum Beispiel das Modell von YouTube optimieren, weil immer mehr Menschen immer bessere Filme realisieren und bei YouTube einstellen können, ohne dass YouTube diese Entwicklung bewusst oder aktiv steuert.

Marketingmaßnahmen zielen sehr oft auf Komplementoren ab, weil dadurch ein positiver Nutzungszirkel in Gang gesetzt wird. Ökonomisch betrachtet entstehen hierdurch sogenannte indirekte Netzwerkeffekte (siehe dazu das Kapitel: „Ökonomische und soziologische Grundlagen").

So haben zum Beispiel immer mehr Softwareentwickler Firefox als Browser benutzt, weshalb die Webseiten häufiger besonders gut für Firefox optimiert waren. Daher wurde auf der Nutzerseite immer stärker der Firefox-Browser verwendet, um Webseiten zu nutzen, was wiederum die Verbreitung des Browsers verbessert hat und dann wieder mehr Webseiten ihre Angebote für Firefox optimiert haben. So konnte sich Firefox immer besser am Markt positionieren.

Zu Beginn sind diese komplementären Beziehungen oft Zufall, können dann später aber zu Geschäftsmodellkopplungen und dann auch zu Übernahmen führen. Auch dies ist bei Apple, Amazon, Facebook und Google sehr oft zu beobachten. Für Start-ups bedeutet dies, dass auch eine Positionierung als Komplementor oft eine gute Chance bietet, sich als Übernahmekandidat positionieren zu können. ◢◢◢

Sehen wir uns einige Beispiele dazu an und wie in diesen Fällen die Performancegruppen verteilt sind.

WeTransfer.com

WeTransfer bietet eine Internet-Dienstleistung an, über die große Dateien an einen oder mehrere E-Mail-Empfänger versandt werden können ohne, dass das Postfach der Empfänger beansprucht werden muss.

Die Principals aus WeTransfer Sicht können beschrieben werden mit: WeTransfer.com ist für alle, die große Dateien senden und empfangen wollen. Es gibt an beiden Seiten Principals und, da WeTransfer auch die Seiten vermarktet, gibt es eine Kopplung zu einem Vermarktungsgeschäftsmodell.

Komplementoren sind aus Sicht von WeTransfer vor allem die Browseranbieter, die die Funktion des Uploads und Downloads ermöglichen. Zudem hilft es, wenn die Brandbreiten der Übertragung entsprechend groß sind.

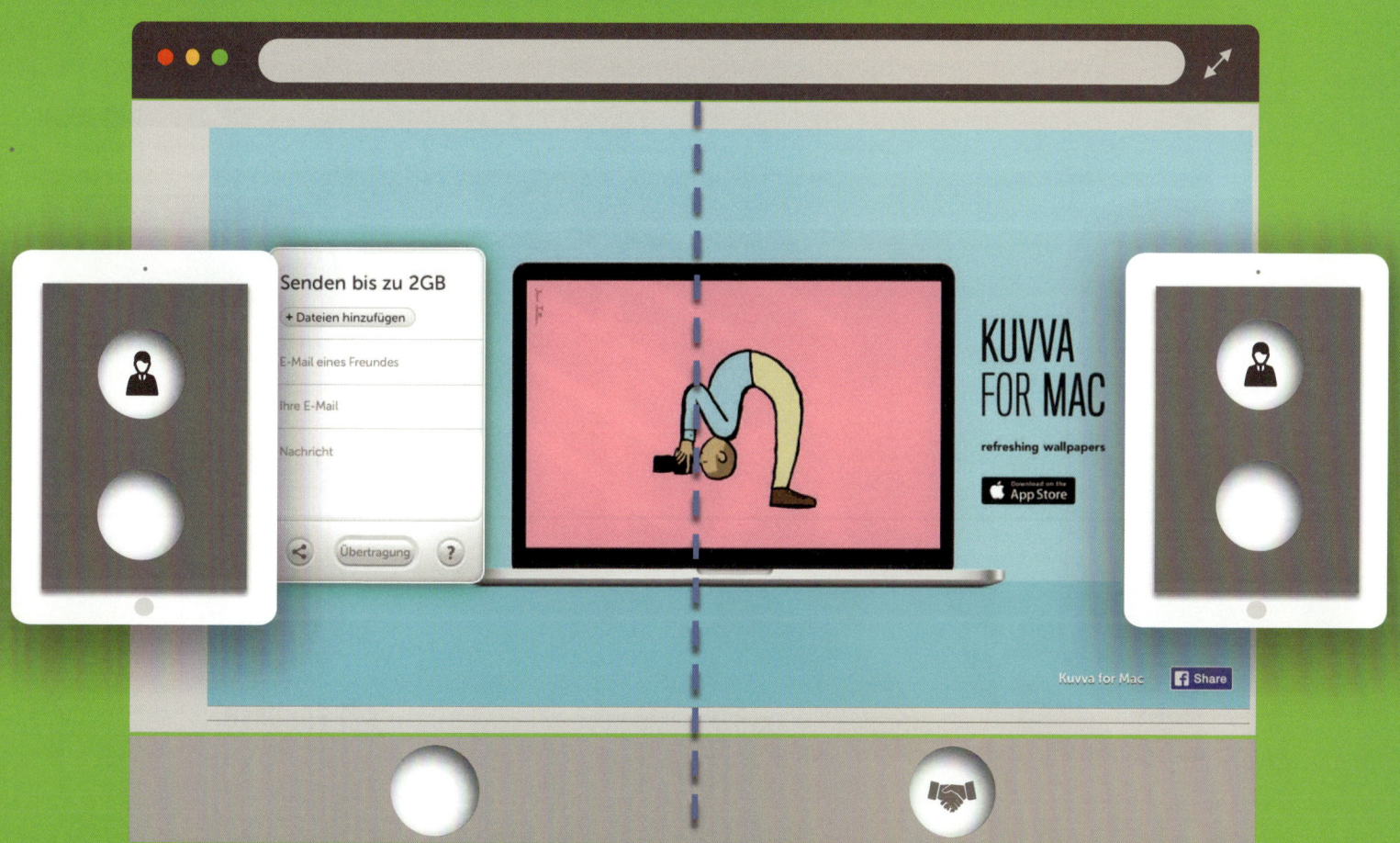

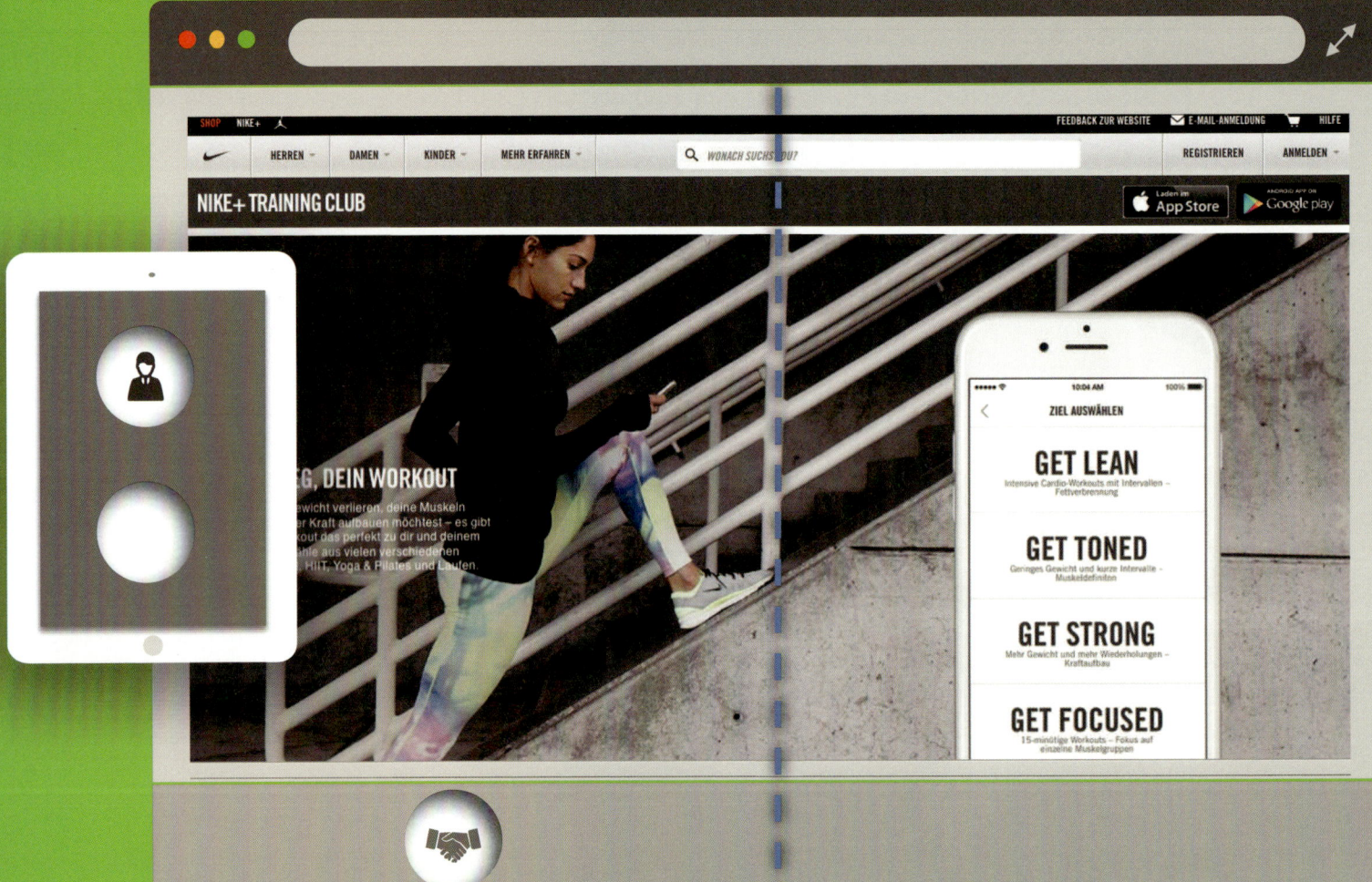

**Nike+**

Nike+
ist eine Trainings-
App, die Läufe aufzeichnet
und auswertet.

Die Principalgruppe ist schnell und einfach beschrieben: für alle, die laufen.
Geschäftsmodellpartner sind vor allem
Smartdevice-Hersteller, aber auch die
eigene Produktion von Devices (= Geräte)
wie zum Beispiel das Fuelband oder die
Nike+ Sportwatch. Das Modell kann
als „halbes" Modell (Software-as-
a-Service-Muster) dargestellt
werden. ▬

## 2.1.6 Exkurs: „Neue" Modellierung von Akteuren (Zielgruppen)

Bei der Konzeption digitaler Geschäftsmodelle kommt es auch zu einer oft anderen Konzeption und Definition von Zielgruppen.

Akteure der Performancegruppen, besonders Principals, werden sehr oft nicht statisch und von vornherein als Zielgruppe bestimmt, sondern durch eine permanente Analyse ihres Verhaltens und ihrer Beziehungen immer wieder neu passenden Peer Groups zugewiesen. Damit spielt bei der Gestaltung von Akteuren nicht nur der Akteur alleine eine Rolle, sondern vor allem dessen Beziehungen zu Leistungen innerhalb der Plattform aber auch zu Objekten außerhalb der eigenen Angebote (z. B. Facebook). Damit wird die Modellierung, um die Peer Group-Ebene erweitert. Was sind nun Peer Groups?

Die Peer Groups werden dabei durch die technischen Relationen analysiert und bestimmt und nicht alleine durch Attribute der Akteure (Single, männlich, aus München, 49 Jahre).

Einzelne Akteure werden immer mit den Beziehungen größerer Gruppe abgeglichen und es wird nach ähnlichen Beziehungsmustern gesucht. Ziel ist es, aus der Analyse von Mustern, Vorhersagen über das Verhalten der Akteure zu ermöglichen. Wenn man weiß, dass eine bestimmte Menge Menschen Film B gesehen hat, wenn sie zuvor Film G angeschaut hat, dann wird einem Akteur, der ein ähnliches Beziehungsmuster aufweist, nach Film G nun auch Film B vorgeschlagen.

### Schnittstelle

*Social Network-Analyse und Entscheidungstheorie*

Hierbei spielen die Ideen und Grundlagen der Social Network-Analyse und der Entscheidungstheorie eine wichtige Rolle (siehe auch Kapitel: „Ökonomische und soziologische Grundlagen").

Was mir als Anwender z. B. bei Amazon angeboten wird, hängt also von meinen Relationen ab, die ich bisher zu den technischen Objekten auf und außerhalb von Amazon aufgebaut habe und wie stark diese mit ähnlichen Mustern anderer Anwender übereinstimmen.

### Info

*Peer Groups*

Peer Groups weisen eine starke Verhaltenskonformität auf und können durch ähnliche Verhaltens- und Beziehungsmuster erkannt werden (Peer Group = Bezugsgruppe, Gruppe von Gleichgestellten).

*In einem einfachen Merksatz gesprochen, kann man eine relationale Peer Group-Definition folgendermaßen ausdrücken:*

 **Merke!**

Wer wir sind und was wir wollen, hängt von unseren aktuellen Beziehungen zu technisch analysierbaren, messbaren und bestimmbaren Objekten ab.

## Modellierung von Akteuren und Peer Groups

In einer ersten Konzeptphase können Sie einen Akteur anhand seiner Attribute, seiner Relationen zu ihren Leistungen (In-Relationen) und seiner Beziehungen zu Akteuren und Objekten außerhalb ihres Leistungsumfanges (Out-Relations) beschreiben.

### In-Relationen

E-Books    Videos

### Attribute

Status
Land
Privatadresse
Berufsadresse
Kreditkarte
Geschlecht
Alter

### Out-Relationen

Sharing

Ortung

Freunde

Kollegen

*Beschreibung des Principals – bestehend aus Relationen zu den Leistungen der Plattform und zu Relationen zu Objekten auf anderen Plattformen. Zudem können auch Attribute definiert und zugewiesen werden.*

Versuchen Sie durch die Beschreibung idealtypischer Beziehungen zu Produkten, aber auch zu externen Plattformen Peer Groups zu bilden.

Legen Sie immer wieder die Abbildung einzelner Akteurgruppen übereinander und schauen Sie, wo es Verbindungen in den Mustern gibt. Diese Verbindungen und diese Muster sind wichtig, weil sie als Vorlage für die Softwareentwicklung dienen können.

Versuchen Sie dabei neue Relationen zu finden und traditionelle Pfade zu verlassen. Und suchen Sie nach Daten- und Benchmark-Analysen, die Ihnen helfen, neue und andere Muster und Beziehungen zu finden, wenn Sie ihre Peer Groups und Akteure an den Schnittstellen Ihres Modells beschreiben.

 **Schnittstelle**

*Startpunkte*
Lesen Sie auch das Kapitel „Start-punkte". Hier wird gezeigt, welche Beziehungsebenen berücksichtigt werden können.

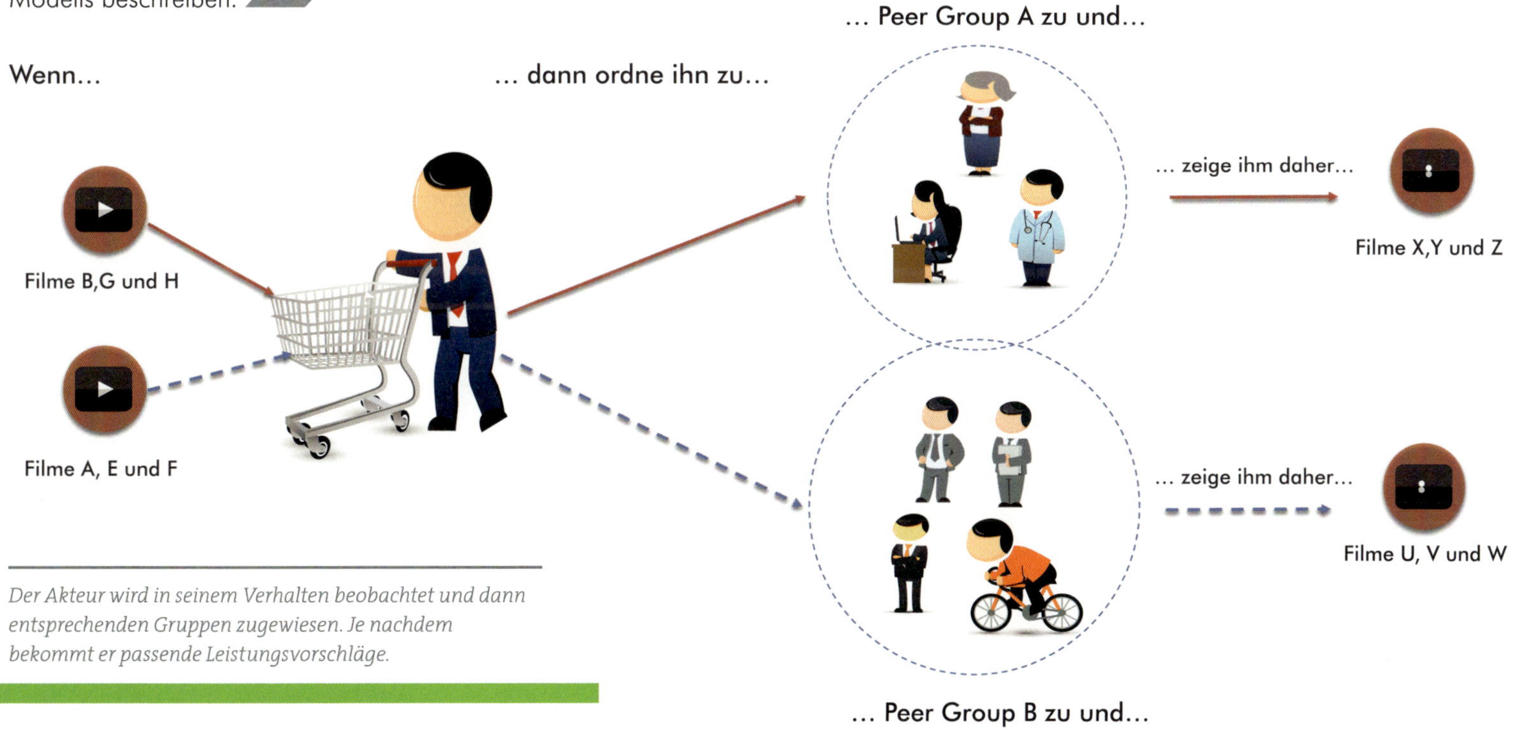

Wenn…

… dann ordne ihn zu…

… Peer Group A zu und…

… zeige ihm daher…

Filme B, G und H

Filme A, E und F

Filme X, Y und Z

… zeige ihm daher…

Filme U, V und W

… Peer Group B zu und…

*Der Akteur wird in seinem Verhalten beobachtet und dann entsprechenden Gruppen zugewiesen. Je nachdem bekommt er passende Leistungsvorschläge.*

## Anwendungsbeispiel Netflix – dynamische Zielgruppendefinition

Anbieter wie Netflix (Filmanbieter) gestalten das Leistungsangebot nicht vorab im Sinne eines klassischen Produktmanagements auf Basis einer Zielgruppenanalyse (Programm für Frauen, Programm für Männer), sondern dynamisch auf Basis der Analyse der Beziehungen, die Akteure zu technischen Objekten innerhalb und außerhalb der eigenen Plattform aufbauen. So versucht Netflix, die individuelle Präferenz aus Beziehungen abzuleiten und dann auch bei der tatsächlichen Beobachtung des Verhaltens immer wieder neu zu bestimmen und daraufhin die Angebote passend zu gestalten. Dies funktioniert so, dass der User anhand der tatsächlichen Nutzung der Filme und Serien dynamisch einer Peer Group zugewiesen wird.

Wenn sich ein Akteur erstmalig bei Netflix anmeldet, dann wird er aufgefordert, drei Titel auszuwählen, die er gerne angesehen hat oder die er gerne ansehen würde. Wenn er dies tut, wird er einer Peer Group zugewiesen, die ein ähnliches Beziehungsmuster aufweist, aber schon mehr Filme auf Netflix angesehen hat. Daraus werden dann erst die individuellen Filmvorschläge generiert.

Je mehr Filme der Akteur ansieht, umso besser kann Netflix dann Vorschläge auf Basis der Datenanalyse durchführen.

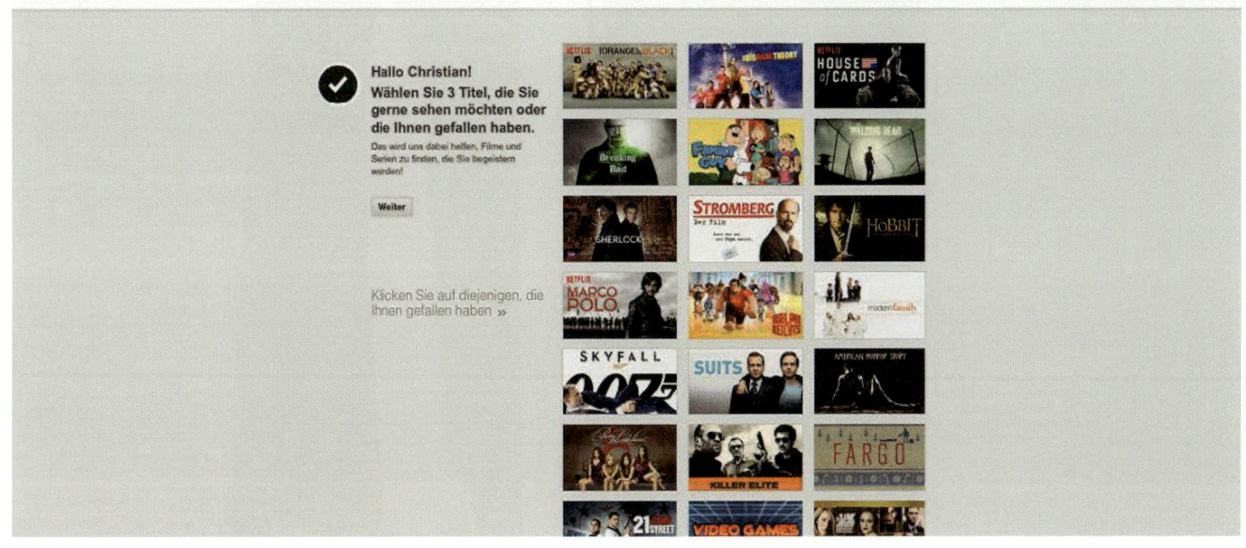

Netflix fordert den User beim ersten Besuch auf, aus Vorschlägen auszuwählen, die festlegen, wie die Startseite mit den Filmvorschlägen für den Neukunden aussieht.

## 2.1.7   Aufgaben

1. Verteilen Sie die Performancegruppen in dem Framework. Es ist Ihnen überlassen, wie viele Gruppen Sie an den Schnittstellen positionieren und ob Sie an allen Schnittstellen oder nur an einer Performancegruppen einpassen. Je mehr Schnittstellen und damit Performancegruppen Sie festlegen, umso komplexer wird Ihr Modell.

2. Definieren Sie die jeweilige Performancegruppe jeweils stichpunktartig. Versuchen Sie dabei, die Gruppen möglichst allgemein und in Form von Aussagen zu beschreiben.

3. Formulieren Sie zuerst möglichst eine Funktion oder eine Ausstattung der Performancegruppe im Sinne: für alle, die laufen oder für alle, die Bücher lesen.

4. Versuchen Sie dann, Leistungen dynamisch zuzuweisen, indem Sie die Akteure durch Attribute und Beziehungen beschreiben.

5. Versuchen Sie durch Daten- und Benchmark-Analysen Peer Groups zu definieren und gestalten Sie einige typische Peer Groups Ihrer Akteure.

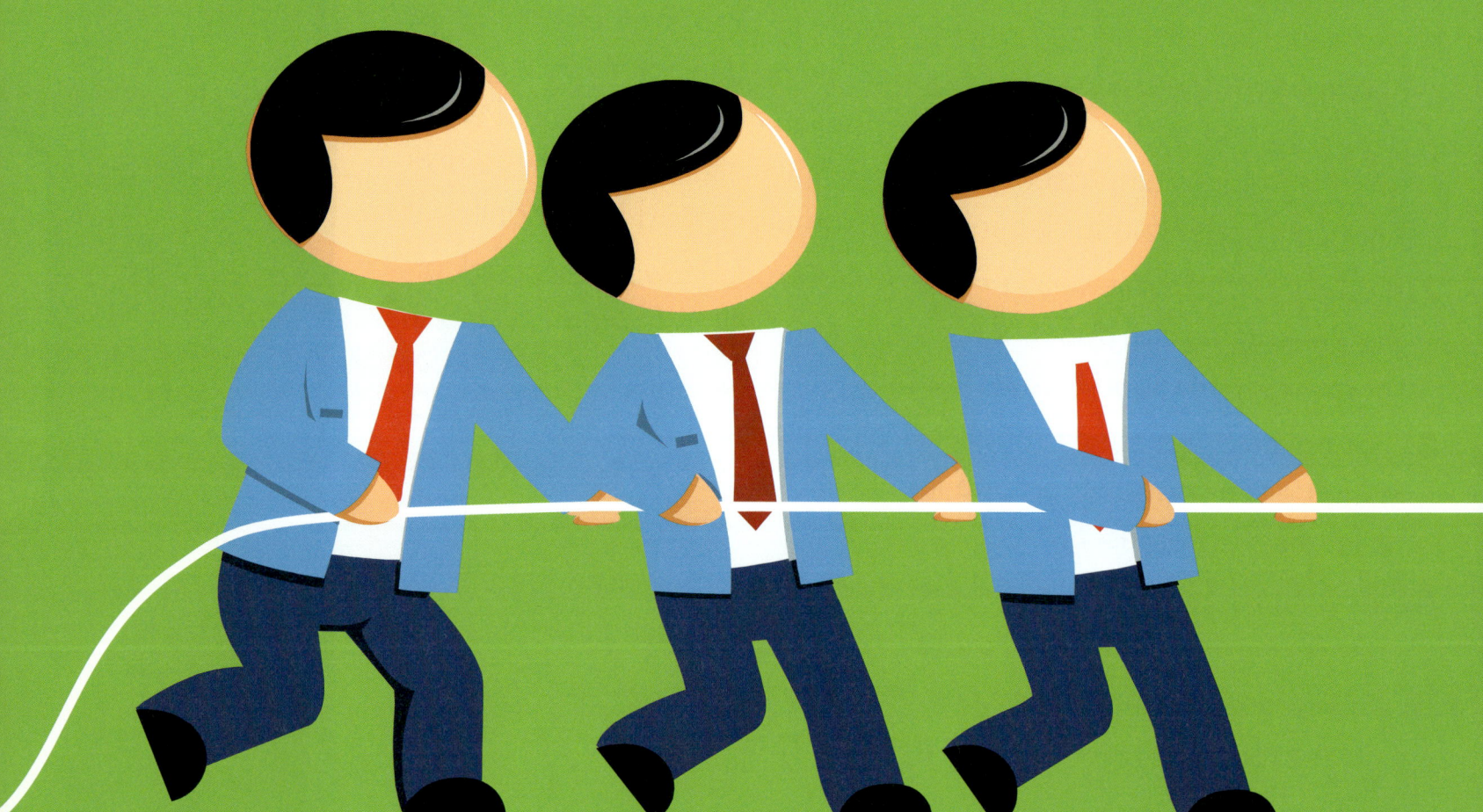

**MIT WEM?**

## 2.2.1 Menschen

Ein Akteur kann reduziert werden, auf einen Menschen, der handelt. Dabei reicht es zu Beginn, dieses Handeln unbestimmt zu lassen. Plattformen wie Skype oder Facebook, WhatsApp aber auch Spotify und YouTube schränken erst einmal ihr Geschäftsmodell in Bezug auf den menschlichen Akteur gar nicht ein. Will man die Nutzer definieren, dann kann man an dieser Stelle die Ergebnisse aus der Beschreibung der Performancegruppen übernehmen und die jeweiligen Aussagen formulieren, z.B.

- Spotify: alle, die Musik unbegrenzt hören wollen,
- Nike+: alle, die laufen wollen,
- YouTube: alle, die Filme hochladen wollen und alle, die Filme einfach ansehen wollen,
- Facebook: alle, die mit anderen Menschen in Kontakt treten wollen,
- Google: alle, die Informationen im Internet suchen.

Die Performancegruppe muss nun allerdings in einem weiteren Schritt durch die technischen Nutzungsvoraussetzungen beschrieben werden. So müssten dann die Sätze um Einschränkungen ergänzt werden:

- Spotify: alle, die Musik unbegrenzt hören wollen, und einen Computer haben mit Internetzugang und der Möglichkeit, auf diesem Software zu installieren,
- Nike+: alle, die laufen, und ein Smartdevice mit einer GPS-Antenne und Sensor haben und Software installieren können,
- YouTube: alle, die Internetzugang haben und Videos abspielen können,
- Facebook und Google: alle, die einen Internetzugang haben.

Daran wird deutlich, dass ein menschlicher Akteur immer um Maschinensysteme erweitert werden muss, da Menschen in einer digitalen Geschäftsmodellbeziehung nicht ohne Eingabe- und Ausgabesysteme die Leistungen nutzen können. Soziologisch betrachtet entstehen immer sogenannte Aktantenmodelle.

 **Info**

*Aktant: Menschen und Maschinen handeln im Internet*
Es kommt durch die Nutzung von Technologien zu einer Verbindung von Menschen und nicht menschlichen Akteuren (Maschinen), die in einer netzwerkartigen Beziehung zueinander stehen und gemeinsam handeln. Diese Verbindung kann als Aktant bezeichnet werden. (In Anlehnung an Laux 2014). Siehe dazu auch das Kapitel „Ökonomische und soziologische Grundlagen".

Maschinen spielen bei der Gestaltung der Eingabe- und Ausgabesysteme von digitalen Geschäftsmodellen eine zentrale Rolle.

Maschinen können wiederum mit oder ohne einen menschlichen Akteur agieren. Zu ihnen gehören:

- Aktoren,
- Sensoren,
- Softwareagenten.

### Aktoren

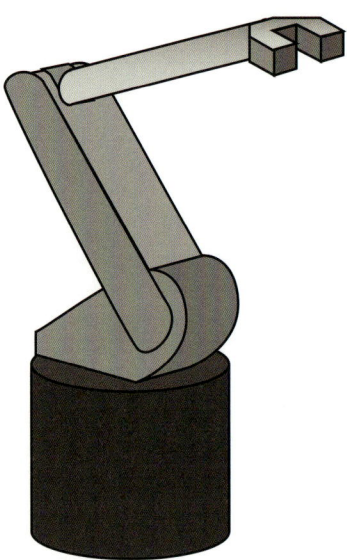

Aktoren interagieren mit der physischen Welt. Meist werden Aktoren synonym als Roboter bezeichnet, da diese in die physische Welt einwirken. Aktoren führen dabei mechanische Bewegungen aus, die elektrische Impulse senden, die dann in digitale gewandelt werden und dann von Rechnern mit der passenden Software weiterverbreitet werden können.

Auch Schlösser, zum Beispiel in Hotelzimmertüren, sind Aktoren. Diese sind mit einem Rechner, Software und einem Motor (Aktor) ausgestattet. Der Rechner liest die auf der Karte gespeicherten Informationen (Zimmernummer, Aufenthaltsdauer) aus und aktiviert den Motor, der das Schloss öffnet.

Auch Automotoren sind heute Aktoren, die über Computer und Software gesteuert werden. Daher spielen gerade im Automobilbereich digitale Geschäftsmodelle eine immer größere Rolle. So können zum Beispiel neuartige Carsharing-Konzepte entwickelt werden, weil auch hier Aktoren verschiedene Funktionen im Auto steuern und kontrollieren können.

### Sensoren

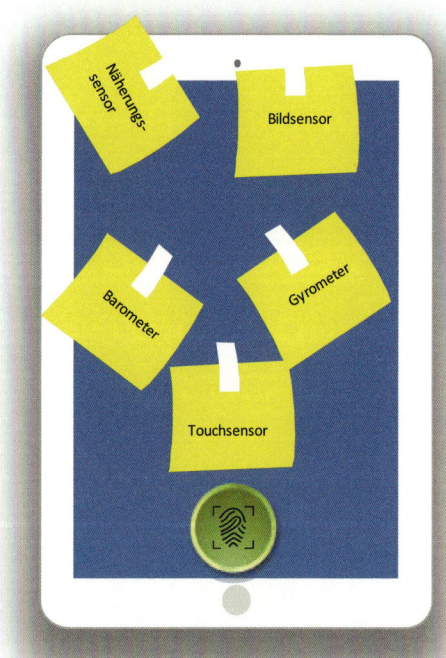

*Software ist Teil des Leistungssystems.*

Betreiber digitaler Geschäftsmodelle bieten diese Softwareagenten als Teil des eigenen Geschäftsmodells an. Manchmal kann es sein, dass aber auch die Partner diese Agenten an den Schnittstellen einsetzen.

## Softwareagenten

Neben den Aktoren spielen heute Sensoren eine immer bedeutendere Rolle bei der Entwicklung innovativer digitaler Geschäftsmodelle. So werden bei Menschen über spezifische Sensoren Körpermessungen, wie Blutdruck oder Herzfrequenz durchgeführt. Sensoren erfassen, wenn Akteure sich zum Beispiel dem Auto nähern und öffnen dann automatisch die Tür. Sensoren tracken Bewegungen von Fahrzeugen und senden die Position an entfernte Plattformen. Zu Sensoren zählen unter anderem Touchsensoren, Mikrofone (Schallsensoren), Bild-Sensoren (diese benötigen eine Kamera), Scanner (benötigen ebenfalls eine Kamera), GPS-Sensoren, Drucksensoren, Bewegungssensoren und Hunderte mehr. Sensoren benötigen ebenfalls Software, um die Signale verarbeiten und in Funktionen umwandeln zu können. Immer mehr Geräte werden mit immer mehr Sensoren ausgestattet, von Haushaltsgeräten bis zur Bekleidung.

Damit überhaupt Eingaben verarbeitet werden können, wird Software benötigt. Denn auch Sensoren oder Aktoren können ohne Software nicht funktionieren.

An dieser Stelle spielen Softwareagenten eine wichtige Rolle, die ein hohes Maß an Autonomie aufweisen. Das Thema der künstlichen Intelligenz oder auch der Schwarmintelligenz sind in diesem Bereich die aktuellen thematischen Schwerpunkte bei der Entwicklung digitaler Geschäftsmodelle. Diese haben zum Ziel, menschliche Anwender durch Software in Kombination mit Sensoren zu ersetzen. Aus diesem Grund können digitale Geschäftsmodelle komplett ohne Menschen betrieben werden. ◣

### 2.2.3 Verbindungsmuster

Verbindet man die möglichen Ausprägungen von menschlichen Akteuren und Maschinen untereinander an den beiden Seiten, dann ergeben sich vier Beziehungsmuster, die im Rahmen eines digitalen Geschäftsmodells abgebildet und skizziert werden können:

Diese Muster sind:

• Mensch zu Mensch,

• Maschine zu Mensch,

• Mensch zu Maschine,

• Maschine zu Maschine (Multiagentensysteme)

Näher betrachtet gibt es einige typische Muster und Anwendungsfälle für diese Beziehungen von Akteuren an den Seiten des Modells.

Im Groben kann differenziert werden zwischen Mustern, die explizit Menschen im Fokus bei der Geschäftsmodellentwicklung haben, der im Rahmen dieser als aktiv und bewusst handelnder Akteur verstanden wird. So funktionieren Angebote wie Netflix, MyTaxi, Airbnb, iTunes aber auch Spielplattformen nur, wenn mindestens ein menschlicher Akteur aktiv handelt. Dabei können dann an beiden Seiten menschliche Akteure auftreten oder nur an einer Seite.

## Mensch zu Mensch

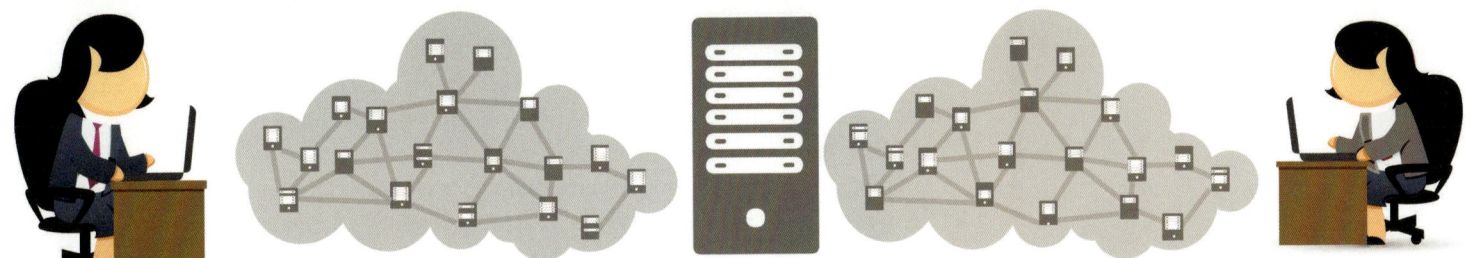

Das am häufigsten im Fokus von Analysen und Betrachtungen stehende Beziehungsmuster ist das zwischen menschlichen Akteuren, die aktiv und bewusst untereinander handeln. Dies liegt auch daran, weil sie für uns Menschen selbst am besten erfahrbar und damit erkennbar sind. Wir nutzen sie selbst aktiv oder könnten sie zumindest selbst aktiv nutzen.

Das Geschäftsmodell von E-Mail-Anbietern wie GMX.de, Outlook.de oder auch G-Mail basiert auf der Grundidee, dass Menschen Nachrichten austauschen können (wenngleich am Beispiel des Spams schon deutlich wird, dass nur noch ein geringer Teil der gesamten E-Mail-Kommunikation von einem aktiven menschlichen Akteur ausgeht). Hierbei können dann Menschen über Aktoren (Tastatur) oder Sensoren (Mikrofone oder Touchscreens) Daten erfassen und versenden.

In einer komplexeren Gestaltung gehören dazu auch Plattformen wie eBay, iTunes, Amazon.com, fotolia.com oder Immobilienbörsen wie immoscout24.de oder andere. Hier stellen Menschen Leistungen ein und tauschen diese untereinander aus. Ohne echte und aktive Menschen ist das Modell zum Scheitern verurteilt.

## Maschine zu Mensch

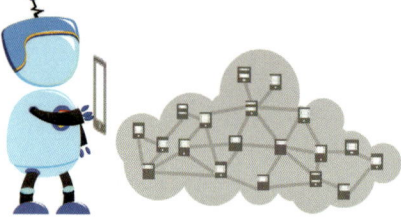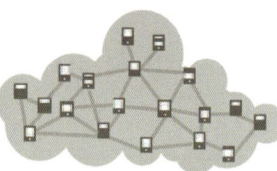

Menschen können mit Softwareagenten interagieren. Hierbei werden Dateien und Informationen entweder zuerst von der Software aus gesendet und der Nutzer verarbeitet und verwendet diese oder aber der Mensch gibt umgekehrt Informationen in seinen Benutzeroberfläche ein und sendet diese an einen Softwareagenten, der mit einem gewissen Grad an Autonomie die Anfrage abarbeitet und dann ein entsprechendes Ergebnis an den Akteur sendet.

Bei Single-Player-Spielen werden Softwareagenten eingesetzt, die den menschlichen Spielpartner ersetzen. Dies sind typische Anwendungsformen solcher Beziehungsmuster. Hierbei ist der Softwareagent relativ autonom, da er menschliches Verhalten nachahmen muss.

Online-Broker-Modelle (Kauf und Verkauf von Aktien) sind ebenfalls solche Anwendungsmuster. Hierbei wird der Auftrag des

Kunden von einem „entfernten" Softwareagenten durchgeführt. Ein Bankmitarbeiter, der den Auftrag annimmt und abarbeitet, ist nicht mehr notwendig.

Auch Suchagenten in den Bereichen „Preis suchen", „Wohnung suchen" und so weiter sind solche Geschäftsmodellmuster auf der Beziehungsebene von Ein- und Ausgabesystemen.

Viele digitale Geschäftsmodelle basieren auch auf dem Prinzip, dass Sensoren an einer Seite des Modells platziert werden und ein menschlicher Anwender über Serveranwendungen auf die Daten, die durch Sensoren erfasst werden, zugreift. Zu den einfachsten Beispielen gehören Wetter-Apps oder Wetter-Webseiten, bei denen Sensoren die Wetterdaten erfassen, diese dann auf Servern verarbeitet werden und mittels Apps von Anwendern gelesen werden können.

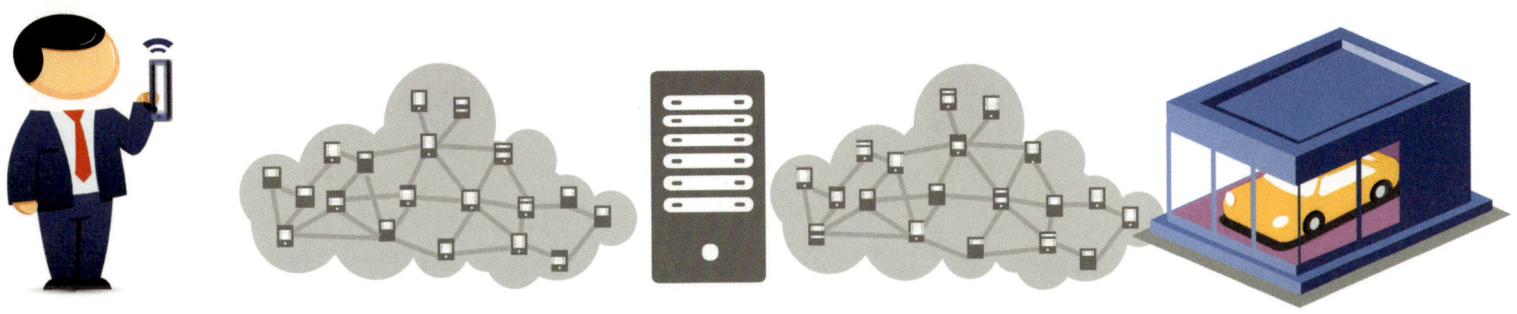

Ein menschlicher Akteur bedient technische Systeme über eine Software, die einen Aktor steuert beziehungsweise aktiviert. Diese Muster rücken immer stärker in den Mittepunkt digitaler Geschäftsmodellentwicklungen, so zum Beispiel im Bereich der Smart Home-Anwendungen. Hier können Anwender über Apps technische Geräte im Haus steuern, ohne selbst eine physikalische Verbindung zu den Objekten zu haben. Egal ob Heizung, Garagentore, Rollläden oder Waschmaschinen immer häufiger ist es heute möglich, Maschinen über digitale Eingaben, die dann über das Internet gesendet werden, zu steuern und zu kontrollieren.

# Mensch zu Maschine

## Maschine zu Maschine (Multiagentensysteme)

Multiagentensysteme spielen im Rahmen der Entwicklung digitaler Geschäftsmodelle eine immer größere Rolle. Multiagentensysteme bestehen aus einem Zusammenschluss aus mehreren Softwareagenten mit oder ohne Sensoren oder Aktoren, die autonom und kollektiv Probleme lösen.

Multiagentensysteme sind die wohl komplexeste Form der Umsetzung. Dabei können auch bei diesen Mustern wiederum verschiedene Ebenen der Eingabe- und Ausgabesysteme miteinander in Beziehung gesetzt werden.

Bei Multiagentensysteme kann der Mensch noch eine Rolle spielen, immer dann, wenn dieser beauftragend eingreift oder Installationen und Konfigurationen durchführen muss.

Es gibt aber Modelle, bei denen der Mensch nur noch eine passive Position einnimmt und die Softwareagenten komplett das Geschäftsmodell ausführen, zum Teil sogar ohne jegliches aktive Handeln und Wissen, des menschlichen Akteurs, der implizit Teil des Modells ist. Gerade Hardware- und Softwareanbieter wie Apple installieren diese Agentensysteme ohne Wissen der Anwender und profitieren so von den Multiagentensystemen auf indirekte Art. Zum Beispiel werden heute Staudaten durch Multiagentensysteme erfasst, ohne dass Besitzer von Smartphones oder Navigationsgeräten wissen, dass sie permanent Daten liefern wenn sie unterwegs sind. So wertet der Navigations-Software-Anbieter TomTom die Bewegun-

*Maschine z*

gen aller Apple iPhone-Nutzer aus, ebenso wie die aller Nutzer der eigenen TomTom Apps oder der Navigationsgeräte von TomTom, die in Autos eingebaut sind. Darüber wird dann dem Autofahrer ein möglichst exaktes Bild der Verkehrslage vermittelt. Hierbei liefert jeder Nutzer der genannten Anwendungen Verkehrslagedaten. Da TomTom hier mit vielen Anbietern, unter anderem auch Apple, und Autoherstellern zusammenarbeitet, kann TomTom auf diese Daten zugreifen. Je mehr Navigationssoftware des Anbieters im Einsatz ist, desto besser werden die Verkehrsdaten. An diesem Beispiel zeigt sich auch, dass wieder mal alle Kunden und Lieferanten sind, denn der Dienst funktioniert in beide Richtungen: Der Benutzer bekommt

aktuelle Verkehrslagedaten, gleichzeitig sendet er Traffic-Informationen, die wiederum von dem Anbieter genutzt werden. Hierbei werden die Bewegungen der Fahrzeuge getracked, in denen sich ein Gerät mit der Software befindet. Die Daten werden dann an den TomTom-HD-Traffic-Server übermittelt, weiterverarbeitet und anderen zur Verfügung gestellt (Dirscherl 2015).

Bei derartigen Anwendungen spielen dann wiederum Ein- und Ausgabesysteme eine Rolle. So können – wie im Fall von Tomtom – wiederum Sensoren eine Rolle spielen oder auch nur Softwareagenten.

Maschine

*Sensor-Sensor*

## Sensor-Sensor-Muster

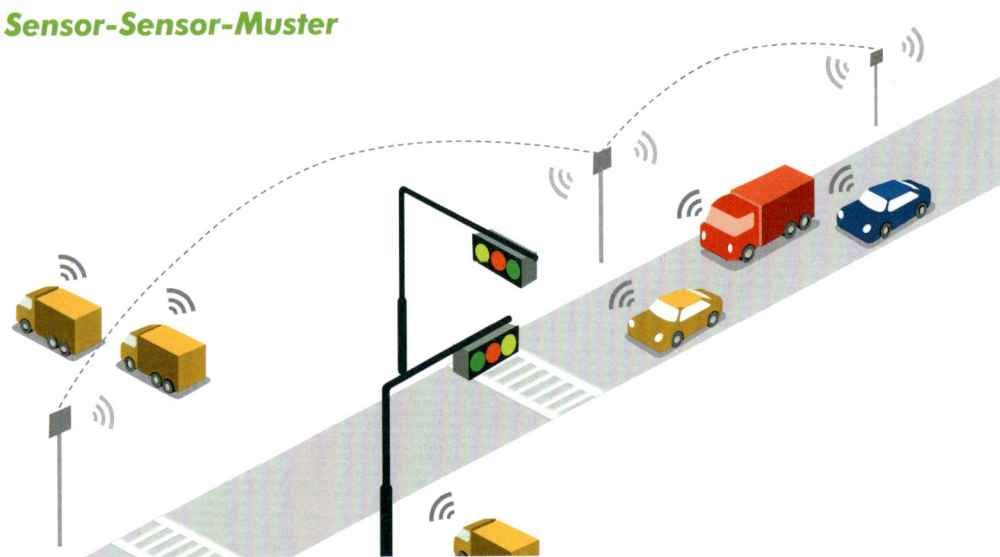

Sensoren können vollständige Multiagentensysteme ausbilden. Dabei kommunizieren die Sensoren untereinander. Als Beispiel für diese Geschäftsmodellmuster können selbstfahrende Autos genannt werden, die gerade, unter anderem von Google, entwickelt werden. Aber auch im Bereich der Verkehrssteuerung gehören intelligente Fahrtleitsysteme zu diesen Modellmustern. Das theoretisch bekannteste, aber oft als solches nicht erkannte, digitale Geschäftsmodell, welches zwischen Sensoren abläuft ist die automatische Mauterfassung auf deutschen Autobahnen. Inzwischen sind circa 700.000 Lastwagen bei dem Betreiber Toll Collect registriert. Hierbei wird über GPS-Signale die im Wagen installierte sogenannte On Board Unit (OBU) angepingt und lokalisiert den Lkw. Dabei wird die Position getracked und abgeglichen sowie verfolgt. Fährt ein Lkw mit der OBU auf einer mautpflichtigen Straße, werden die Gebühren anhand der zurückgelegten mautpflichtigen Streckenabschnitte automatisch berechnet. Dabei spielen wieder Attribute wie Achsenzahl und Schadstoffklasse eine Rolle. Diese werden bei der Registrierung des Lkw an eine Plattform gesendet, gespeichert und dort weiterverarbeitet.

## Software-Agents-Muster

Softwareagenten-Konstellationen an beiden Seiten des Modells sind oft sehr erfolgversprechende Geschäftsmodelle. Hierbei wird geringer Input in Form von Konfigurationen oder administrativen Aufgaben benötigt oder, bei Anwendungen künstlicher Intelligenz, eigentlich gar kein Input von Menschen mehr verlangt. In beiden Fällen laufen diese Geschäftsmodelle operativ aber rein über Softwareagenten ab.

Sieht man sich z. B. den Hochfrequenzhandel im Bereich der Aktien an, dann zeigt sich die Dominanz dieser Geschäftsmodellmuster. Denn die Verhandlung und der Abschluss von Geschäftstransaktionen erfolgt vollständig über Softwareagenten, die untereinander verhandeln und auch vollständige Wirtschaftstransaktionen ausführen.

Auch die heutigen Anwendungen von Werbevermarktungsplattformen sind Agenten-plattformen, bei denen der Mensch nur noch eine geringe administrative Rolle übernimmt. Gerade der in den letzten Jahren in den Fokus gerückte Aspekt des sogenannten Real Time Biddings basiert auf einer reinen Agentenbeziehung auf der Umsetzungsebene.

Real Time Bidding ist ein vollautomatisiertes Auktionsverfahren in Echtzeit, bei dem Advertiser auf Werbeplätze im Internet bieten können. Jeder einzelne Ad Impression wird dabei einem Höchstbietenden zugesprochen und sofort ausgeliefert. Echtzeit heißt, dass während der User eine Website aufruft, der entsprechende Werbeplatz versteigert wird. Der Mensch ist nur noch in bestimmten Phasen aktiv, während das Geschäft (also die Transaktionen) komplett ohne jegliches Zutun eines Menschen abläuft. ◢

## 2.2.4 Einordnungsrahmen

Als Hilfestellung können die Beziehungen zwischen Menschen und Softwareagenten in eine Matrix eingeordnet werden. Da auch Aktoren und Sensoren immer eine Anwendungssoftware benötigen, um im Rahmen digitaler Geschäftsmodelle interagieren zu können, wird in dieser Matrix nur die Beziehung zwischen menschlichen Anwendern und Softwareagenten beschrieben. Dahinter können dann jeweils Sensoren oder Aktoren positioniert werden.

Die Softwareagenten werden dabei nach dem Grad der Autonomie eingeordnet. Je stärker Software eigenständig agiert, umso autonomer ist diese. Wenn Sie nur auf Eingabe eines menschlichen Anwenders reagiert, ist die Software eher reaktiv. Dabei kann der menschliche Anwender stärker in die Prozesse eingebunden sein oder aber der menschliche Akteur tritt fast komplett in den Hintergrund und wirkt nur noch ab und zu administrativ auf die Softwareagenten ein. Diese Matrix kann an beiden Seiten des Modells platziert und nach den entsprechenden Softwareumsetzungen gesucht werden. Damit ist die Definition der Ein- und Ausgabesysteme schon verbunden mit dem Leistungssystem, also das, was ein Geschäftsmodellbetreiber den Akteuren offeriert.

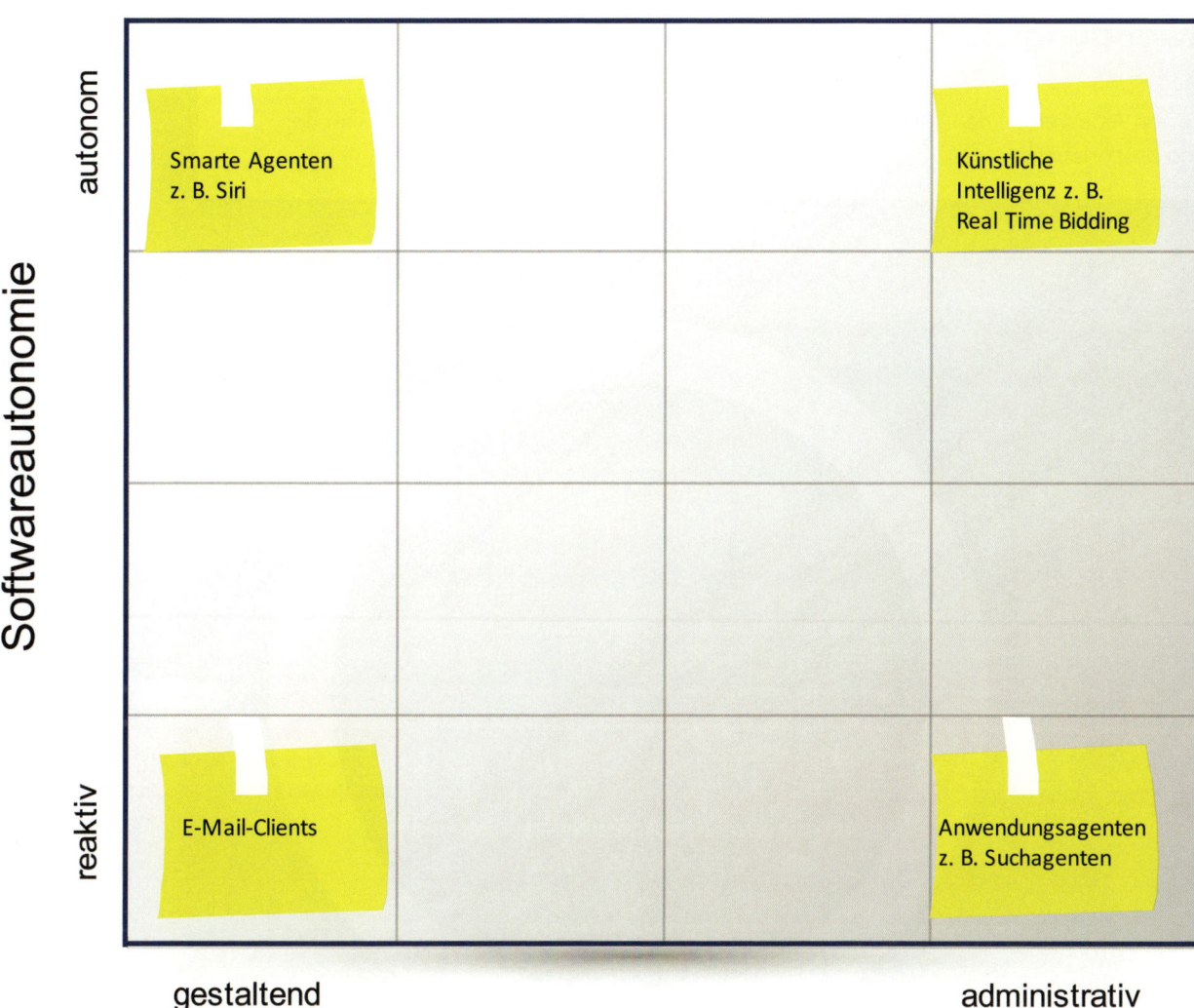

## 2.2.5 Anwendungsbeispiele

Die Positionierung von Akteuren an den Seiten und Schnittstellen des Frameworks kann anhand von Beispielen gezeigt und beschrieben werden.

**Nike+**

Der Akteur ist der menschliche Anwender, der seine Läufe mit Hilfe der Leistung von Nike+ selber tracken kann. Damit dies möglich ist, benötigt der Läufer eine entsprechende Ausstattung. Es wird ein GPS-Sensor bzw. Empfänger (Antenne) benötigt und der Akteur muss auf einem Smartdevice Software installieren können. Sofern die Hardware von Nike zum Einsatz kommt, sollte das Gerät eine Nearfield Kommunikation ermöglichen, um die Daten austauschen zu können. Zudem wird eine Internetverbindung mindestens für die einmalige Installation benötigt.

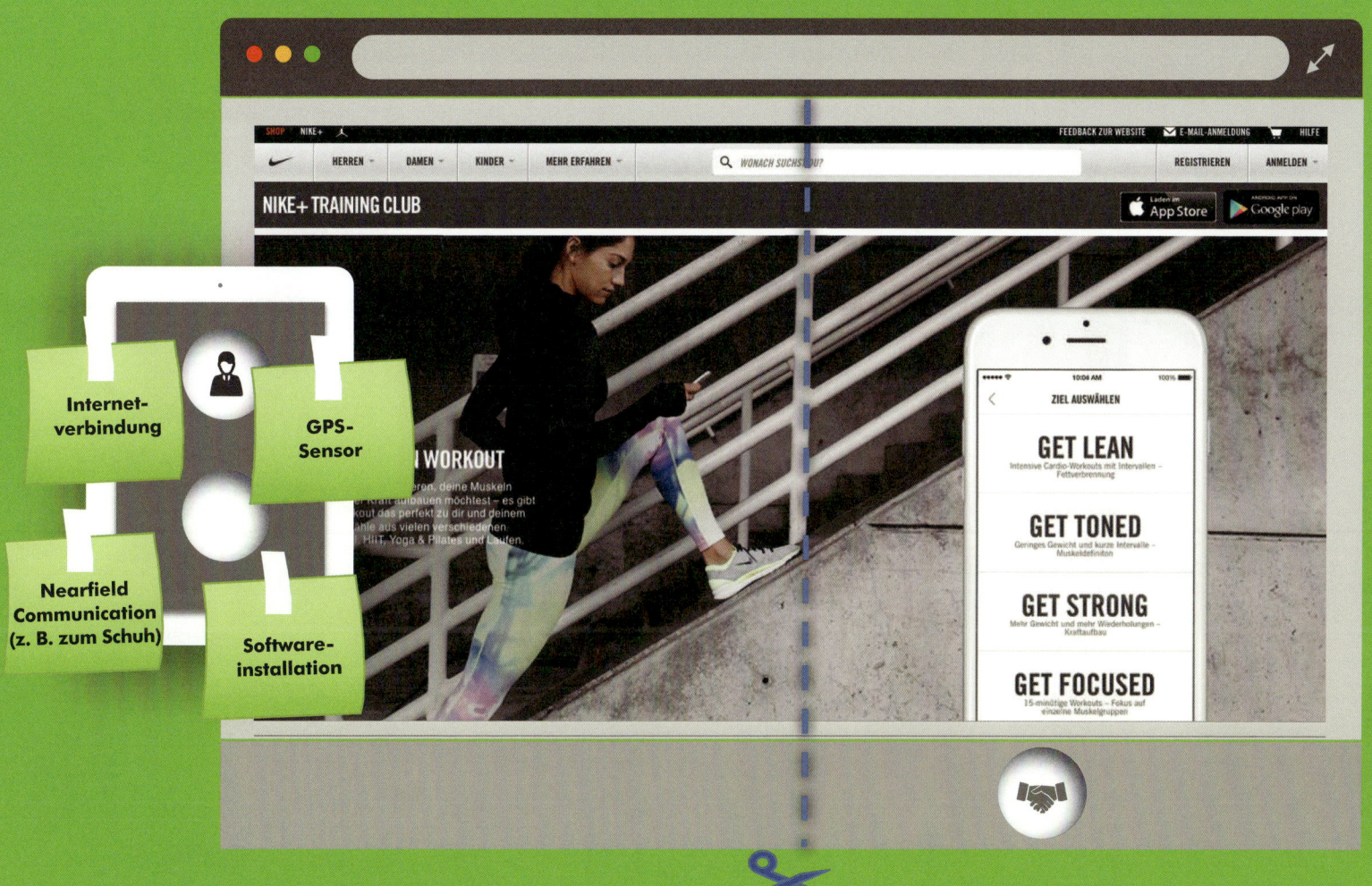

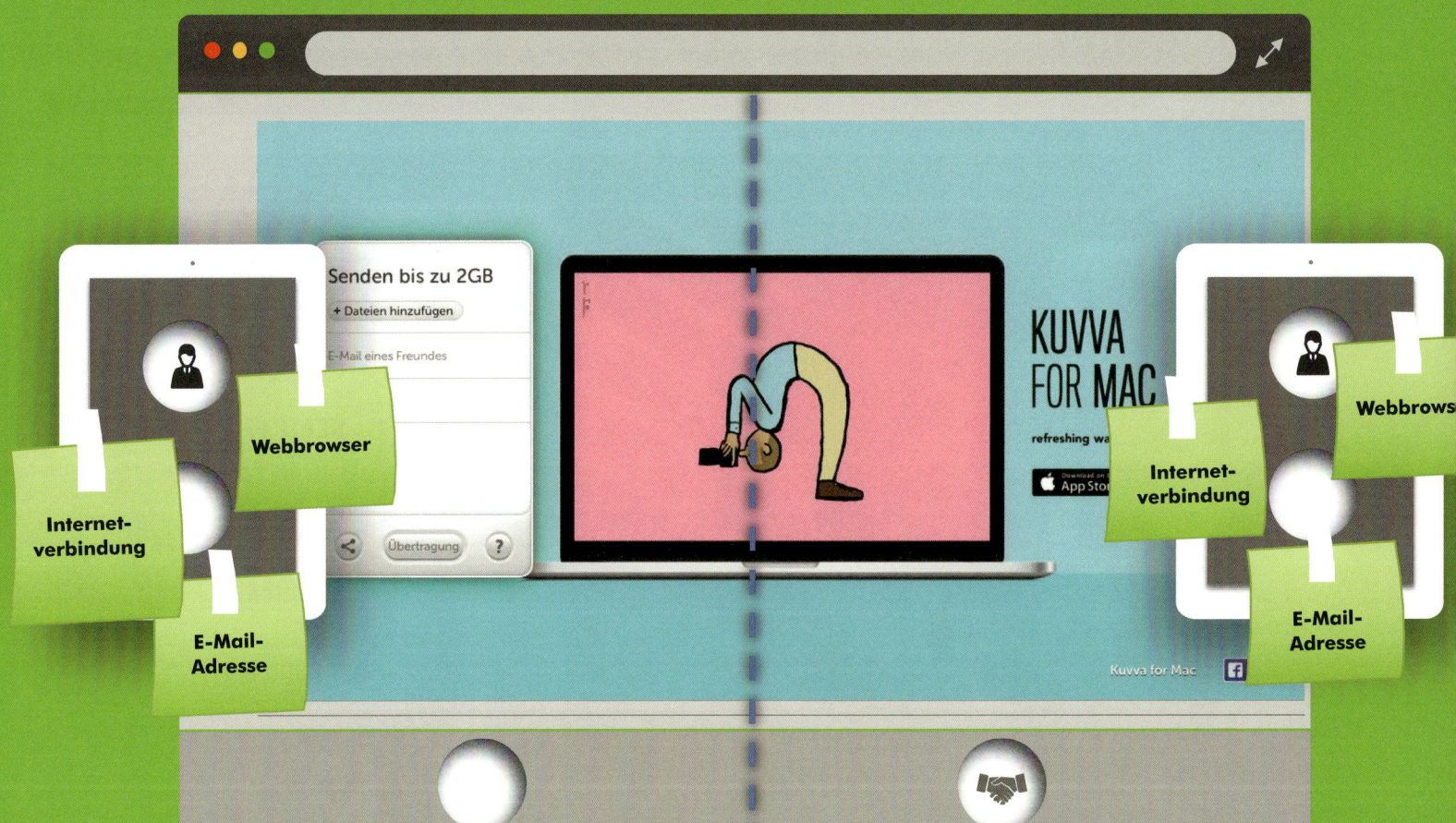

**WeTransfer.com**

Die Ausstattung, die benötigt wird um WeTransfer.com nutzen zu können, ist für beide Seiten identisch. Es wird ein Computer benötigt, zudem benötigen beide eine E-Mail-Adresse und jeweils einen Browser und einen Internetzugang. An beiden Seiten sind menschliche Akteure positioniert. Zudem besteht eine Kopplung zu einem AdServer-Modell, welches ein eigenständiges Business Model darstellt.

## 2.2.6 Aufgaben

1. Positionieren Sie an allen Schnittstellen Ihres Modells die Akteure.

2. Legen Sie fest, ob die operative Interaktion über Softwareagenten oder über Menschen läuft.

3. Befüllen Sie die Matrix und sehen Sie, ob Leistungen vollständig softwarebasiert ablaufen können.

4. Beschreiben Sie genau, welche technischen Voraussetzungen vorhanden sein müssen, damit Ihr Modell funktioniert.

5. Überlegen Sie, ob ein Gap, also eine Ausstattungslücke entsteht, weil die eigentlich benötigte technische Ausstattung nicht standardmäßig vorhanden ist.

6. Suchen Sie nach den Komplementoren, die nötig sind, damit Ihr Modell technisch funktionieren kann. Besonders dann, wenn Sie der Meinung sind, dass die benötigte Ausstattung nicht im Massenmarkt vorhanden ist. Sie können dann aber selbst die Ausstattung liefern (siehe dazu das Kapitel „Was wird angeboten?").

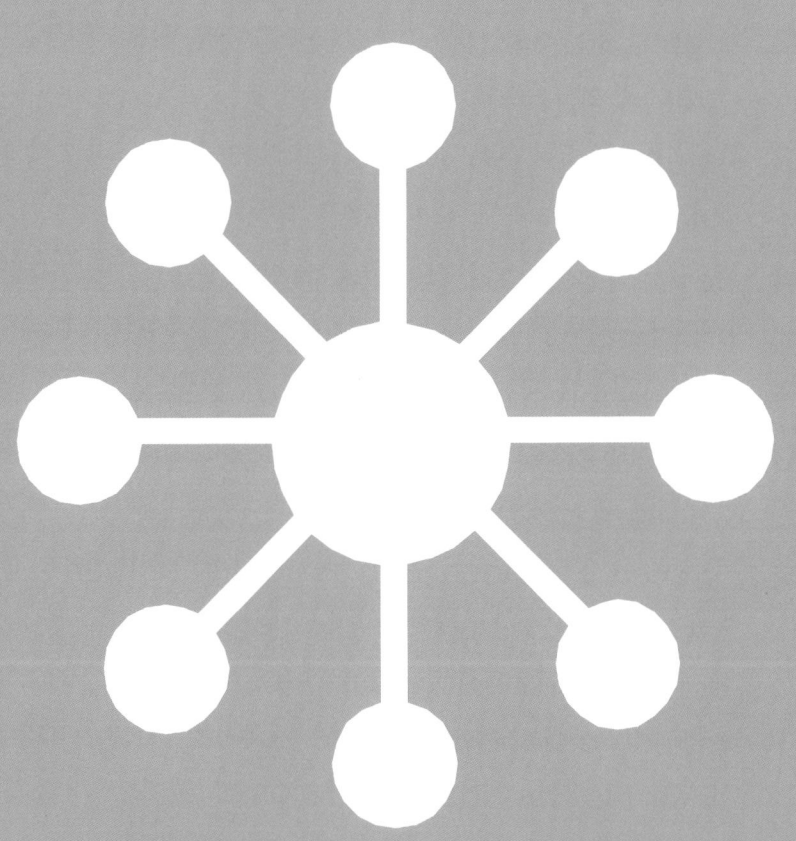

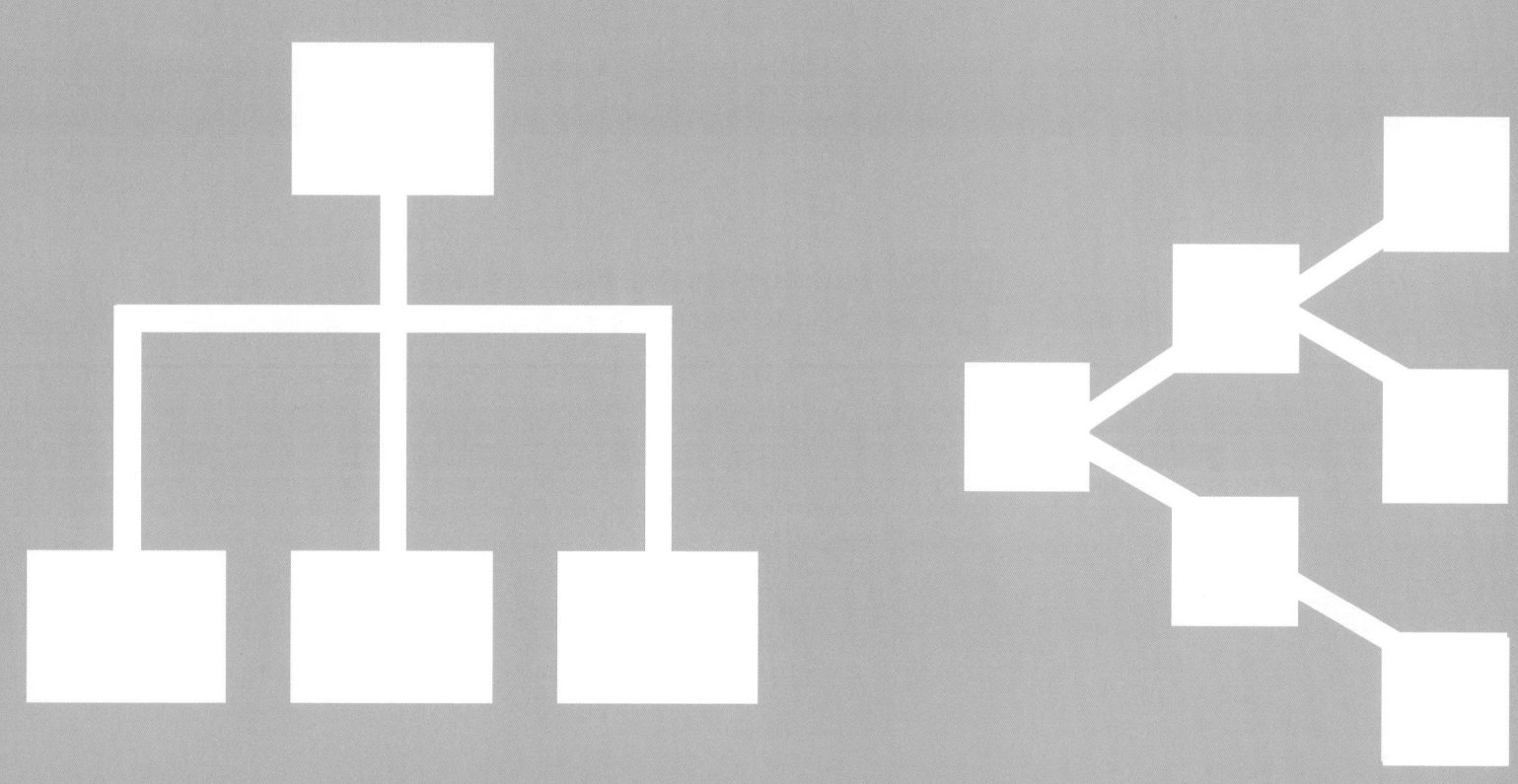

Die Akteure der Performancegruppen können in Netzwerkstrukturen integriert werden.

Durch diese Integration werden Modelle differenziert und individualisiert und können so auch spezielle und individuelle wertschaffende Zielsetzungen verfolgen. Diese Netzwerkstrukturen können in drei idealtypische Strukturen unterteilt und jeder Gruppe zugewiesen werden:

- hierarchische Netzwerke: Der Zugang ist über Hierarchien geregelt.
- kooperative Netzwerke: Der Zugang ist offen, es muss allerdings eine kooperative Voraussetzung gegeben sein.
- marktliche Netzwerke: Der Zugang ist offen, es gelten lediglich die Voraussetzungen des Marktes.

## 2.3.1 Hierarchische Netzwerke

Sind die Schnittstellen „geschlossen", haben nur Akteure Zugang, die zu einer definierten Organisation gehören und nur über diese Verbindung die Plattform und die Leistungen nutzen und mit dieser interagieren dürfen. Die Strukturierung erfolgt über diesen hierarchischen Zugang, d. h. es müssen im Vorfeld bestimmte Hierarchien vergeben werden, die den Zugang ermöglichen, zum Beispiel die Position im Unternehmen oder technisch gesehen bestimmte IP-Adressen oder definierte Lokalitäten wie z.B. Räume im Flughafen.

Diese Geschlossenheit wird angewandt, wenn Unternehmen im Bereich des Vertriebs oder der Beschaffung (E-Procurement) plattformbasierte digitale Geschäftsmodelle umsetzen. Hierbei ist das typische Modell dann eine E-Commerce Umsetzung bei der nur Waren und Leistungen angeboten werden, die ein Unternehmen selbst herstellt und anbietet oder wenn Unternehmen eigene interne elektrische Beschaffungsplattformen offerieren.

Der Nachteil dieser Netzwerkstruktur ist die geringe Skalierungsmöglichkeit an den Schnittstellen. Der Vorteil liegt allerdings in der verbesserten inhaltlichen und qualitativen Kontrollmöglichkeit der Leistungen, die erbracht werden sollen.

## 2.3.2 Kooperative Netzwerke

Eine andere Ausgestaltung des Zuganges besteht darin, kooperative Netzwerke an den Schnittstellen aufzubauen. Dabei ist die Kooperation eine Mischform von Markt und Hierarchie. Die Kooperation hat höhere Zugangsbedingungen, als eine Plattform, die einen Markt bedient, aber die Teilnehmer an der Plattform müssen nicht in die eigene Organisation eingebunden sein. So können dann Angebote über die eigene Hierarchie hinaus skaliert werden.

Diese Ausgestaltung wird oft im Bereich des E-Procurements eingesetzt. Lieferanten nutzen digitale Plattformen, um an Ausschreibungen und Verhandlungen teilzunehmen. Android ist auf Seiten der Anbieter von Hardware ein kooperatives Netzwerk. Hierbei können Hardwarehersteller Android als Betriebssystem nutzen, müssen aber bestimmte Bedingungen erfüllen.

Der Vorteil einer kooperativen Gestaltung liegt darin, dass die Schwäche der Skalierbarkeit etwas abgemildert wird, dennoch aber die Qualität auf der Agentenseite besser einhaltbar ist. Gerade bei Geschäftsmodellen, die von einer direkten Bezahlbeziehung zu Principals leben, ist dies ein relevanter Faktor. Nachteilig ist die Gestaltung dann, wenn die Lieferanten (Agents) eine Vielzahl von Kooperationen eingehen, da dann eine Differenzierung nicht möglich ist.

Im Bereich der Videostreaming-Anbieter wie Netflix, Amazon Prime oder Videoload sowie im Bereich Musikstreaming-Anbieter wie Spotify, Deezer oder Google Music ist diese kooperative Netzwerkgestaltung zu erkennen.

## 2.3.3 Marktliche Netzwerke

Der Zugang an den Schnittstellen kann offen gestaltet werden. Dies bedeutet, dass grundsätzlich jeder Anwender, der über die notwendigen technischen Voraussetzungen verfügt, Zugang zu dem Geschäftsmodell erhalten kann.

Oft stehen diese Anwendungsformen im Zentrum der Betrachtung und der Definition dessen, was unter einem digitalen Geschäftsmodell verstanden wird, weil Angebote wie eBay, YouTube oder Wordpress sich an allen Schnittstellen öffnen.

In manchen Fällen ist zu beobachten, dass mit der Zeit eine Entwicklung von einem hierarchischen über einen kooperativen zu einem marktlichen Netzwerkansatz stattfindet. Dies ist dann der Fall, wenn das digitale Geschäftsmodell tatsächlich vollständig unabhängig von bestehenden hierarchischen Beziehungen auf dem Markt platziert wird und auch möglichst unabhängig von den anderen Modellen der Organisation wirtschaftlich und damit monetär funktionieren soll. Dies wird deshalb gemacht, weil der Vorteil dieser Ausgestaltung in der Möglichkeit liegt, beide Seiten (also Principal und Agent oder Principal und Principal) maximal skalieren zu können. Der Nachteil liegt oft in der schlechter kontrollierbaren Qualität der Inhalte, Dateien sowie Funktionen, weshalb diese Anbieter oft einen hohen Aufwand betreiben müssen, um die Unsicherheitskosten der Teilnehmer zu senken (siehe dazu auch das Kapitel „Ökonomische und soziologische Grundlagen").

Deswegen gibt es manchmal auch den genau umgekehrten Weg, dass eigenständige marktorientierte Modelle in hierarchische Modelle überführt werden und teilweise für Nutzer von außen weder erkenntlich noch direkt nutzbar sind.

Bei Apple kann sehr oft verfolgt werden, dass kooperative Ansätzen in hierarchischen enden, also die Kooperationspartner dann gekauft und integriert werden.

### 2.3.4 Kombinationsmöglichkeiten und Differenzierungen

Wenn Akteure an beiden Seiten des Modells auftreten, können diese Netzwerke in Beziehung gesetzt werden. Daraus ergeben sich Differenzierungsansätze für die Gestaltung digitaler Geschäftsmodelle. ▬

*Die Kombinationen lassen sich immer pro Schnittstelle in einer Tabelle darstellen:*

| Anbieter-/ Nachfrageseite | Hierarchie | Kooperation | Markt |
|---|---|---|---|
| **Hierarchie** | Interne Social Networks | Entwicklungspartnerschaften über API´s | E-Commerce-Plattform eines einzelnen Anbieters |
| **Kooperation** | E-Procurement | Hochfrequenzhandel im Bereich Aktien oder Real Time Bidding | Video-on-Demand-Plattformen wie Netflix |
| **Markt** | Crowdsourcing | Einkaufsgemeinschaften | offene Marktplätze wie eBay |

Was unterscheidet aus Modellsicht Sky Snap, Prime Instant Video und YouTube?

Bezogen auf die Kernleistungen der Plattform und der Clients nichts. Nur die Ausgestaltung des Zugangs zu den Client-Netzwerken ist unterschiedlich. SkySnap ist ein aus Sicht des Anbieters geschlossenes Netzwerk, das auf die Inhalte aus der Sky-Organisation zugreift.

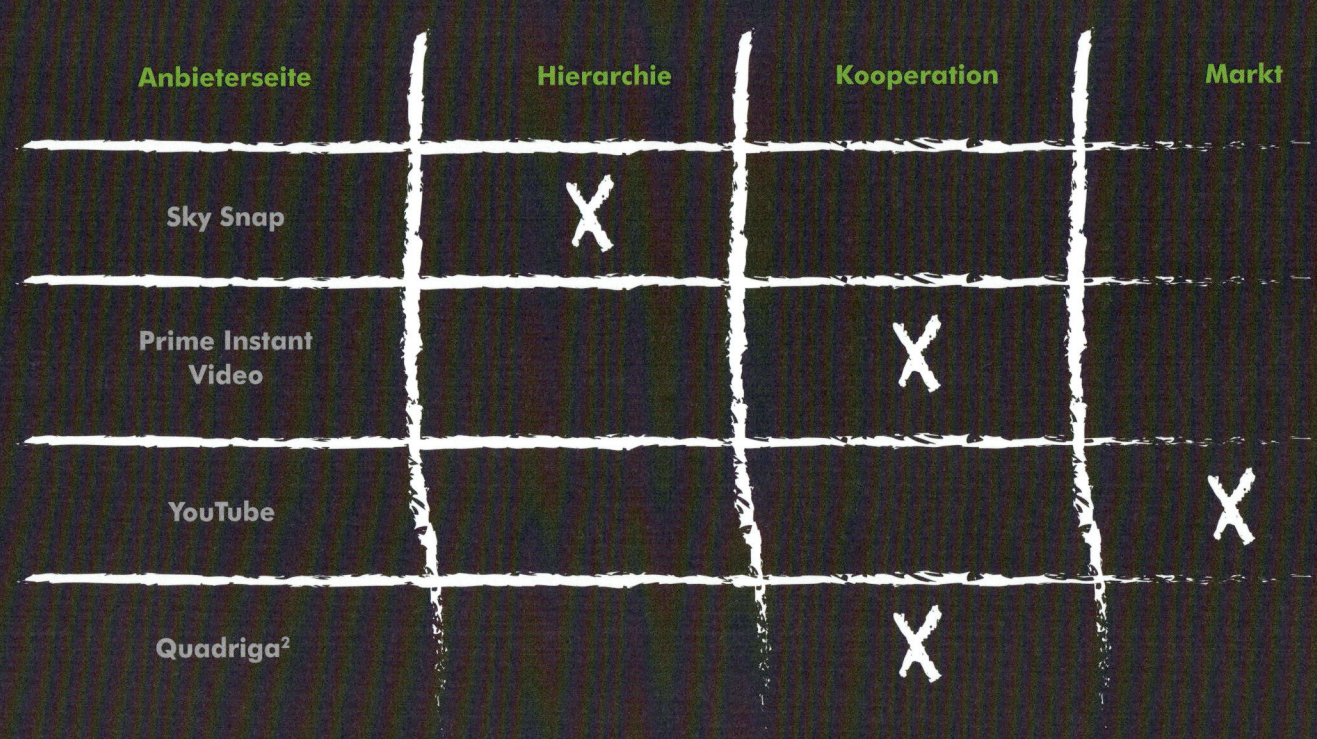

| Anbieterseite | Hierarchie | Kooperation | Markt |
|---|---|---|---|
| Sky Snap | X | | |
| Prime Instant Video | | X | |
| YouTube | | | X |
| Quadriga[2] | | X | |

---

[2] Quadriga ist ein kooperatives Geschäftsmodell, bei dem Hotels Video-on-Demand für Gäste anbieten können.

Auf Seiten der Nutzer (Nachfrageseite) ist Sky aber für jeden zugänglich, ebenso wie Amazon Prime oder YouTube. Anbieter wie Quadriga hingegen offerieren den Service nur für Kooperationspartner, wie z. B. Hotels.

| Nachfrageseite | Hierarchie | Kooperation | Markt |
|---|---|---|---|
| Sky Snap | | | X |
| Prime Instant Video | | | X |
| YouTube | | | X |
| Quadriga | | X | |

Auch bei den Geschäftsmodellen von UBER und MyTaxi kann dargestellt werden, dass die Modelle bezogen auf die Plattformkonzeption identisch sind, aber die Ausgestaltung des Netzwerkes eine andere ist. UBER setzt bei der Ausgestaltung des Fahrernetzwerkes auf eine marktliche und hierarchische Gestaltung, weil zum einen jeder, der einen Führerschein und ein bestimmtes Fahrzeug besitzt, ein Fahrer werden kann, zum anderen beschäftigt UBER auch freie Fahrer, die in diesem Sinne weisungsgebunden sind. Bei MyTaxi besteht ein kooperativer bzw. teilgeschlossener Ansatz, da hier bestimmte Teilnahmebedingungen vorliegen müssen (die in Deutschland rechtlich bedingt sind). Daher kann MyTaxi als kooperativer Ansatz definiert werden:

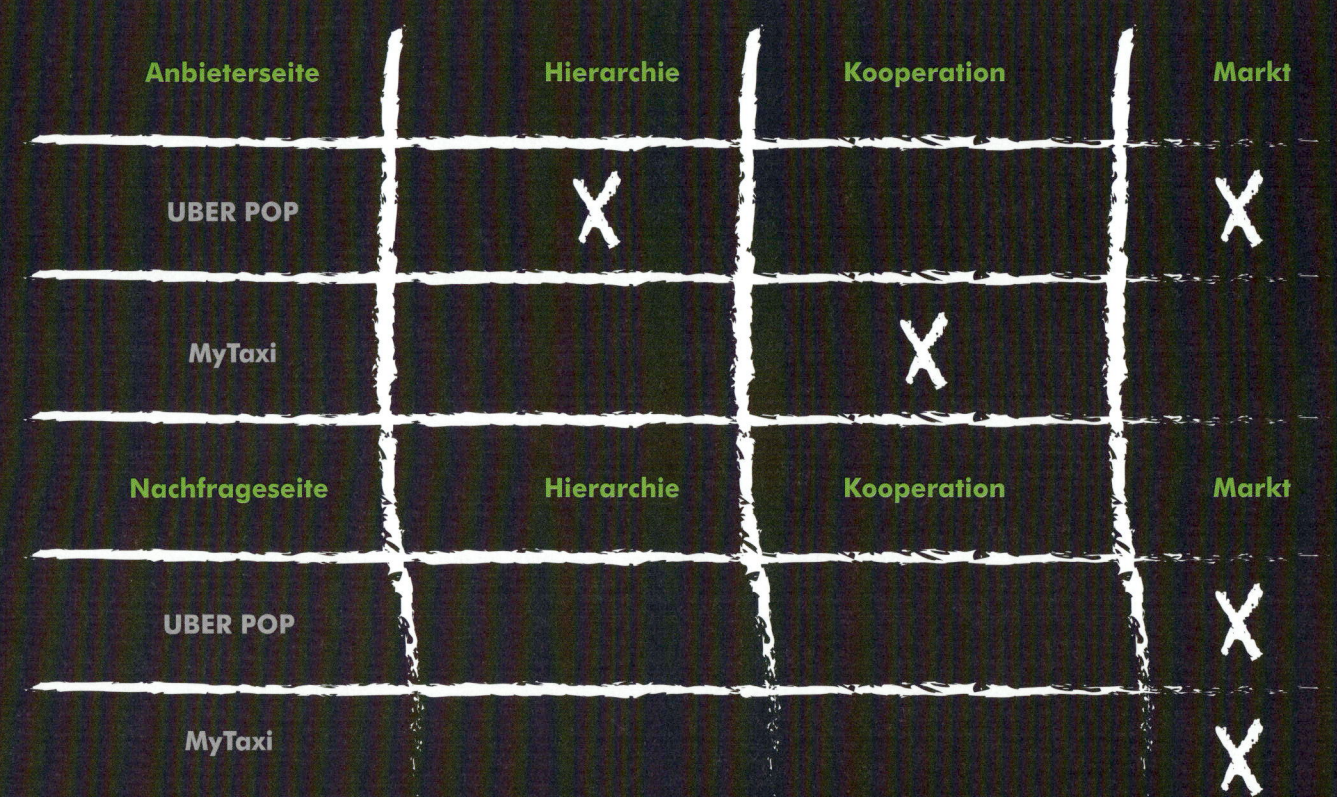

| Anbieterseite | Hierarchie | Kooperation | Markt |
|---|---|---|---|
| UBER POP | X | | X |
| MyTaxi | | X | |

| Nachfrageseite | Hierarchie | Kooperation | Markt |
|---|---|---|---|
| UBER POP | | | X |
| MyTaxi | | | X |

Auch in Bezug zu gekoppelten Geschäftsmodellen können solche Netzwerkmuster dargestellt werden. Hierbei steht das eigene Modell im Mittelpunkt und es wird geprüft, in welchem Bezug die Modelle der Partner zu einem selbst stehen.

Am Beispiel von Modellen, die eine Kopplung zu Adserveranbietern und deren Geschäftsmodelle aufweisen, soll dies dargestellt werden:

| Plattform / Adserver | Hierarchie | Kooperation | Markt |
|---|---|---|---|
| Facebook | eigenes AdServer-Modell | | |
| Google Search | eigenes AdServer-Modell (AdWords) | | |
| spiegel-online.de | aus Angebotssicht am Markt hat Spiegel einen eigenen Vermarkter QC | aus Sicht einer Plattform geht Spiegel-online.de eine Kooperation mit diversen AdServer-Modell-Anbietern ein – vor allem Adition | |
| Flightradar24.com | | | Integration von AdSense |

Facebook vermarktet die Profile und News-Streams der Mitglieder. Dafür wurde ein eigenes Vermarktungsmodell aufgebaut und in das Social Media-Modell über eine Kopplung integriert. Damit entsteht aus Sicht des Unternehmens Facebook eine interne Kundenbeziehung. Aus Sicht des AdServer-Modells vom Facebook gibt es mehrere Kunden innerhalb des Unternehmens Facebook, so zum Beispiel Instagram oder WhatsApp. Diese liefern ebenso Daten und spielen auch Werbung auf den Plattformen (zum Teil) aus.

Genauso ist Google Search nur ein Publisher innerhalb des gesamten Google Geschäftsmodellfraktals, der Werbeanzeigen ausliefert. Search integriert also das googleeigene Ad-Modell. Konzeptionell gesehen sind beide eigenständige Geschäftsmodelle (Ads werden nicht nur auf den Suchergebnisseiten dargestellt). Denn Google Search schafft einen Wert sowohl für Suchende als auch für die Anbieter von Inhalten. Die Werbung ist daher nur eine Kopplung.

Plattformen wie spiegel-online.de gehen technologisch gesehen Kooperationen mit Ad-Modell-Betreibern ein. Sie integrieren Plattformen anderer, die sie dann zwar inhaltlich selbst betreiben, aber keine Hoheit über die

Gestaltung der Leistungen der Plattform haben. Selbst wenn sie es oft
selbst so nicht interpretieren, so sind
sie konzeptionell gesehen Kunden des
Geschäftsmodells Betreibers Adition.
Dies liegt vor allem daran, dass sie in
der Entwicklung von Leistungen an die
Umsetzung eines nur bedingt steuer-
baren (also hierarchischen) Geschäftsmodells gebunden sind. Hier sind die
Grenzen zwar fließend, aber Google,
Facebook, Apple (baut seit längerem
iAd auf) und Amazon setzen alle auf
eigene hierarchische Lösungen (meist
durch Zukauf).

Flightradar24, eine Plattform die
Liveflugdaten anbietet, bedient sich
bei der Integration des Ad-Modells
im Markt. Hierfür wird die Plattform
AdSense von Google über offene
Schnittstellen integriert. Der Vorteil ist,
dass keine eigene Organisationsein-
heit aufgebaut oder beauftragt werden muss, die sich um die Gewinnung
von Werbekunden kümmert. Der
Nachteil ist, dass hier ein geringerer
Steuerungsgrad als bei einem kooperativen

Modell besteht. An jeder Schnittstelle
des Frameworks können daher die
Performancegruppen in eine Netzwerkstruktur integriert werden. ▬▬

## 2.3.6 Aufgaben

1. Ordnen Sie jede Gruppe, die Sie als Performancepartner identifiziert haben, in eine Netzwerkstruktur ein.

2. Überlegen Sie, ob es besser ist, die Netzwerke offen oder geschlossen zu gestalten.

3. Listen Sie Vor- und Nachteile der geplanten Netzwerkstruktur auf.

4. Suchen Sie auch nach Netzwerkpartnern im eigenen Unternehmen, bevor Sie nur an den offenen Markt denken.

# 2.4 WAS WIRD ANGEBOTEN?

Was eine Leistung ist, hängt zwar von der Perspektive ab, die der Betrachter in Bezug zu einem Geschäftsmodell einnimmt, allerdings muss zuerst die Perspektive des Geschäftsmodellanbieters (bzw. desjenigen der Geschäftsmodelle konzeptioniert) eingenommen werden. Denn um ein Geschäft zu betreiben, müssen Leistungen und Güter angeboten werden, die für Performancegruppen einen Wert darstellen.

Im Gegensatz zu Geschäftsmodellen in einer materiellbasierten Ökonomie, sind Leistungen in einer digitalen Umwelt in mancher Hinsicht beschränkt, in anderer Hinsicht allerdings fast grenzenlos.

Beschränkt sind die Leistungsangebote, weil keine physischen Waren und Dienstleitungen direkt angeboten werden können, sondern nur Services, um diese Waren und Leistungen herum. Diese Muster können auch als Repräsentationsmuster bezeichnet werden (siehe dazu das Kapitel „Digitale Geschäftsmodellevolution").

 **Info**

*Gebundene und ungebundene Leistungen*

Gebundene Leistungen sind alle Waren und Dienstleistungen, die an Materie, Ort und Menschen „gebunden" sind.

Ungebundene Leistungen sind alle Güter und Dienstleistungen, die immateriell und unabhängig von Ort, Zeit und materiellen Eigenschaften sind. (In Anlehnung an Laux 2014)

# *Ungebunden*

# Gebunden

Fast unbegrenzt sind die Leistungsmöglichkeiten, weil immer mehr Objekte mit digitaler Technologie ausgestattet und um diese herum neue digitale Geschäftsmodelle entwickelt werden können. Zudem steigen zunehmend die Software-, Rechner- und Übertragungskapazitäten, weshalb immer mehr immaterielle Leistungen (z. B. Streaming) und immer mehr sogenannte ungebundene Dienstleistungen basierend auf Softwareagenten (z.B. Routing, Tracking-Systeme, digitale Spracherkennung) realisiert und angeboten werden können.

 Um Leistungen zu kategorisieren, kann eine Matrix aufgespannt werden, die auf der einen Achse zwei Ausprägungspunkte aufweist und auf der anderen Achse die Integration des Akteurs in die Leistungserstellung und Nutzung abbildet.

Leistungen digitaler Geschäftsmodelle können so eingeteilt werden, dass diese in einen Bezug zu bekannten Leistungen gesetzt und danach positioniert werden, wie hoch die Integration des Akteurs ist, der die Leistung in Anspruch nimmt soll (oder liefern). Denn alle digitalen Geschäftsmodelle haben immer einen Dienstleistungsanteil, da der Anwender von Leistungen immer einen eigenen Beitrag leisten muss. Diese Eigenleistung des Akteurs kann darin bestehen, dass er Software installieren, sich anmelden, Bezahldaten angeben oder Webseiten erst einmal anpassen muss, damit diese überhaupt einen Wert für ihn schaffen (so ist es unter anderem bei Twitter oder auch bei Netflix). Daher hat jedes Leistungsangebot immer einen Anteil der Integration des Akteurs. Diese Integration kann stärker (+) oder schwächer (-) ausfallen. Daneben bezieht sich das Angebot, das eine Plattform bieten muss, auf physische Leistungen, wie zum Beispiel Autos, Kleidung oder Wohnungen. Diese stehen ganz links auf der Skala. Etwas weiter nach rechts können Dienstleistungen eingetragen werden, die örtlich, zeitlich oder personengebunden sind. Das können Konzerte sein, Arztbesuch, Putzservices, Lieferservices und so weiter. Ganz rechts stehen Güter und Leistungen, die vollkommen ungebunden sind, was materielle Eigenschaften, aber auch Zeit und Ort anbelangt. Dazu gehören Beratungen aller Art, wie zum Beispiel Kaufberatungen, oder immaterielle Produkte wie Filme, Musik oder auch Bücher.

*Bezugsfeld*

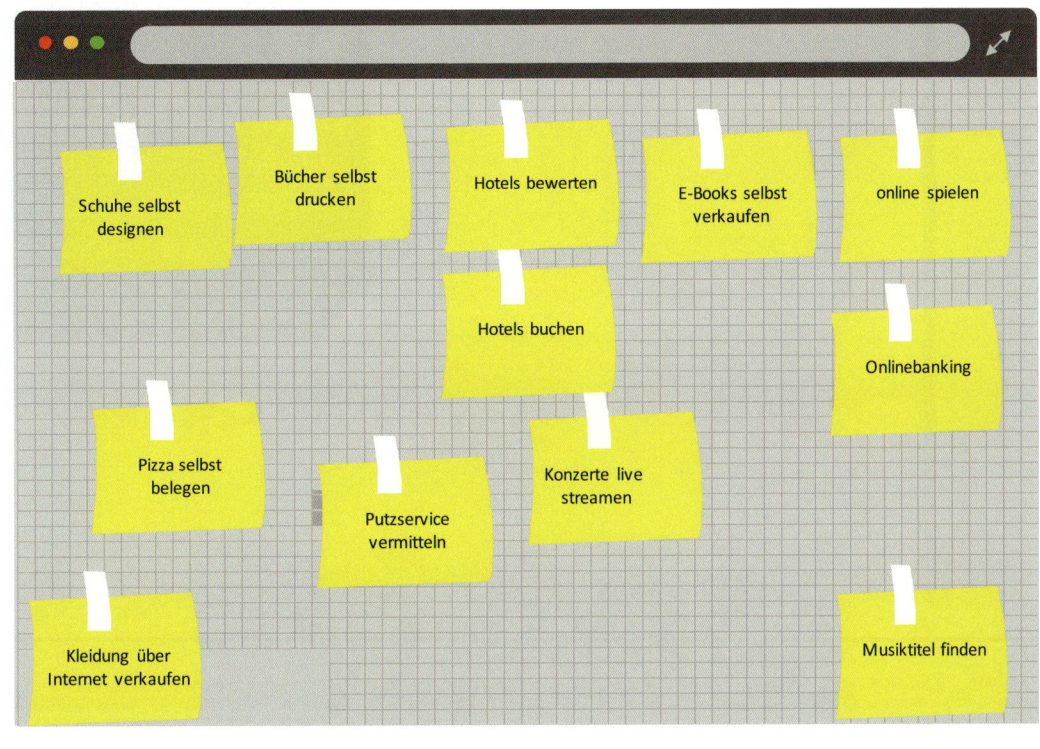

Integration Akteur

+

−

vollkommen gebunden

vollkommen ungebunden

**Leistungsangebot / Leistungsbezug**

Schuhe selbst designen

Bücher selbst drucken

Hotels bewerten

E-Books selbst verkaufen

online spielen

Hotels buchen

Onlinebanking

Pizza selbst belegen

Putzservice vermitteln

Konzerte live streamen

Kleidung über Internet verkaufen

Musiktitel finden

*Darstellung der Matrix mit einigen Anwendungsbeispielen. (In Anlehnung an Engelhardt et al. (1993), S. 417)*

Leistungen können auch nach einer stärker technischen Orientierung abgebildet und beschrieben werden. Im Kern sind die Leistungen, die ein digitales Geschäftsmodell offerieren, auf vier Leistungselemente beschränkt.

*Leistungselemente*

## 2.4.2 Leistungselemente

Es können vier Leistungselemente zum Einsatz kommen und im Framework verteilt werden:

- Daten/Informationen,
- Dateien,
- Softwareanwendungen/-funktionen,
- Hardwareausstattungen.

## Daten/Informationen

Daten sind aus Sicht digitaler Geschäftsmodelle erst einmal alles was technisch gemessen, erfasst und in Ziffern gewandelt werden kann. Da immer mehr Sensoren und Aktoren physikalische Größen messen, erfassen und digital Wandeln können, stehen damit auch immer mehr Daten zur Verfügung, die im Rahmen digitaler Geschäftsmodelle als Leistungen angeboten werden können.

Hierbei gibt es, wie in den Basismustern dargestellt, die Möglichkeit, Daten vom User selbst erfassen zu lassen oder Daten über verteilte Systeme zu erhalten und an Nutzer weiterzugeben. Auch die Sammlung von Nutzerdaten im Bereich Analysesoftware gehört zu dem Leistungsspektrum datenbasierter Leistungsmodelle. Anbieter solcher Leistungsmodelle sind unter anderem: wetteronline.de, Flightradar24.com, Google Analytics, Nugg-Ad oder auch myfitnesspal.

## Dateien

Dateien können verstanden werden als eine Aggregation von strukturell oder semantisch zusammengehörigen Daten. Dateien haben damit immer einen hohen Grad an Struktur. Dateien können auch als bestimmtes Format im Sinne einer Endung wie z. B. .pdf verstanden werden.

Ein Beispiel einer Datei, die strukturell betrachtet wird, wäre, wenn ein Buch als strukturelle Zusammengehörigkeit (Umfang und Struktur von Text, Überschriften und Kapiteln sowie eventuell ISBN-Nummer und Autor) beschrieben wird. Der zweite Fall, wäre, wenn ein Buch als technische Datei beschrieben wird, die sich in einer Dateiendung ausdrückt. So könnte ein Buch die Endung .ebub oder .pdf oder .doc und so weiter haben. Bei Filmen wäre die Datei zum Beispiel .mov und bei Bildern zum Beispiel .psd oder .jpg. Eine Softwaredatei kann die Endung .php haben oder .exe. und viele weitere.

Eine semantische Zusammengehörigkeit liegt bei einem Buch dann vor, wenn es sich um eine Erzählung mit einer zusammenhängenden inhaltlichen Struktur handelt. Bei einem Film wäre der Unterschied, dass ein Film entweder als Datei betrachtet werden kann (.mov) oder als semantische Einheit (Hollywoodliebesfilm). Semantische Bewertungen hängen meist von Menschen ab (wobei es hier auch immer mehr Software gibt, die „menschliche Semantik" ebenso versteht).

Alle Dateiformen können ein eigenständiges Leistungsangebot begründen. So können Softwaredateien eine eigene Angebotsform darstellen, wenn diese als Anwendungsdatei verkauft werden. Softwaremarktplätze wie Apple App-Store oder Plattformen wie Wordpress.com bieten solche Leistungsangebote an.

Leistungsangebote können sich auch um die semantische Form der Datei entwickeln. Netflix bildet das Geschäftsmodell um Filme aus einer semantischen Sicht ab. Hier werden Filme als ein werthaltiges Gut aus Nutzersicht betrachtet, während YouTube sich um das rein technische Format einer Datei herum etabliert hat. Filme sind bei YouTube alles, was eine entsprechende Endung aufweist. Amazon fokussiert sich im Bereich E-Books auf die semantische Ebene, eine Plattform wie issuu zielt auf das technische Format ab.

## Softwareanwendungen/-funktionen

Ein immer notwendiger Bestandteil eines jeden Angebotes sind Softwarefunktionen. Auch wenn Dateien Kernangebot eines Geschäftsmodells sind, so muss Software entwickelt und angeboten werden, die eine Nutzung überhaupt erst ermöglicht. Deswegen haben auch alle digitalen Geschäftsmodelle einen Dienstleistungsanteil oder aber sie können selbst vollständige Dienstleistungsangebote, basierend auf Software Services, sein.

Banken offerieren Software-as-a-Service-Funktionen. Auch Anbieter wie Nike+ bieten Software als Funktion an, damit Anwender einfach Laufstrecken tracken (verfolgen, nachvollziehen) und speichern können. Amazon und Apple bieten entsprechende Softwarefunktionen an, um spezielle Dateien wie Bücher lesen, Filme sehen oder Musik hören zu können.

## Hardwareausstattungen

Ein weiterer Aspekt von Leistungsbestandteilen digitaler Geschäftsmodelle können Hardwareausstattungen sein, die eine gewisse Aufgabenstellung von Akteuren erst adäquat lösbar machen.

Diese werden von Beginn an mit der entsprechenden Anwendungssoftware ausgestattet, so dass die Anwender schneller und einfacher auf die Software zugreifen können. So stattet zum Beispiel $O_2$ Autofahrer mit einer Hardware-/Softwarekomponente aus, die es ermöglicht, auf die Daten der Boardelektronik zuzugreifen und diese auf Smartphones mit der passenden App – die ebenfalls $O_2$ bereitstellt – zu senden. Oft können digitale Geschäftsmodelle erst einen monetären Wert schaffen, wenn Hardware mit gekoppelter Software verkauft wird.

### 2.4.3 / Beispiele

Die beschriebene Einteilung kann dabei nur eine Orientierung sein. Im Rahmen der eigenen Konzeption digitaler Geschäftsmodelle können hier neue Ideen formuliert und dargestellt werden.

Die folgenden vier Beispiele veranschaulichen das Leistungsspektrum.

**Hardwarefokus: Google Chromecast Stick**

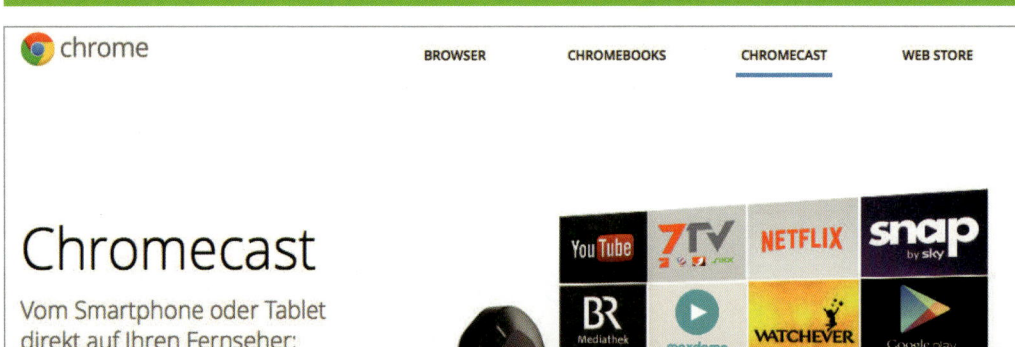

Google bietet zahlreiche Hardwarekomponenten im Rahmen diverser digitaler Geschäftsmodelle an.

Chromecast ist ein Streaming-Mediaplayer, den Google in Form eines HDMI-Sticks, mit der entsprechenden Ausstattung verkauft (HDMI: High Definition Multimedia Interface). Der Stick kann in jeden HDMI-Port eines Fernsehers gesteckt werden und so können die Anwender dann Filme, Musik, Fotos und vieles mehr von einem anderen Computer z. B.

Smartphone, Tablet oder Laptop auf den Fernseher übertragen und dort auf einem größeren Bildschirm sehen. Der Stick hat dafür ein WLAN-Modul integriert und kann über eine entsprechende App von Google konfiguriert und gesteuert werden.

Möchte ein Nutzer zum Beispiel ein YouTube-Video auf dem TV-Gerät anschauen, in dem nun der Stick steckt, muss nur die YouTube-Anwendung auf einem Computer gestartet werden und dort das gewünschte Video starten.

*Chromecast von Google ist eine Hardwarekomponente, die es Anwendern erleichtert, Services aus dem Internet auf nicht internetfähige TV-Geräte zu streamen (übertragen).*

Die App erkennt dann, ob sich ein Chromecast Stick im WLAN befindet und bietet an, die Anwendung mit dem Chromecast Stick zu koppeln. Dann startet das entsprechende Video auf dem TV. Dabei wird der Stick mit den Cloudservices von Google verbunden und die Filme auf das TV-Gerät übertragen.

Viele Marktplätze im Internet haben sich um spezielle Datei-Formate entwickelt. E-Book-Stores sind nur ein Beispiel von Vielen. So gibt es auch für Vorlagen für spezielle Softwareprogramme zahlreiche Geschäftsmodelle, die entsprechende Dateien anbieten und verkaufen. Im Beispiel sieht man einen Marktplatz, der Vorlagen für Software im Bereich Filmeffekte anbietet. Damit sparen sich Anwender der Software, zum Beispiel der von Adobe After Effects, viel Zeit, um selbst komplexe Filmeffekte zu entwerfen.

Datenfokus

## Datenfokus: Flightradar24.com

Ein Geschäftsmodell, das sich auf Daten spezialisiert hat, ist zum Beispiel Flightradar24.com.

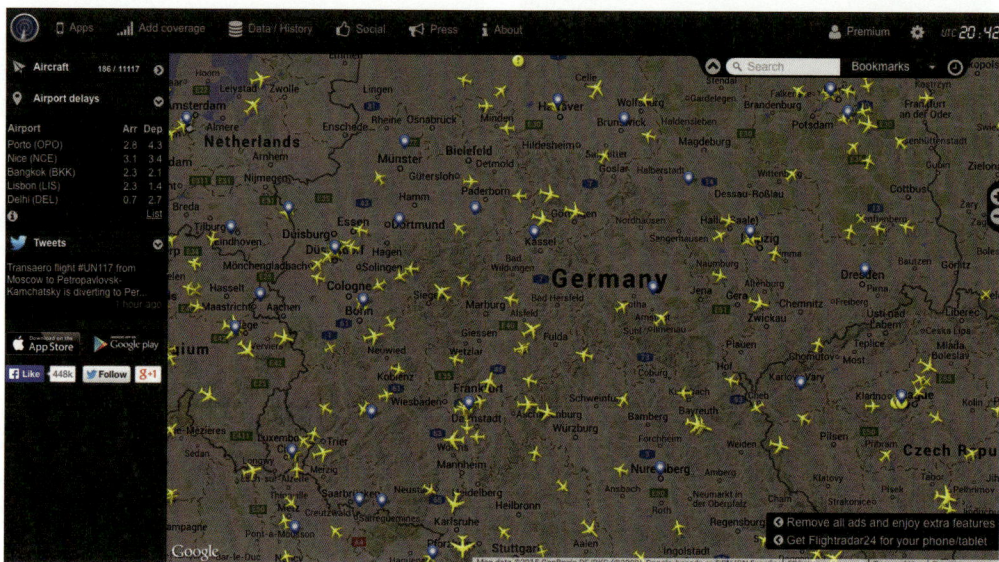

Flightradar24 zeigt auf einer Karte die Livedaten von Flugzeugen an. Diese Daten sind unter anderen die GPS-Position, die Flugnummer, der Name der Airline, die Geschwindigkeit des Flugzeuges, die Flughöhe, die in Echtzeit dargestellt werden. Der Dienst greift dabei auf einen sogenannten ADS-B-Transponder zu, den (nicht alle) Flugzeuge an Bord haben. Diese sendet auf einer Frequenz von 1090 MHZ.

Flightradar24.com hat zum Empfang des Signals eigene Empfangsstationen über Europa verteilt und kann so die Daten erfassen. Für Nutzer besonders hilfreich sind die Anzeige der geplanten Abflugs- und Ankunftszeiten sowie die reale Abflugzeit und geschätzte Ankunftszeit der Flugzeuge.

## Servicefokus: WeTransfer

Plattformen wie WeTransfer haben einen Softwarefunktionsfokus. Die Leistungen von WeTransfer ist eine Software, die Anwender einfach und schnell nutzen können.

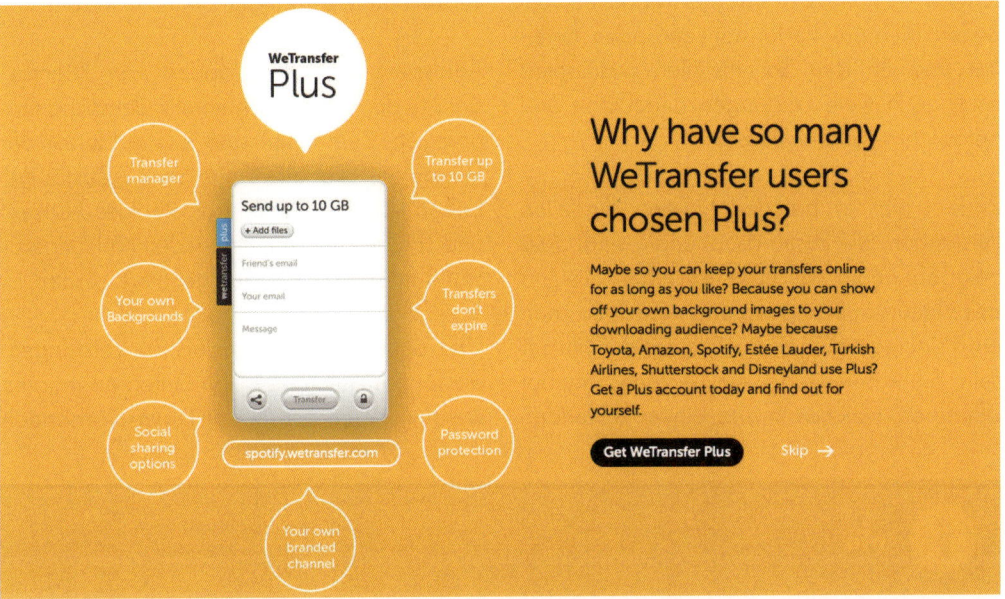

Bei WeTransfer können große Dateien bis zu 2 GB kostenlos an E-Mail-Empfänger gesendet werden, ohne dass dafür der Sender oder der Empfänger bei dem Service registriert sein müssen. Die E-Mail-Angabe des Absenders ist zwar verpflichtend, aber es muss keine explizite Anmeldung erfolgen. Zudem wird automatisch eine E-Mail an den Empfänger gesendet, der dann schnell und einfach über einen Link die Datei laden kann. Für beide Seiten wird so der Transfer großer Dateien einfacher möglich als über Cloud Storage-Anbieter, wie zum Beispiel Dropbox.

## 2.4.4 Erweitertes Anwendungsbeispiel Flightradar24

Die Aufgabe bei der Modellierung der Leistungen ist komplex, weil bei Modellen, bei denen mehrere Performancegruppen beteiligt und an den Schnittstellen positioniert sind, auch viele Leistungen angeboten und getauscht werden müssen.

Zudem gibt es bei den meisten Modellen Leistungen, die zustandsabhängig sind, das heißt abhängig von dem jeweiligen Zustand des Akteurs in Bezug zu dem Modell. So kann ein Principal einmal ein kostenloser Nutzer sein. Sie können aber ein Leistungsangebot offerieren, welches ihm zu einem zahlenden

Nutzer machen soll. Für diese Fälle müssen verschiedene Leistungen definiert werden.

Analysiert man das Modell von Flightradar24, dann gibt es mehrere Performancegruppen. Zum einen sind es die Nutzer der Flugdaten, die allerdings zwei „Zustände" haben können, nämlich „kostenlose Nutzer" und „Premiumnutzer". Für jeden Nutzungszustand müssen Leistungen definiert werden.

Und besonders wichtig sind die Leistungen, die für die Lieferanten von Daten angeboten werden, damit überhaupt Daten vorhanden

sind, die ein Nutzer dargestellt bekommt. Im Fall von Flightradar24.com läuft der operative Bezug der Daten dann über Softwareagenten ab. Schließlich wird ein Werbemodell angeboten, weshalb auch für diese

Geschäftsmodellkopplung eine Leistung definiert werden muss. Und da die Flugdaten an eine Karte „gepinnt" werden, gibt es auch einen Komplementoren in dem Modell, der ebenfalls Leistungen empfängt. In dem Fall werden die Daten an Google Maps zugewiesen.

---

 **Info**

### Die verwirrende Dimension

Auch an dieser Stelle zeigt sich wieder, dass hier eine rein statische Betrachtung nicht mehr reicht, denn die Akteure verändern ihre Zustände und zudem hängen die Leistungen wiederum an den Zuständen der Akteure. Daher ist auch hier immer eine Iteration mit den verschiedenen Analysen und Beschreibungsphasen wichtig. Aus diesem Grund kann es auch keine „echte" Abfolge von Schritten bei der Konzeption geben, da immer wieder gewechselt werden muss. Bei der Abbildung realisierter Modelle ist das einfacher, weil man das, was existiert, beschreibt. Bei der eigenen Entwicklung – besonders neuer und innovativer Modelle – kann eben nicht linear vorgegangen werden, es müssen immer verschiedene Standpunkte eingenommen und in Konsistenz gebracht werden.

## Statisch abgebildet sieht das Modell in dieser Beschreibungs- und Konzeptionsphase so aus:

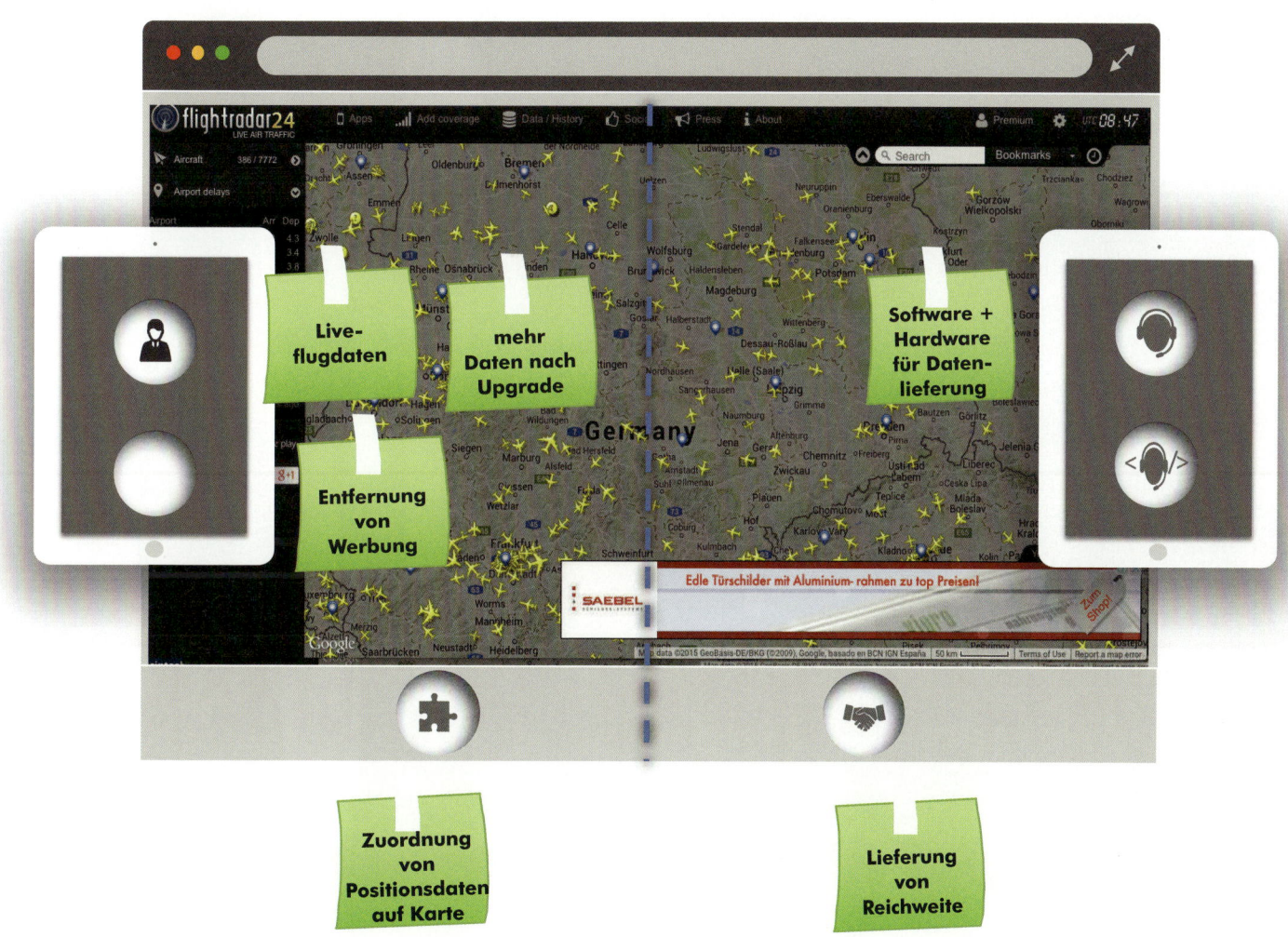

## 2.4.5 Aufgaben

1. Beschreiben Sie Ihre Leistungen zuerst allgemein. Positionieren Sie dazu die Leistungen in die Leistungsmatrix.

2. Unterteilen Sie Ihr Leistungsfeld in Daten, Dateien, Funktionen und Hardware.

3. Überlegen Sie, woher Sie die jeweiligen Leistungen beziehen können, wenn Sie diese nicht selbst anbieten können.

4. Ordnen Sie Leistungen den einzelnen Performancegruppen zu.

5. Überlegen Sie, ob die Leistungen von bestimmten „Zuständen" der Performancegruppen in Bezug zu Ihrem Modell abhängig sind, zum Beispiel ob es Premium- und Basisleistungen gibt.

6. Prüfen Sie, ob verschiedene Leistungsbündel nicht besser als eigenständige Fraktale konzeptioniert werden sollten. Bilden Sie Leistungsbündel, indem Sie Leistungen möglichst in einen Verbund packen.

Eine Gratifikation kann als Frage so formuliert werden: „Was haben Sie davon, eine Leistung anzubieten?" Gratifikationen können an verschiedenen Stellen des Frameworks ausgetauscht und erfasst werden. An welcher Stelle, welche Gratifikationen platziert werden, basiert auf der individuellen Architektur des Geschäftsmodells. Bei Gratifikationen ist zu beachten, dass diese maßgeblich von der Perspektive abhängen, aus der man auf diese blickt.

Aber – wie auch schon bei den Leistungen – sollen hier zuerst die möglichen Gratifikationen aus Sicht des Geschäftsmodellanbieters beschrieben werden. Aus dieser Perspektive heraus gibt es einige Gratifikationen, die eine besondere Relevanz haben. Da Unternehmen in den allermeisten Fällen Geschäftsmodellfraktale ausbilden und als diese abgebildet werden können, liegt hierbei der Fokus nicht nur auf monetären Größen, wie Umsatz, sondern wird weiter gefasst und daher wird hier allgemein von Gratifikation gesprochen und nicht nur von Erlösen oder Erträgen.

### 2.5.1 Umsatz erhöhen

Eine häufig erwartete Gratifikation bei der Realisierung digitaler Geschäftsmodelle ist „Geld". Wenn man Geld von Akteuren einsammeln möchte, kann dies durch direkte Erlösbeziehungen zu den Akteuren selbst geschehen oder aber dadurch, dass man das eigene Geschäftsmodell mit anderen (internen oder externen Partnern) koppelt und diese dann für die Leistungen, die dann wiederum Akteure erbringen (müssen), bezahlen. In diesem Fall besteht eine indirekte Erlösbeziehung. Werbung, die auf Plattformen angeboten wird, deren Kernleistung nicht in der Vermittlung von Werbung besteht, ist der typische Anwendungsfall.

Erlöse können zudem immer konkret im Rahmen jeder einzelnen Inanspruchnahme einer Leistung oder pauschal erhoben werden, unabhängig von der tatsächlichen einzelnen Transaktion einer Leistung und der Häufigkeit der Nutzung durch einen Akteur.

Monetäre Gratifikationen können daher in einer Vier-Felder-Matrix dargestellt werden. (In Anlehnung an Wirtz 2011, S. 587)

|  | direkt | indirekt |
|---|---|---|
| **pauschal (nutzungs-unabhängig)** | Abo-Erlöse | Lizenzen |
| **konkret (nutzungs-abhängig)** | Einzelerlöse | Affiliate-Erlöse |

**Bezogen auf einige Anbieter, soll die Einordnung mit konkreten Beispielen gefüllt werden:**

|  | direkt | indirekt |
|---|---|---|
| **pauschal (nutzungs-unabhängig)** | Netflix Subscription: monatlicher Preis, alle Filme inklusive | Sponsoring von YouTube-Channels |
| **konkret (nutzungs-abhängig)** | iTunes (Leih- oder Kauf von Videos) | YouTube (Werbung vor Videos) |

### 2.5.2 Kosten senken

Digitale Geschäftsmodelle können auch dadurch eine Gratifikation erfahren, dass Kosten gesenkt werden. Dies kann durch eine Automatisierung von Prozessen oder zum Beispiel durch Einsparungen in der Kundengewinnung geschehen. Weitere Kostensenkungspotenziale können gehoben werden, wenn die Akteure in Self Service-Prozesse integriert und somit Kosten für Callcenter oder Filialen eingespart werden können. Wenn Unternehmen eigene E-Commerce-Plattformen realisieren, können dadurch Kosten gespart werden, dass keine Handelsmarge (z. B. an Amazon oder Zalando) abgegeben werden muss.

 **Info**

*Transaktionskosten*

Die Transaktionskostentheorie geht davon aus, dass jegliches Handeln in einer Marktwirtschaft mit Kosten verbunden ist. Diese Kosten müssen dabei nicht monetärer Natur sein, es können auch Aufwände wie zum Beispiel die Suche nach einem bestimmten Musiktitel als Kosten betrachtet werden. (Siehe auch Kapitel „Ökonomische und soziologische Grundlagen").

| Anbahnung | Vereinbarung | Abschluss | Abwicklung | Kontrolle |
|---|---|---|---|---|
| • Suchkosten<br>• Informations-<br>  kosten | • Entscheidungs-<br>  kosten<br>• Unsicherheits-<br>  kosten | • Verhandlungs-<br>  kosten | • Anpassungs-<br>  kosten<br>• Überprüfungs-<br>  kosten | • Überwachungs-<br>  kosten |

*In Entscheidungsphasen, zum Beispiel bei dem Kauf einer Ware, fallen spezifische Transaktionskosten an. Unternehmen können diese für sich oder für andere senken und somit Wert schaffen.*

Auch Kosten müssen nicht immer monetärer Natur sein. Es gibt – und diese spielen bei digitalen Geschäftsmodellen oft eine entscheidende Rolle – auch sogenannte Transaktionskosten.

Zu Kosten, die durch Entscheidungs- und Austauschbeziehungen zwischen Akteuren anfallen, zählen unter anderem:

- Anbahnungskosten: Diese können als Aufwand verstanden werden, der anfällt, um zum Beispiel eine Kontaktaufnahme zwischen Akteuren durchzuführen.

- Informationsbeschaffungskosten sind z. B. Aufwände, die für die Informationssuche von Leistungen und Preisen anfallen. Dazu zählen auch Vereinbarungskosten für Verhandlungen, Vertragsformulierung und so weiter.

- Kosten entstehen auch bei der Anpassung einer Leistung, wenn zum Beispiel Nutzer sich Schuhe selbst designen wollen. Gerade im Internet kann die Konvertierung von Dateien oder die Installation und Konfiguration von Software als derartige Kosten verstanden werden.

Kontrollkosten sind Kosten, die im Rahmen von E-Commerce-Modellen durch die Überprüfung der Waren nach der Lieferung entstehen.

Kostensenkungen können daher immer als Gratifikation verstanden werden, sowohl für den Modellbetreiber als auch die beteiligten Akteure.

Big Data

### 2.5.3 Daten sammeln

Das Sammeln von Daten von Akteuren oder technischen Objekten ist ebenfalls eine immer wichtigere Gratifikationsform. Man denke hier nur an Big Data.

 **Info**

*Big Data*

Big Data bezeichnet das Sammeln und Auswerten großer Datenmengen aus vielfältigen Quellen und von verschiedenen Akteuren, durch die ein wirtschaftlicher Nutzen erzeugt werden soll.

Die Daten kann der Modellbetreiber selbst nutzen oder aber an andere weitergeben und dafür Geld erhalten. Datensammlung ist ein zentrales Gratifikationselement. Daran zeigt sich auch, dass Daten sowohl eine Leistung als auch eine Gratifikation darstellen können. Es hängt eben nur davon ab, aus welcher Richtung dies betrachtet wird.

### 2.5.4 Kundenloyalität aufbauen

Digitale Modelle können zum Ziel haben, die affektive und konative Loyalität zu stärken, und so eine positive Einstellung (Affekt) und eine verbesserte Verhaltensabsicht (Wiederkauf) zu bewirken.

Dies soll dadurch erfolgen, dass Akteure die Leistungen der Marken häufiger nutzen und so positive Prozesserfahrungen machen. Nike setzt mit dem digitalen Geschäftsmodell Nike+ auf diese Gratifikationsform. Läufer können ihre Laufergebnisse durch eine Software von Nike messen auf der Plattform speichern und mit anderen teilen.

## 2.5.5 Kundengebundenheit schaffen

Auch eine Form der Kundenbindung ist die Gebundenheit. Diese beschreibt, dass der Kunde nicht wechseln kann, selbst wenn er wollte. Dies kann zum Beispiel der Fall sein, wenn Kunden spezifische Vorteile und Privilegien verlieren würden, wenn sie zu einem anderen Modellanbieter wechseln. Modelle wie Payback oder Lufthansa Miles&More sind derartige Modellanbieter. Aber auch iTunes und Amazon Kindle setzen auf Gebundenheit statt nur auf Loyalität. Bei iTunes und Kindle werden eigene Dateiformate eingesetzt und der Kunde kann nicht so einfach seine Dateien bei einem Wechsel zu einem anderen Anbieter mitnehmen. Dieser Effekt ist bekannt unter dem Begriff Lock-in.

 **Info**

*Lock-in*

Akteure investieren Zeit und/oder Geld in eine Beziehung wie zum Beispiel zu iTunes oder Amazon Kindle. Es werden immer mehr Musiktitel oder Bücher zu iTunes oder Kindle hinzugefügt. Da beide Anbieter ein eigenes technisches Format nutzen, kann der Akteur im Falle eines Wechsels seine Dateien nicht mitnehmen, deswegen ist er an die Nutzung der spezifischen Software von iTunes und/oder Kindle gebunden und in gewisser Sicht „eingesperrt" in das Angebot von den Anbietern.

Oft wird von den Modellanbietern zuerst eine Gebundenheit aufgebaut, um dann später Geld für Leistungen zu verlangen.

Zusammengefasst können die Gratifikationen in acht Felder positioniert werden. Zum
einen können Gratifikationen monetär oder
non-monetär sein. Zum anderen können es
immer direkte oder indirekte Gratifikationen
darstellen. Bei indirekten muss immer nach
einem Geschäftsmodellpartner innerhalb
oder außerhalb des Unternehmens gesucht
werden. Gratifikationen können im Rahmen
jeder Transaktion oder pauschal erfasst werden.

Hierbei ist es allerdings so, dass nicht jede
Form der Gratifikation immer alle acht Ausprägungen besitzen muss beziehungsweise
besitzen kann. Die Matrix soll zur einer Einordnung und zu einer verbesserten Geschäfts-
modellanalyse dienen.

direkt

pauschal

konkret

indirekt

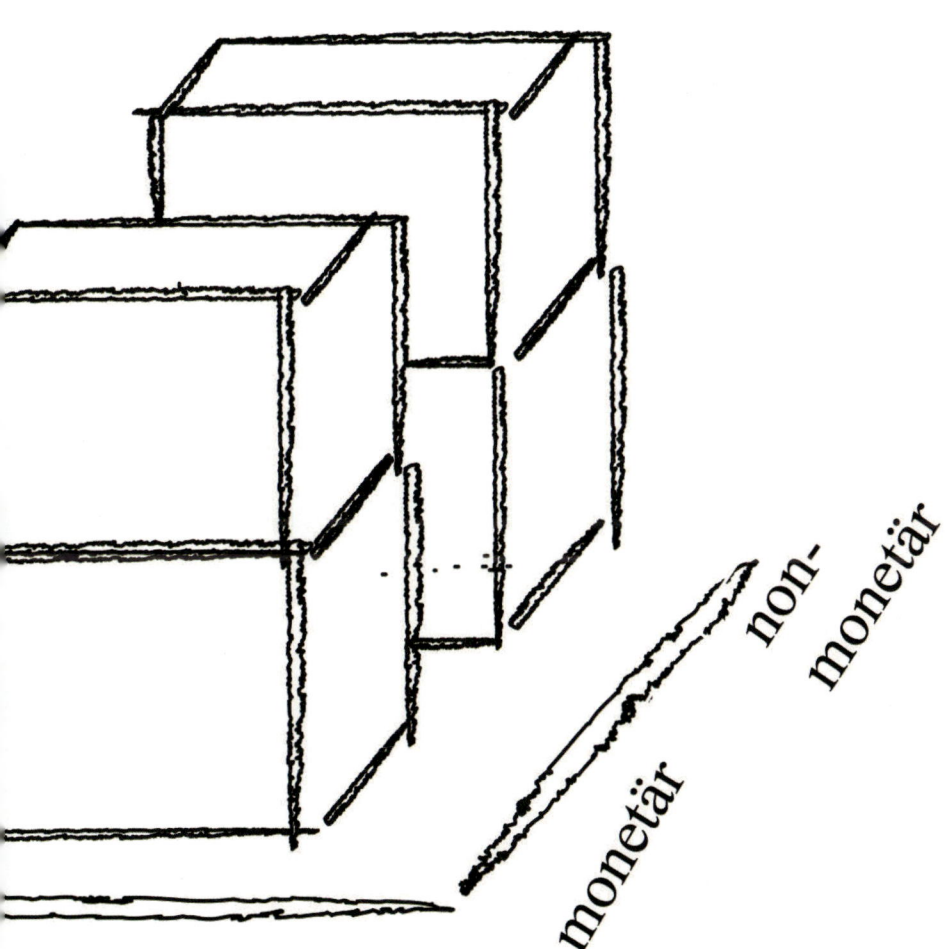

non-monetär

monetär

Digitale Geschäftsmodelle können dabei mehrere Gratifikationsformen anwenden und einsetzen. Anhand dieser Darstellung, sollen im Folgenden einige konkrete Muster, die sich aus den Gratifikationsmodellen ableiten lassen, beschrieben werden.

Gratifikationsmuster

### 2.5.6 Gratifikationsmuster

Inzwischen haben sich einige typische Gratifikationsmuster etabliert, die häufig bei der Analyse und Beschreibung digitaler Geschäftsmodelle anzutreffen sind.

## Pay-per-X-Muster

Zahlreiche Geschäftsmodellanbieter wollen den Umsatz steigern, indem sie einzelne und konkrete Leistungen gegen Geld anbieten. Hierbei müssen aus Sicht des Nutzers entsprechende Einzelleistungen vorhanden sein, sodass er diese auch einzeln in Anspruch nehmen kann. Daher steht am Ende das X, was die Leistungsvariable in dem Gratifikationsmuster darstellt. Oft wird X ersetzt durch: Download, Click, Stream oder Zeit (z. B. 24 Stunden).

Aber auch bei indirekten Gratifikationsmodellen wie Werbung, gibt es Pay-per-X-Muster. Hierbei wird X durch Lead, Conversion oder auch Click ersetzt. Ein Pay-per-Download-Muster ist im Bereich des Video- oder Musikverkaufs von iTunes zu finden. Aber an derselben Leistung hängt auch ein Pay-per-Time-Muster, da im Falle einer Ausleihe, der Nutzer für einen bestimmten Nutzungszeitraum bezahlt.

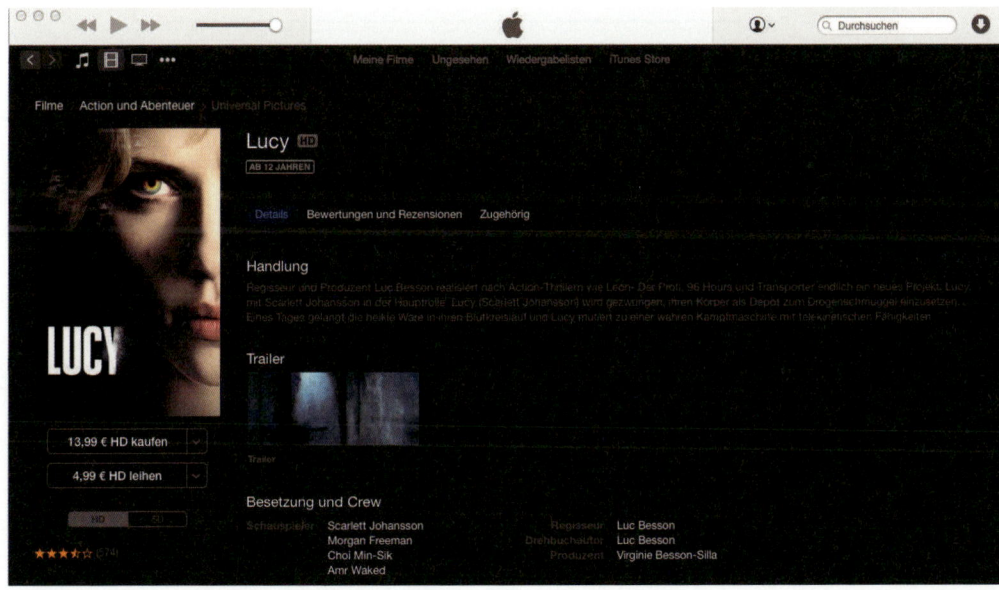

*Kauf oder Ausleihe eines digitalen Videos bei iTunes*

**Subscriptionmuster**

Im Bereich monetärere Muster sind sehr oft Subscriptionmuster zu finden. Hierbei zahlt der Nutzer für einen gewissen Umfang von Leistungen, die er dann nicht immer pro Durchführung einer Transaktion bezahlen muss. Am einfachsten ist dies mit der All-you-can-eat-Metapher zu merken. Egal wie oft man sich etwas vom Buffet holt (= Transaktion), der Kunde zahlt nur einen Preis. Amazon Prime ist eine Anwendungsform davon, ebenso Netflix oder Spotify. Der Anwender kann so viele Filme sehen wie er will, ohne dafür einzeln bezahlen zu müssen.

*Abo-Modell von Netflix. Netflix und iTunes bieten in Bezug auf Filme ein fast identisches Modell an, nur mit einem anderen Gratifikationsmuster.*

Tauschgeschäfte finden bei digitalen Geschäftsmodellen häufig statt. Hierbei werden kostenlose Funktionen in Form von Software vom Betreiber zur Verfügung gestellt, dafür erhält dieser die notwendigen Leistungen für sein Angebot, die er dann oft einer anderen Performancegruppe offeriert.

YouTube tauscht auf der Videoupload-Seite Dateien gegen Funktion, ebenso die Plattform Flightradar24.com. Hierbei wird dem Datensender eine Hardware- und Softwarekombination angeboten, damit dieser dann entsprechend Daten kostenlos sendet.

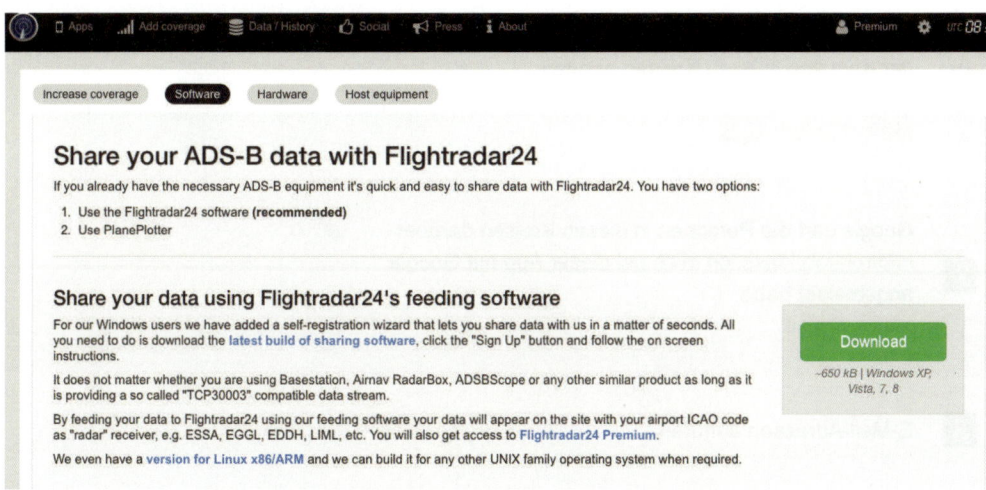

*Hardware- und Softwareleistung gegen Daten am Beispiel Flightradar24.com.*

Im B2B-Segment werden oft Leistungen kostenlos angeboten, wenn dafür entsprechend Kontaktdaten an den Anbieter gesendet werden, der sich dadurch erhofft, mehr Kunden gewinnen und zugleich die Marketingkosten reduzieren zu können.

Ein Gratifikationsmuster, das durch die starke Nutzung sozialer Netzwerke immer häufiger Relevanz erlangt, ist das Permission-Muster.

Hierbei geht es darum, eine dauerhafte Einwilligung für den Zugriff und die Nutzung von Daten der Nutzer auf den eigenen Angeboten (direkte Modelle) oder auf die Daten in anderen Plattformen (indirekte Modelle) zu erhalten. Für die indirekte Anwendungsform wird diese Gratifikation dadurch gewährleistet, dass Anmeldungen auf der eigenen Plattform nur dann durchgeführt werden können, wenn der Nutzer Zugriff auf seine Daten in Social Media-Profilen wie Facebook oder Google Plus freigibt. Wer sich zum Beispiel auf der Streaming-Plattform „YouNow" anmelden möchte, muss den Zugriff auf eines seiner Netzwerke zulassen. So profitiert YouNow indirekt und unabhängig von der einzelnen Nutzung der Plattform von den Daten, die der Nutzer woanders generiert.

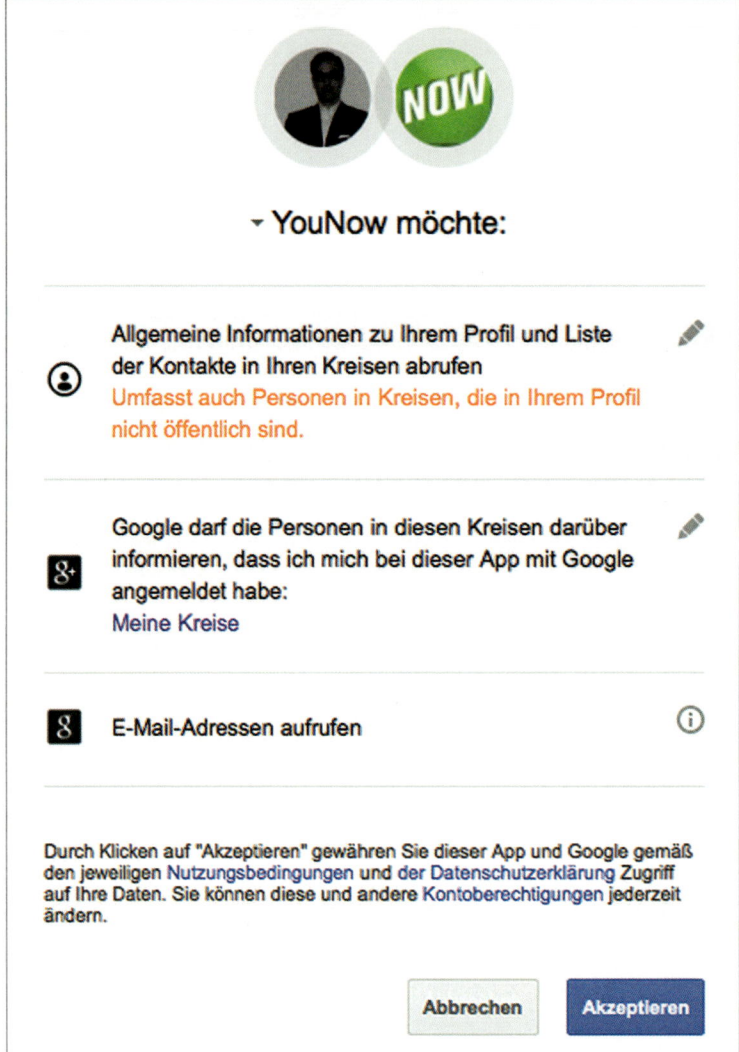

*YouNow fordert von den Usern einige Erlaubnisse ab, um auf das Netzwerk der Nutzer außerhalb von YouNow zugreifen zu können.*

## Affiliate-Muster

Affiliate-Muster sind Provisionsmodelle, bei denen ein Anbieter eines Geschäftsmodells von einem Partner Geld für die Vermittlung eines Kunden erhält. Dabei können Affiliate-Anbieter selbst Geschäftsmodellbetreiber sein, die sich dann mit anderen Geschäftsmodellen koppeln. So ist zum Beispiel Zanox ein eigenständiger Geschäftsmodellbetreiber, der sich auf die Vermittlung provisionsbasierter Werbemittel und -plätzen spezialisiert hat. Shazam, eine Musiksuchplattform, integriert hingegen ein Affiliateprogramm in sein Business Model. Hierbei bietet Shazam eine kostenlose Leistung für einen Musiksucher (Principal) an, der bei einem Treffer Kaufoptionen in einem digitalen Musicstore z. B. bei iTunes angeboten bekommt. Shazam erhält für jede erfolgreiche Transaktion zwischen dem Akteur und dem Musicstore eine erfolgsabhängige Provision.

Auch hier ist wieder die fraktale Dimension zu erkennen, denn Affiliatemodelle können Teil eines Geschäftsmodells sein (Shazam) oder ein eigenständiges Geschäftsmodell darstellen (Zanox).

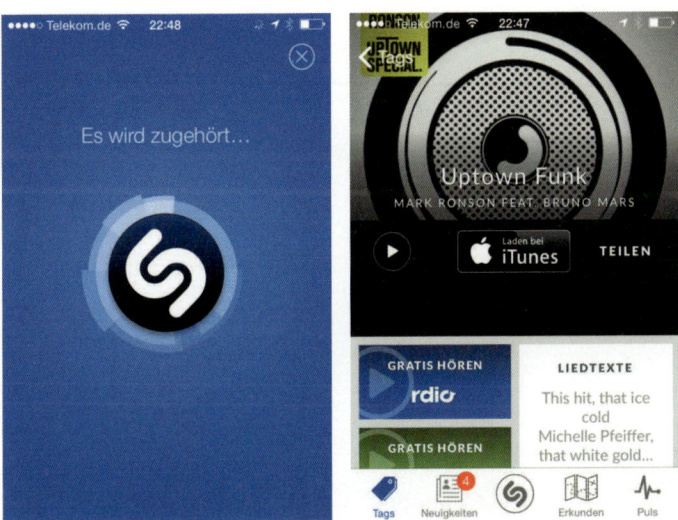

*Shazam leitet den Akteur an eine andere Plattform weiter und erhält dafür von dieser bei einer erfolgreichen Transaktion Geld.*

Eine indirekte und nicht monetäre Form eines Gratifikationsmodells ist die Integration von Sharing-Elementen. Hierbei wird versucht, möglichst Inhalte zu verbreiten, um so Reichweite zu erhöhen. Dabei gibt es die „softe" Variante, bei der Anbieter darauf hoffen, dass User die Leistungen, die sie in Anspruch nehmen, weiterverbreiten, es gibt aber auch die „forced" Variante, bei der Nutzer Sharing-Leistungen erbringen müssen, damit sie Zugang zu der gewünschten Leistung des Plattform-Betreibers erhalten. Die Anwendung „Pay-with-a-tweet" ist eine derartige Umsetzungsvariante.

# Erhalte jetzt Zugriff auf OH MY GOD WHAT HAPPENED AND WHAT SHOULD I DO?!

Dafür musst Du nur das Folgende posten. Wähle Dein Soziales-Netzwerk aus um Deinen Post anzupassen.

**Vorschlag für die Nachricht an Deine Freunde**

*This Book helps you to move into the Digital era of awesomeness. Download it for free:*

Wähle das Netzwerk über das Du posten möchtest:

**f FACEBOOK**   **🐦 TWITTER**   **in LINKEDIN**   **vk VKONTAKTE**   **✗ XING**   **g+ GOOGLE+**

Gibt es ein Problem mit dieser Kampagne? Klicke hier, um uns Bescheid zu geben!

*Statt Geld zu bezahlen, teilt der Akteur eine Botschaft über die Leistung in seine sozialen Netzwerke und erhält dann Zugriff auf das Angebot.*

## Inventarisierungsmuster

Ein sehr häufig angewandtes Muster ist das Inventarisierungsmuster. Ein Anwender kann eine Plattform und die dort angebotenen Funktionen (zum Teil) kostenlos nutzen. Dafür werden dann um diese Nutzung herum indirekte Gratifikationen, wie Werbung, integriert. Dafür werden dann die eigentlichen Leistungsmodelle mit einem AdServer-Modell gekoppelt. Der Wert der eigenen Leistungen wird dann entweder pauschal erfasst, z. B. durch Sponsoring oder konkret, wenn hier performancebasiert abgerechnet wird.

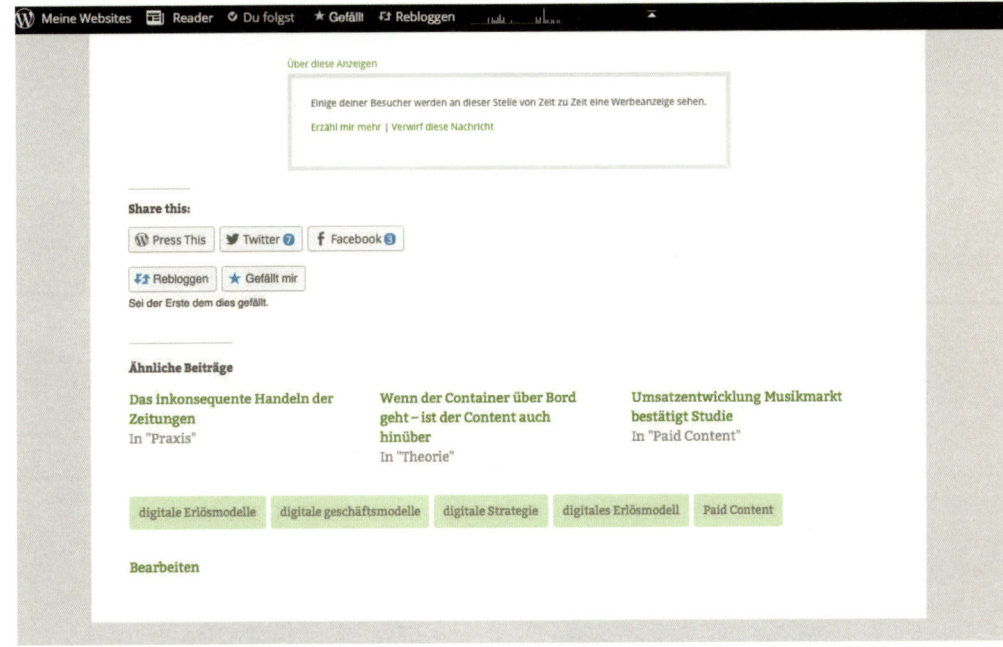

*Nutzer von Wordpress.com können zwar kostenlos einen Blog erstellen, müssen aber dafür akzeptieren, dass Werbung, die Wordpress verkauft, auf ihrem Blog eingebunden wird.*

Generell kann jedes digitale Geschäftsmodell zahlreiche dieser Gratifikationsmuster anwenden oder auch nur eines. Es kommt auch hier wieder darauf an, wie komplex oder einfach (gerade zu Beginn) das Modell gestaltet werden soll. Dazu sehen wir uns diese Möglichkeiten am Beispiel von Wordpress.com an. Für die vereinfachte Darstellung werden einige Modelle nicht dargestellt, da Wordpress inzwischen ein sehr umfangreiches Geschäftsmodellfraktal mit vielen verschiedenen Gratifikationselementen darstellt.

Wordpress

Wordpress bietet zahl-
reiche kostenpflichtige Leistungen für die Nutzer der Blogplattform an.
So können zum Beispiel Anwender sogenannten Themes (Layouts für den eigenen Blog) einzeln
kaufen oder sie können pauschal das Recht erwerben, so
viele Themes zu nutzen und zu wechseln wie sie wollen. Da
die Themes von Entwicklern und Designern angeboten werden, entsteht ein indirektes Erlösmodell. In diesem Segment stehen auch die Vermarktungserlöse. Wordpress.com schaltet innerhalb der Blogs der Nutzer Werbung, ohne diese an den Erlösen zu
beteiligen. Dafür können die Nutzer die Kernfunktionen des Blogs
kostenlos nutzen.

Zudem werden bestimmte Anwendungen und Services verkauft, unter anderem ein eigener Videoplayer, den Nutzer
auf der eigenen Seite integrieren können und so zum
Beispiel nicht Videos über YouTube in den Blog
integrieren müssen. Zudem können Nutzer
die Werbung auf den Blogs entfer-
nen, müssen aber dafür
zahlen.

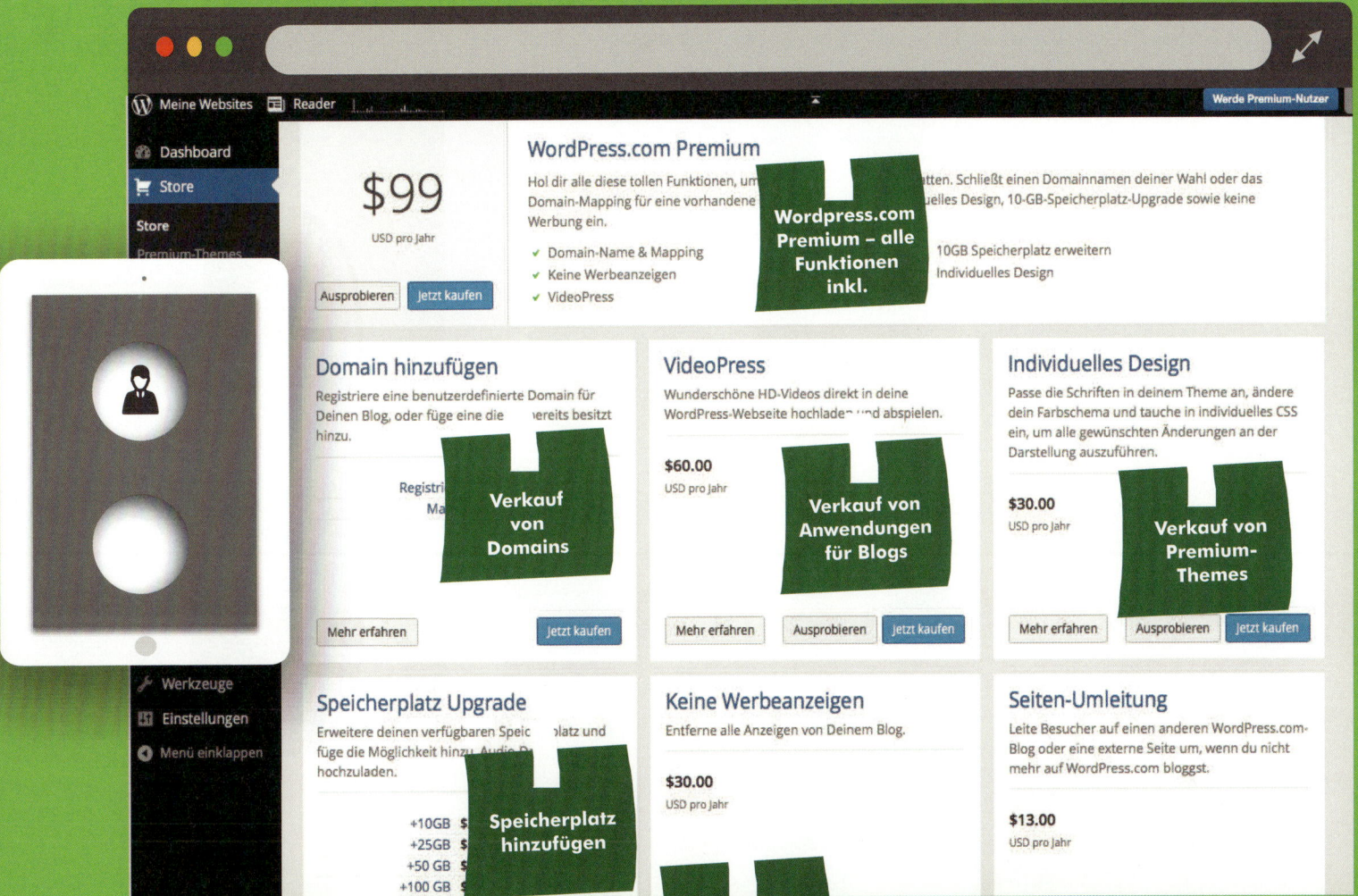

**WordPress.com Premium**

Hol dir alle diese tollen Funktionen, um [...] etten. Schließe einen Domainnamen deiner Wahl oder das Domain-Mapping für eine vorhandene [...] uelles Design, 10-GB-Speicherplatz-Upgrade sowie keine Werbung ein.

$99
USD pro Jahr

✓ Domain-Name & Mapping
✓ Keine Werbeanzeigen
✓ VideoPress

Ausprobieren    Jetzt kaufen

10GB Speicherplatz erweitern
Individuelles Design

> **Wordpress.com Premium – alle Funktionen inkl.**

**Domain hinzufügen**

Registriere eine benutzerdefinierte Domain für Deinen Blog, oder füge die [...] bereits besitzt hinzu.

Registri[...]
Ma[...]

Mehr erfahren    Jetzt kaufen

> **Verkauf von Domains**

**VideoPress**

Wunderschöne HD-Videos direkt in deine WordPress-Webseite hochladen und abspielen.

$60.00
USD pro Jahr

Mehr erfahren    Ausprobieren    Jetzt kaufen

> **Verkauf von Anwendungen für Blogs**

**Individuelles Design**

Passe die Schriften in deinem Theme an, ändere dein Farbschema und tauche in individuelles CSS ein, um alle gewünschten Änderungen an der Darstellung auszuführen.

$30.00
USD pro Jahr

Mehr erfahren    Ausprobieren    Jetzt kaufen

> **Verkauf von Premium-Themes**

**Speicherplatz Upgrade**

Erweitere deinen verfügbaren Speic[...]platz und füge die Möglichkeit hinzu, Audio-D[...] hochzuladen.

+10GB  $[...]
+25GB  $[...]
+50 GB  $[...]
+100 GB  $[...]

> **Speicherplatz hinzufügen**

**Keine Werbeanzeigen**

Entferne alle Anzeigen von Deinem Blog.

$30.00
USD pro Jahr

> **Entfernen von Werbung im Blog**

**Seiten-Umleitung**

Leite Besucher auf einen anderen WordPress.com-Blog oder eine externe Seite um, wenn du nicht mehr auf WordPress.com bloggst.

$13.00
USD pro Jahr

Werde Premium-Nutzer

Meine Websites    Reader

Dashboard
Store
Store
Premium-Themes
Werkzeuge
Einstellungen
Menü einklappen

## 2.5.8 Aufgaben

1. Beschreiben Sie möglichst alle Gratifikationen, die Sie in Bezug zu jeder Performancegruppe erwarten.

2. Ordnen Sie die Gratifikationen Ihren Performancegruppen zu.

3. Versuchen Sie, Leistungen und Gratifikationen gegenüber zu stellen. Das hilft zu sehen, ob genügend Leistungen vorhanden sind, um die Gratifikation zu rechtfertigen.

4. Stellen Sie Ihre gesamten Gratifikationen in der Acht-Felder-Matrix dar und sehen Sie, wo Ihr Fokus bei der Geschäftsmodellentwicklung liegt.

## 2.6 Literatur

Blut, Markus (2008): Der Einfluss von Wechselkosten auf die Kundenbindung, Wiesbaden

Brandenburger, Adam; Nalebuff, Barry (2013): Coopetition – kooperativ konkurrieren. Mit der Spieltheorie zum Geschäftserfolg, Berlin

Dirscherl, Hans-Christian (13.02.2015): So funktionieren die Stauwarnungen von Tomtom Traffic unter: http://www.pcwelt.de/ratgeber/Navigation-So-funktionieren-die-Stauwarnungen-von-Tomtom-HD-Traffic-1005048.html abgerufen am 10.03.2015

Engelhardt, Werner H.; Kleinaltenkamp, Michael; Reckenfelderbäumer, Martin (1993): Leistungsbündel als Absatzobjekte; in: Zeitschrift für betriebswirtschaftliche Forschung, 45. Jg. (1993); S. 395-426

Hoffmeister, Christian (2013); Digitale Geschäftsmodell richtig einschätzen, München

Ihlenfeld, Jens (1.03.2013): Facebook kauft Microsoft Adserver-Technik ab, unter http://www.golem.de/news/atlas-facebook-kauft-microsoft-adserver-technik-ab-1303-97919.html abgerufen am: 23.02.2015

Katz, Michael L./Shapiro, Carl. (1985): Network Externalities, Competition, and Compatibility, in: American Economic Review, 1985, S. 424–440

Kirn, Stefan; Müller-Hengstenberg, Claus D. (7.1.2014): Intelligente (Software-)Agenten: Eine neue Herausforderung für die Gesellschaft und unser Rechtssystem? unter: https://fzid.uni-hohenheim.de/71978.html abgerufen am 17.09.2014

Laux, Henning (2014): Bruno Latours Soziologie der Existenzweisen. In: Lamla/Laux/Rosa/Strecker (Hg.): Handbuch der Soziologie. Konstanz

Max (12.02.2013): Wie funktioniert eigentlich Flightradar24.com? unter http://www.dfs-azu-biblog.de/2013/02/Flightradar24-com/ abgerufen am 30.05.2014

o.V. (22.01.2015) Apple kauft Spezialisten für Musikdaten unter http://www.computerwoche.de/a/apple-kauft-spezialisten-fuer-musikdaten,3092522 abgerufen am 21.03.2015

Bernd W. Wirtz (2011): Medien- und Internetmanagement, Wiesbaden

# TEIL III

# DESIGN
*Wertemechanik*

# Inhalt

257    DESIGN – WERTEMECHANIK

Die

# 6

die Ihre Geschäftsmodell

# FRAGEN

?

architektur beantworten muss

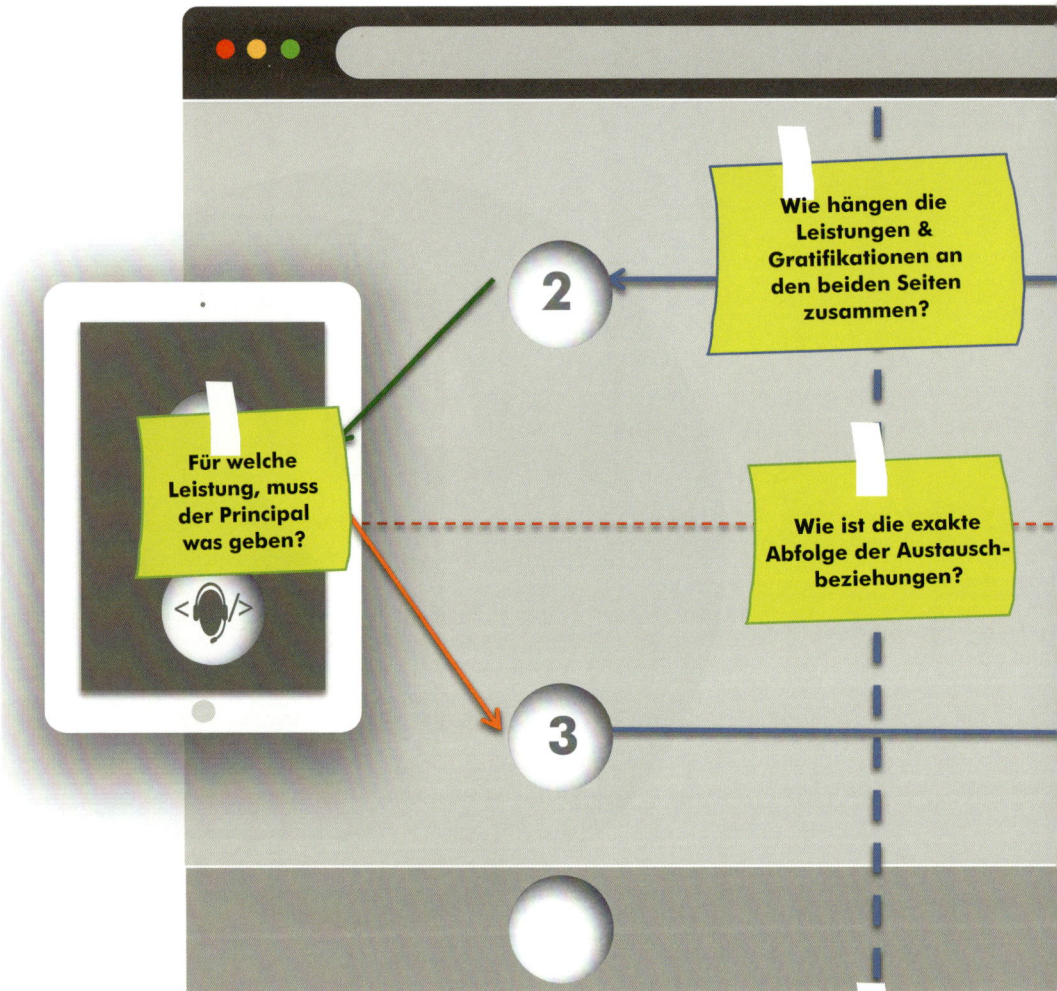

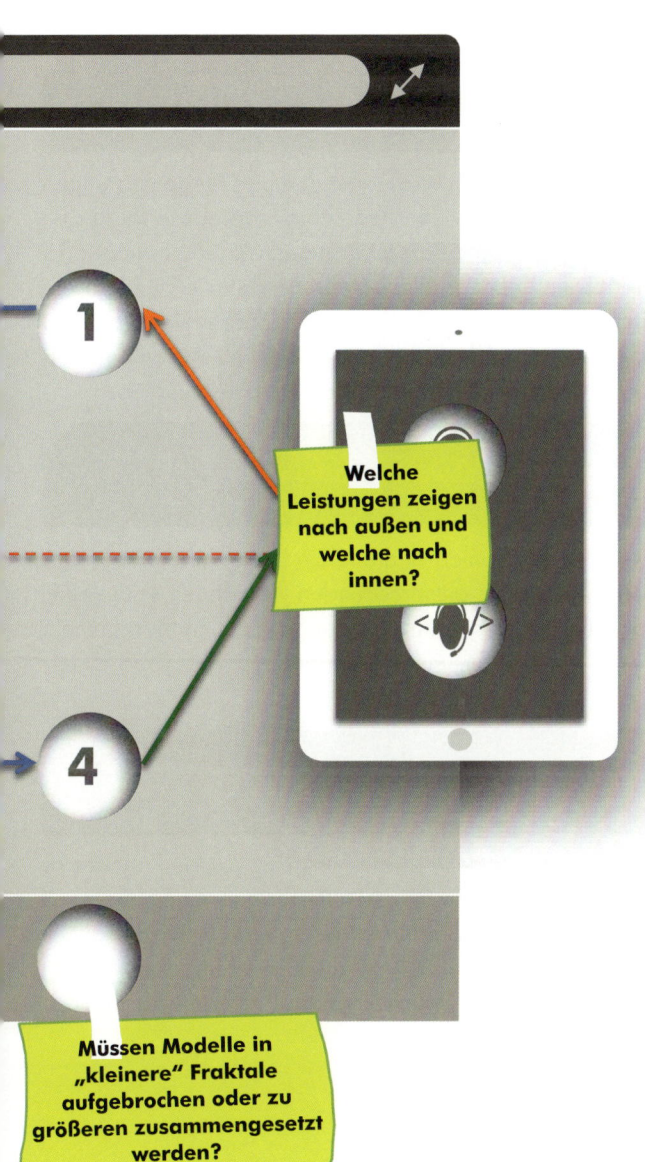

Welche Leistungen zeigen nach außen und welche nach innen?

Müssen Modelle in „kleinere" Fraktale aufgebrochen oder zu größeren zusammengesetzt werden?

Geschäftsmodell-mechanik

 Für welche Leistung muss ein Principal welche Gratifikation geben und für welche Leistung erhält ein Agent welche Gratifikation?

Geschäfte sind Transaktionen, bei denen ein Austausch von Leistungen und Gegenleistungen stattfindet. Diese Wertpaare müssen immer gebildet werden, damit daraus erfolgreiche Modelle entwickelt werden können. Im Rahmen der Konzeption innerhalb des Frameworks beantworten Sie die Frage mit: „Wenn ich Dir X gebe, erhalte ich von Dir dafür Y." Und „Wenn Du mir X gibst, erhältst Du dafür von mir Y." Sie können beliebig viele Paare bilden, so zum Beispiel für jedes Gratifikationsmuster ein entsprechendes Leistungs-Match. Diese Paare bilden Sie an jeder Schnittstelle ab, an der Sie Leistungen und Gratifikationen austauschen.

 Welche Leistungen zeigen nach außen und welche nach innen?

An allen Seiten, an denen Anspruchsgruppen positioniert sind und Sie Leistungen und Gratifikationen aufgeschrieben haben, können Sie nun die entsprechenden Richtungen visuell darstellen. Es können sowohl Leistungen aus der Plattform hinaus, als auch in die Plattform hinein zeigen. Sie müssen für jede Schnittstelle, an der Sie eine Performancegruppe positioniert haben, diese Richtungen bestimmen.

 Wie ist die exakte Abfolge der Austauschbeziehungen?

Ein wesentlicher Erfolgsfaktor digitaler Geschäftsmodelle ist die Fähigkeit, exakte Regelwerke formulieren zu können. Hierbei werden logische Abläufe zwischen Performancegruppen, Leistungen und Gratifikationen gesucht und in einem Ablaufschema beschrieben. Hierbei geht es möglichst um eine „Wenn-dann-Abfolge" und einen zeitlichen Ablauf innerhalb Ihrer Wertearchitektur. Hierbei werden idealtypische Prozesse und Regelwerke gesucht und beschrieben.

**Wie hängen die Leistungen & Gratifikationen an den beiden Seiten zusammen?**

Damit Geschäftsmodelle erfolgreich realisiert und kommuniziert werden können, müssen Sie, wenn Sie an mehreren Seiten Performancegruppe in Ihrer Wertearchitektur berücksichtigt haben, dann auch die Zusammenhänge der verschiedenen Seiten und Schnittstellen darstellen und beschreiben können.

Sie können dies tun, indem Sie für jede Leistung und Gratifikation eine Antwort im Sinne: „Wenn A die Leistung I liefert und B die Leistung I erhält, was bekommt dann A von B?" formulieren. In manchen Fällen muss es keine direkte Verbindung geben. In vielen Fällen hängen beide Seiten direkt voneinander ab, weshalb dann immer eine Antwort gegeben werden muss. Je besser und logischer diese Fragen beantwortet werden können, umso höher wird die Chance auf eine erfolgreiche Umsetzung und später Skalierung des Modells sein.

 **Müssen Modelle in „kleinere" Fraktale aufgebrochen oder zu größeren zusammengesetzt werden?**

Oft stellt sich bei der Konzeption der Mechanik heraus, dass die Zusammenhänge und Abfolgen zu komplex sind. Manchmal stellt sich aber auch heraus, dass die Architektur und die Mechanik zu klein sind, um Wert zu schaffen. Daher muss regelmäßig diese Frage gestellt werden, denn nur wenn Sie diese Frage immer mit „Nein" beantworten können, haben Sie eine perfekte Größe Ihrer Analyse- und Beschreibungsebene gefunden, die Wert schafft, aber auch Klarheit für die Vermittlung an Stakeholder und Performancegruppen erlaubt.

**Ist das alles wiederholbar?**

Erst wenn Sie diese Frage mit einem Ja beantworten können, haben Sie ein digitales Geschäftsmodell. Denn Erfolg hängt davon ab, ob die Logiken tatsächlich technisch so realisiert sind und ob die Transaktionen später dann auch tatsächlich oft genug wiederholt werden können und ob es genügend Akteure gibt, die an den jeweiligen Seiten als Principal und/oder Agents gewonnen werden können.

Die Wertearchitektur bildet statische Elemente, wie Leistungen und Gratifikationen ab. Die Architektur legt aber noch nicht fest, wie die Elemente in Beziehung zueinander stehen. Diese Beziehungen und die zwischen den Elementen ablaufenden Prozesse bilden aber erst die notwendige Mechanik im Sinne einer Interaktion zwischen Akteuren, Leistungen und Gratifikationen des Geschäftsmodellanbieters ab. Erst die Mechaniken zeigen, wie wirklich Wert geschaffen und an welchen Stellen und zwischen welchen Akteuren Werte konkret erfasst werden können.

In diesem Teil der Anwendung des Frameworks geht es daher um die **Entwicklung und Darstellung der Wertemechanik**.

Wir brechen nun die Leistungen und Gratifikationen auf möglichst exakte Beziehungen herunter und suchen logische und wertschaffende Relationen zwischen Akteuren, Leistungen und Gratifikationen in Bezug zu der Plattform.

An dieser Stelle zeigt sich wieder die fraktale Dimension digitaler Geschäftsmodelle, weil Transaktionen nun wieder als Geschäftsmodelle im „Kleinen" verstanden werden können. Hierbei kann es dann auch tatsächlich passieren, dass kleinere Geschäftsmodelle entdeckt werden, die dann als eigene Fraktale herausgelöst und separat weiterverfolgt werden können. Die Beschreibung der Mechanik hilft die To-dos für die nachfolgenden Phasen, wie zum Beispiel die Berechnung des Business Cases und die Festlegung, welche Abfolgen von Nutzern im Rahmen eines Prototypings getestet werden sollen, zu definieren.

Um die Wertemechanik modellieren zu können, sollte der erste Schritt in der Suche und Bestimmung von Richtungen liegen, die aufzeigen, wie Leistungen und Gratifikationen hin zu oder weg von der Plattform laufen können.

 **Info**

*Definition Mechanik*

Hier wird Mechanik im Sinne der Spieltheorie definiert. Dort ist eine Mechanik als ein Satz von Regeln, um Interaktionen zwischen Spielern (Akteuren) zu steuern, beschrieben.[1]

---

[1] unter http://de.wikipedia.org/wiki/Mechanismus-Design-Theorie

Leistungen und Gratifikationen benötigen Richtungen in die sie, bezogen auf die Plattform und die Akteure verlaufen. Die Richtungen legen bei der Modellierung des Geschäftsmodells fest, wer Leistungen erbringen muss, wer welche Leistungen in Anspruch nimmt und auch, wie und mit wem, welche Gratifikationen getauscht werden. Die Richtungen zeigen zudem auf, an welcher Stelle die höchste Interaktionsrate erfolgt und an welcher Stelle die erfolgskritischen Leistungsbeziehungen bestehen. Die Darstellung der Richtungen zeigt auch die Stellung der einzelnen Akteurgruppen zu der Plattform und untereinander auf.

Die Richtungen der Austauschbeziehungen müssen an jeder Schnittstelle des Frameworks angezeigt werden und zu den einzelnen Leistungen und anderen Akteuren auf der Plattform abgebildet werden. Sofern eine Plattform an beiden Seiten Akteure als Kundengruppen platziert hat (z. B. YouTube), dann müssen auch an diesen beiden Stellen Leistungen und Gratifikationen plat-

ziert und in der Richtung bestimmt werden. Wenn eine Plattform mit anderen Geschäftsmodellen eine Kopplung eingeht (ebenfalls YouTube), dann müssen auch an dieser Stelle Leistungen und Gratifikationen platziert und in deren Richtung bestimmt werden.

Bei Komplementoren kann es manchmal auch zu Richtungsverläufen und Austauschbeziehungen kommen. In diesem Fall sollten auch hier die Richtungen bestimmt werden. Dies ist allerdings abhängig davon, wie stark die Komplementoren tatsächlich in die Leistungen integriert werden.

An dieser Stelle sind dann allerdings die Übergänge zu Geschäftsmodellkopplungen fließend, da die Abgrenzung zwischen Komplementor und Geschäftsmodellpartner nicht trennscharf sein kann.

Die Dynamik von Leistungen und Gratifikationen können dabei jeweils in zwei grundlegende Richtungen verlaufen:

- aus der Plattform heraus (inside-out),
- in die Plattform hinein (outside-in)

### 3.1.1  Inside-out

Leistungen können von innen und damit aus der Plattform nach außen zu einer Performancegruppe verlaufen. Hierbei werden Leistungen einer Gruppe zur Verfügung gestellt, die dann von dieser genutzt werden können. Auch Gratifikationen können von innen nach außen weisen. So weist bei einer Vermittlung von Leistungen, bei der die Plattform das Geld zum Beispiel einzieht und dann an den eigentlichen Auftragnehmer weitergibt, von innen nach außen.

### 3.1.2  Outside-in

Jede Leistung und jede Gratifikation kann auch immer in Richtung der Plattform weisen. Hierbei werden Leistungen und Gratifikationen aus Sicht des Geschäftsmodellanbieters erfasst und dann entweder einbehalten oder weitergegeben an eine andere Schnittstelle. Wenn Akteure zum Beispiel Geld für die Nutzung einer Leistung an die Plattform zahlen, ist es eine nach innen gerichtete Gratifikation.

 **Merke!**

Erst die Richtungen von Leistungen und Gratifikationen zeigen, wie Wert geschaffen und unter Performancegruppen verteilt und ausgetauscht wird.

# 99designs

## Richtungsverläufe bei 99designs

Sehen wir uns eine Plattform wie 99designs an. 99designs vermittelt Grafikdesigndienstleistungen zwischen Auftraggebern von Grafikprojekten und Designern über eine Art Kreativwettbewerb. Designer können zu einem definierten Auftrag fertige Designvorschläge einreichen und der Auftraggeber kann am Ende einen Designer zu einem vorher definierten Preis als Gewinner bestimmen. Dieser erhält dann die Summe ausbezahlt und der Auftraggeber erhält dafür die Designs als offene Dateien.

Analysiert man nun das Gratifikations- und Leistungsmodell, entsteht eine Mechanik, die aus Richtungen besteht. Erst aus der Abbildung der Richtungen und deren Verläufen kann nun das Geschäftsmodell als Ganzes verstanden werden.

Bei 99designs ist zu erkennen, dass beide Seiten einen hohen eigenen Leistungsanteil einbringen müssen, damit das Modell funktioniert.

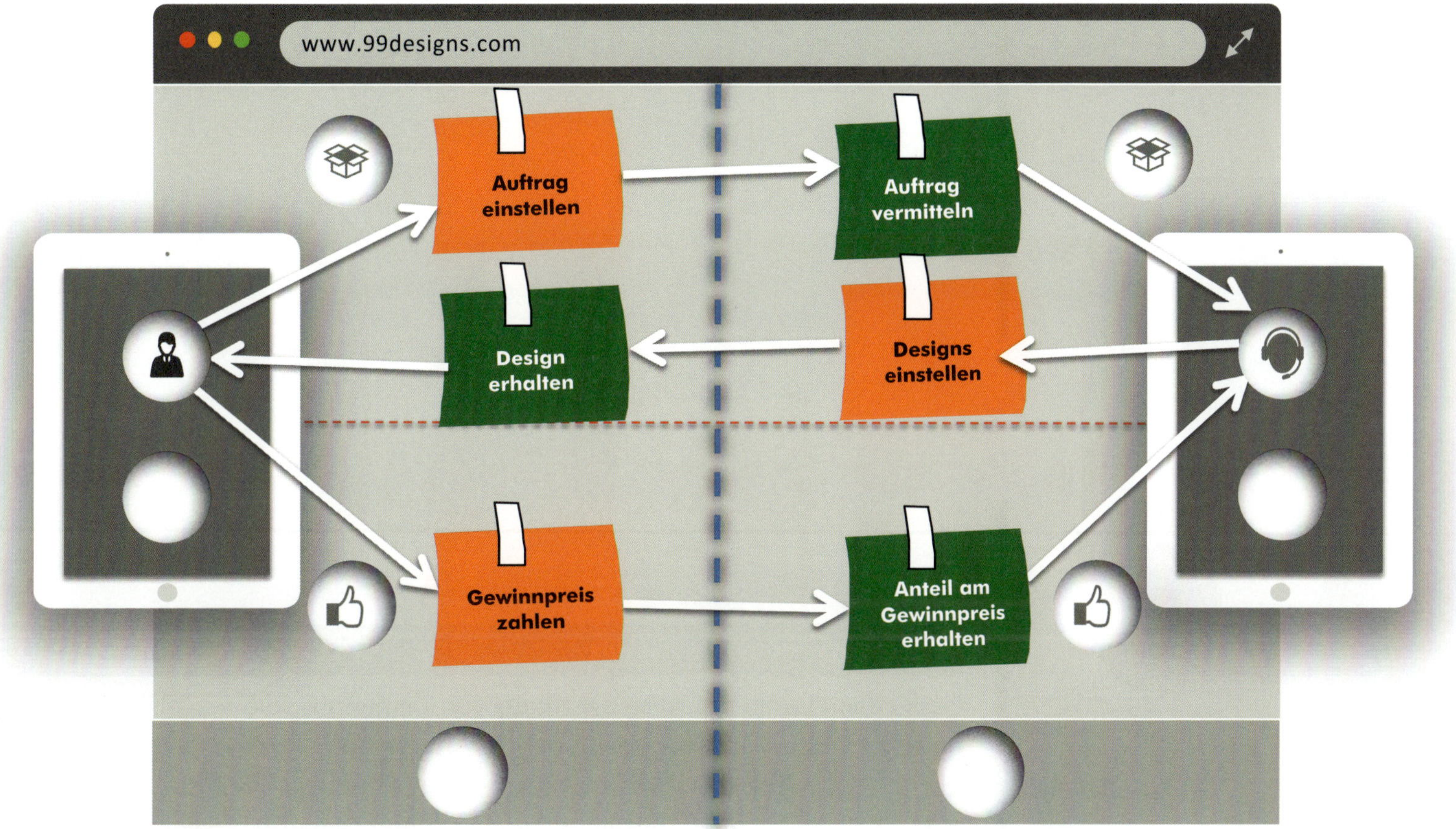

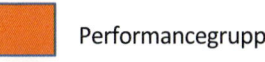

www.99designs.com

| | |
|---|---|
| Auftrag einstellen | Auftrag vermitteln |
| Design erhalten | Designs einstellen |
| Gewinnpreis zahlen | Anteil am Gewinnpreis erhalten |

Performancegruppe muss leisten

Performancegruppe erhält

Netflix

## Richtungsverläufe bei Netflix

Netflix bietet unbegrenztes Streaming von Filmen an, die vor allem aus den großen Filmstudios (vorwiegend den USA) kommen. Dafür erwirbt Netflix eine Lizenz für das Anbieten der Filme über das Internet. Die Streamer, also diejenigen, die diese Filme ansehen, zahlen dafür eine monatliche Pauschale (Subscription-Modell), egal wie viele Filme sie streamen.

Bei Netflix sieht man auch, dass es keine direkte technische und synchrone Verbindung zwischen beiden Seite geben muss. Die Seiten können im Rahmen der Transaktionsgestaltung getrennt betrachtet werden.

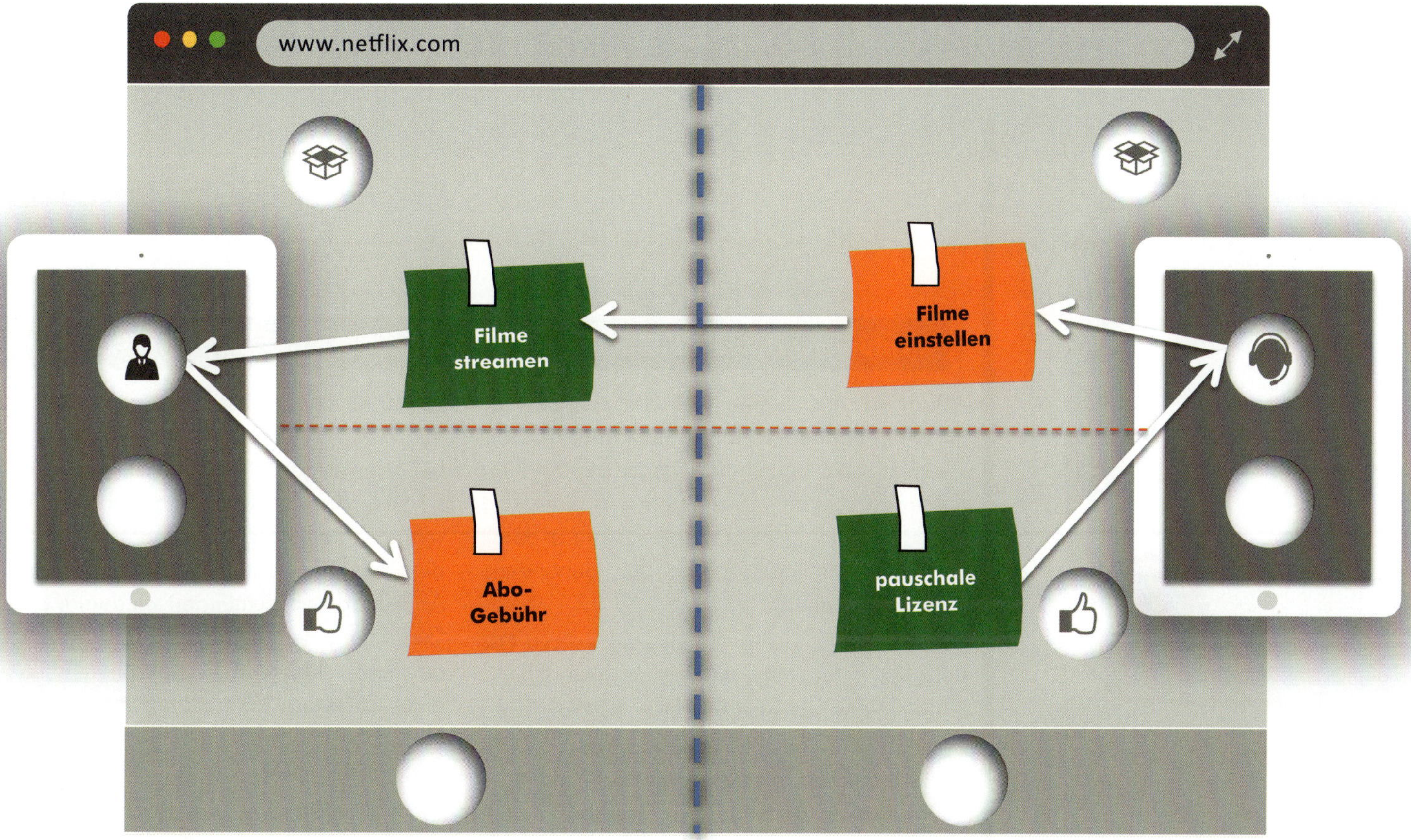

www.netflix.com

Filme
streamen

Filme
einstellen

Abo-
Gebühr

pauschale
Lizenz

 Performancegruppe muss leisten

Performancegruppe erhält

Booking

## Richtungsverläufe bei Booking.com

Booking.com ist eine Buchungsplattform für Hotels. Kunden können nach freien Hotels suchen und bekommen dann die zu ihrer Anfrage passenden Angebote inkl. Preis und Ausstattung angezeigt. Booking.com ist damit eine Vermittlungsplattform für gebundene Dienstleistungen.

Booking.com reicht Buchungen weiter. Die Bezahlung und die Abwicklung der Bezahlung erfolgt immer direkt über das Hotel und den Kunden (Bucher). Es gibt damit aus Sicht von Booking.com keine direkte monetäre Gratifikationsbeziehung zwischen dem Bucher und der Buchungsplattform (wobei es auch Fälle gibt, bei denen die Bezahlung über booking.com läuft, diese werden hier nicht dargestellt). Die Kundendaten sind die eigentliche Gratifikation, durch die das Geschäft überhaupt stattfinden kann. Wür-

den die Bucher nur bei Booking.com nachsehen, welche Hotels frei sind und dann direkt beim jeweiligen Hotel buchen, dann würde Booking.com keine Provision erhalten. Diese wird aber dadurch garantiert, dass Booking.com die Daten der Kunden erfasst. Daher hilft die Abbildung der Richtungen wiederum bei der Gestaltung der Leistungen, da hier erkennbar wird, dass eine Kooperation im Sinne einer direkten Kontaktaufnahme zwischen Hotel und Interessent erschwert oder verhindert werden muss.

Die Aktualisierung der Hoteldaten erfolgt dabei über einen Softwareagenten, der in den meisten Fällen nicht von Booking.com zur Verfügung gestellt wird, sondern die Buchungssysteme der Hotels leisten dies selbst und der Agent wird dann an die passende Schnittstelle der Plattform angedockt.

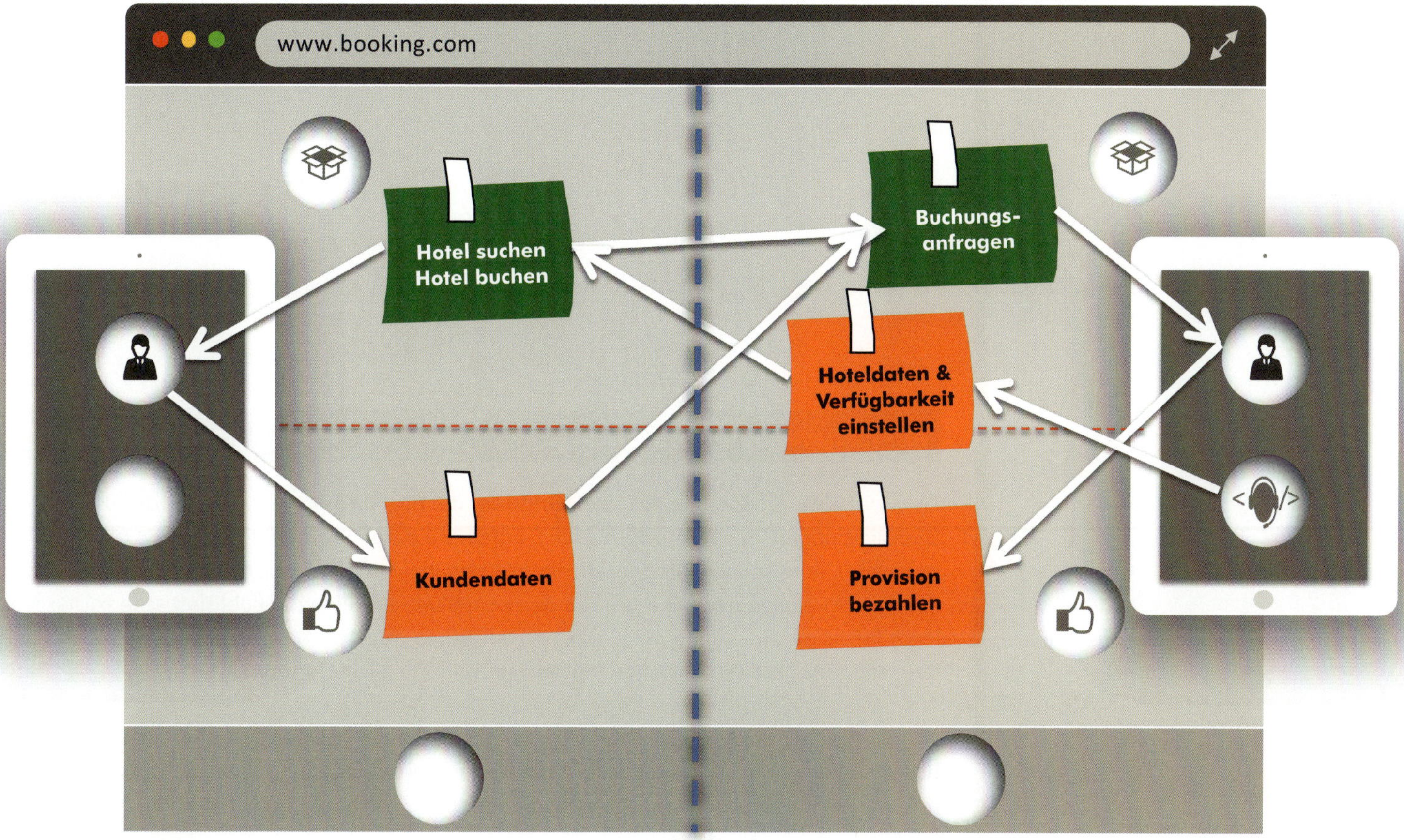

Performancegruppe muss leisten

Performancegruppe erhält

ZANOX

## Richtungsverläufe bei ZANOX

Zanox ist eine sogenannte Affiliate-Plattform, die für Werbekunden (Advertiser) Produkte und Dienstleistungen im Internet vermarktet, indem sie deren Werbemittel sogenannten Publishern anbietet. Die Publisher integrieren die Werbemittel auf den eigenen Websites und im Falle einer erfolgreichen (technischen) Kundenvermittlung erhalten die Publisher eine vorher festgelegte Provision pro Kunde oder pro Verkauf (siehe dazu auch das Kapitel „Was bringt es?"). Konzeptionell gesehen bestehen hierbei nur marginale Differenzen zu einem AdServer-Modell.

Zanox ist ein typisches Beispiel, an dem an beiden Seiten Principals platziert sind, da der Erfolg beider Seiten unmittelbar von den Akteuren und deren Beziehungen selber abhängt. Der operative Geschäftsablauf findet dabei dann aber über Softwareagenten statt, die Zanox auch als Kernleistung beiden Seiten anbietet.

Damit das Geschäft funktioniert, muss genug Inventar zur Vermarktung zur Verfügung stehen und umgekehrt müssen genügend Werbemittel oder -kampagnen bereitstehen, aus denen dann der Publisher auswählen kann. Bei einer erfolgreichen Vermittlung zahlt denn der Advertiser und die Ausschüttung erfolgt an den Publisher.

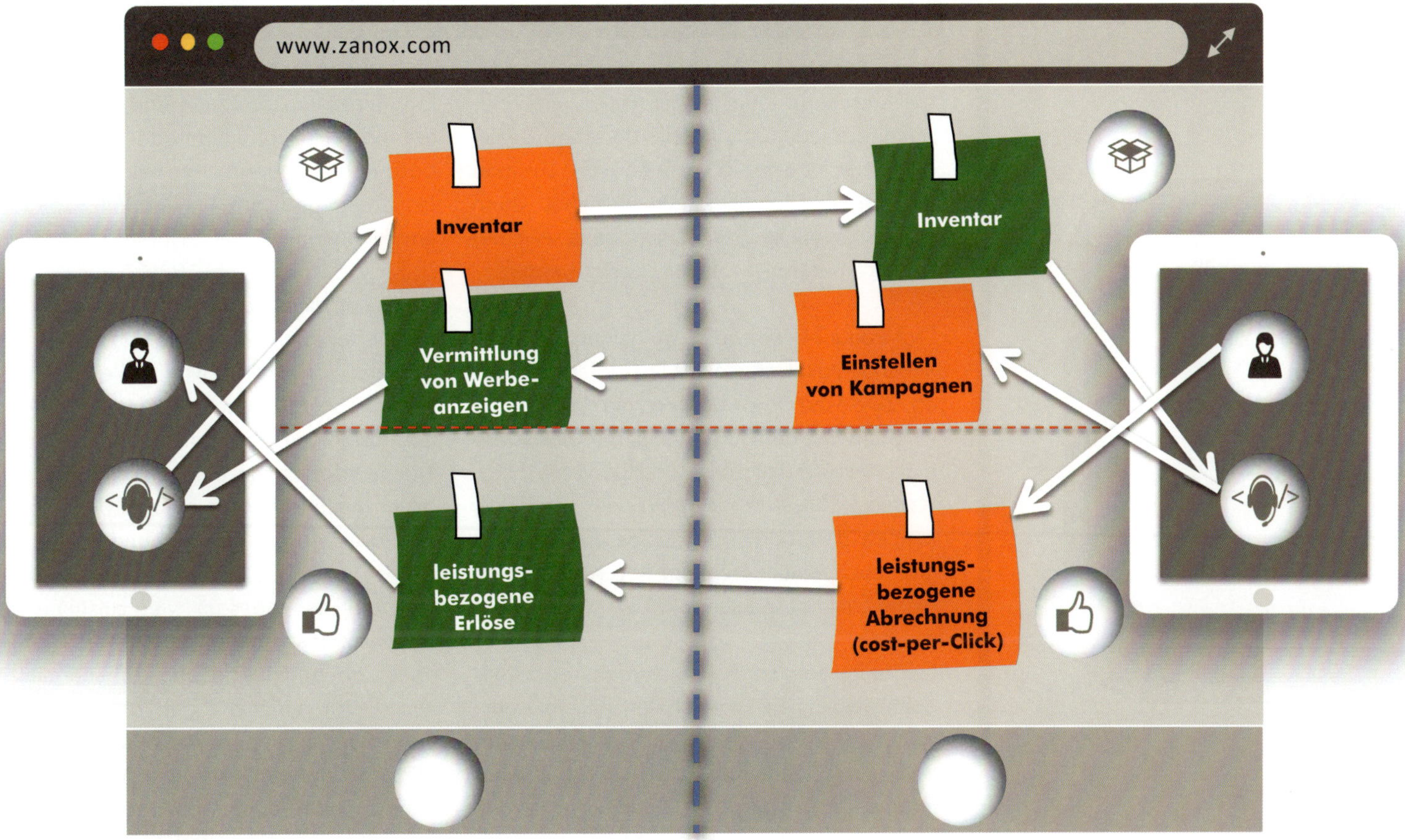

www.zanox.com

Inventar

Inventar

Vermittlung von Werbe-anzeigen

Einstellen von Kampagnen

leistungs-bezogene Erlöse

leistungs-bezogene Abrechnung (cost-per-Click)

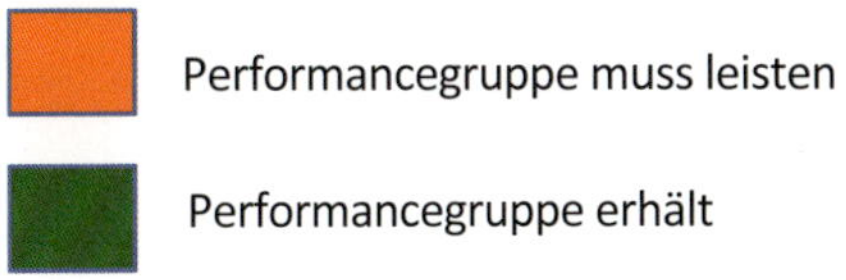

Performancegruppe muss leisten

Performancegruppe erhält

Flightradar24

## Gekoppelte Modelle: Beispiel Flightradar24.com

Wenn das eigene Geschäftsmodell mit anderen Geschäftsmodellen gekoppelt wird, entstehen an jeder Schnittstelle derartige Beziehungsmuster und Richtungen von Leistung und Gratifikation. Dadurch entstehen dann schnell komplexe Geschäftsmodelle. Anhand von einem Beispiel soll das gezeigt werden.

Flightradar24.com zeigt auf einer Karte im Sekundentakt Daten eines Passagierflugzeugs an. Zu diesen Daten gehören die Position, die Flugnummer, der Flugzeugtyp, die Geschwindigkeit, sowie Flughöhe und geplante Flugrichtung. Nutzer der Website oder von Apps, können diese Daten kostenlos einsehen (es gibt auch einen Premium-Account, der an dieser Stelle ausgeblendet wird).

Flugzeuge senden diese Daten an Radarstationen über einen sogenannten ADS-B-Transponder (ADS-B steht für Automatic Dependent Surveillance-Broadcast), der auf einer Frequenz von 1090 MHZ sendet. Für den Empfang dieser Frequenz, gibt es inzwischen auch handelsübliche Empfänger, die an jeden Computer angeschlossen werden können.

Damit die Daten empfangen und dann dargestellt werden können, muss es möglich sein, diese über ein Netzwerk von ADS-B-Empängern zu sammeln und dann auf Karten darzustellen. Flightradar24.com stattet dazu unter anderem User mit der passenden Hard- und Software aus und kann so an vielen Punkten die Daten erfassen.

Damit nun diese Daten dargestellt werden können, benötigt Flightradar24.com einen Anbieter von Karten (wie sollte es anderes sein: Google) und da die Kunden das Angebot kostenlos nutzen sollen, wird zudem das eigene Modell mit einem Vermarktungsanbieter (auch in diesem Fall mit der AdSense-Plattform von Google) verbunden.

Nun gibt es insgesamt vier Leistungs- und Gratifikationsmodelle, die zum Teil voneinander abhängig sind und aufeinander wirken. Denn nur wenn genügend Flugdaten dargestellt werden, ist das Modell für Nutzer attraktiv. Nur wenn es viele nutzen, können Vermarktungserlöse generiert werden und nur wenn diese hoch sind, kann das Angebot kostenlos bleiben.

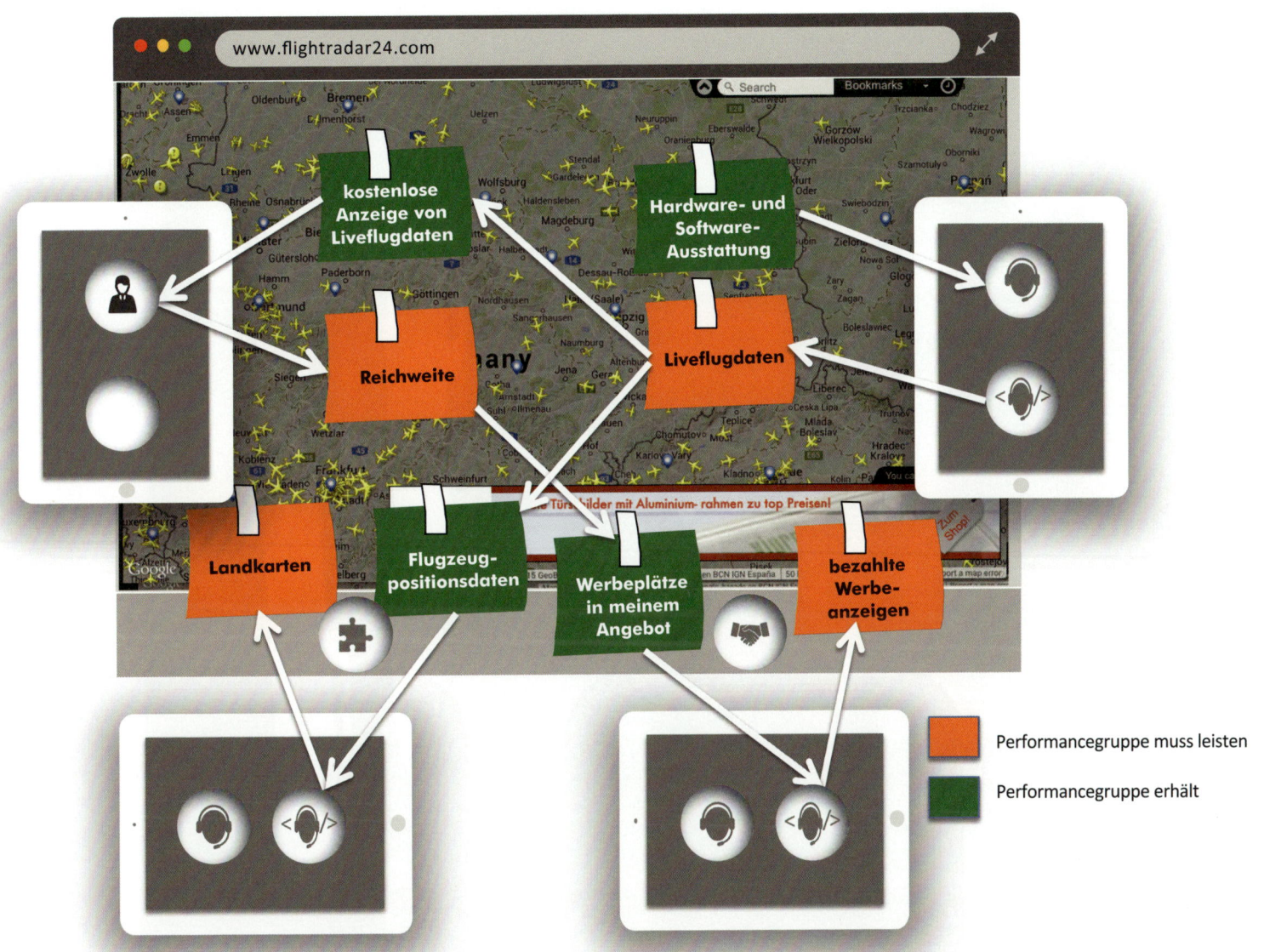

Performancegruppe muss leisten

Performancegruppe erhält

### 3.1.4 Aufgaben

1. Schreiben Sie an jeder Schnittstelle auf, was Sie von den Akteuren benötigen und was Sie dafür bereit sind zu geben.

2. Zeigen Sie auf, welche Leistungen aus dem Framework hinauszeigen und welche nach innen gerichtet sind.

3. Verbinden Sie die einzelnen Schnittstellen und die Leistungen untereinander und stellen Sie die grundlegende Mechanik Ihres Modells dar.

4. Nehmen Sie verschiedene Betrachtungsstandpunkte ein und versuchen Sie, aus der jeweiligen Perspektive Leistungen und Gegenleistungen zu beschreiben.

5. Stellen Sie dar, was ein Anwender selbst leisten muss, um eine Leistung in Anspruch zu nehmen oder auch, um eine Gratifikation zu „geben".

6. Prüfen Sie, ob einzelne Leistungs-Gratifikations-Bundels nicht besser als eigenständige Geschäftsmodelle konzeptioniert werden sollten.

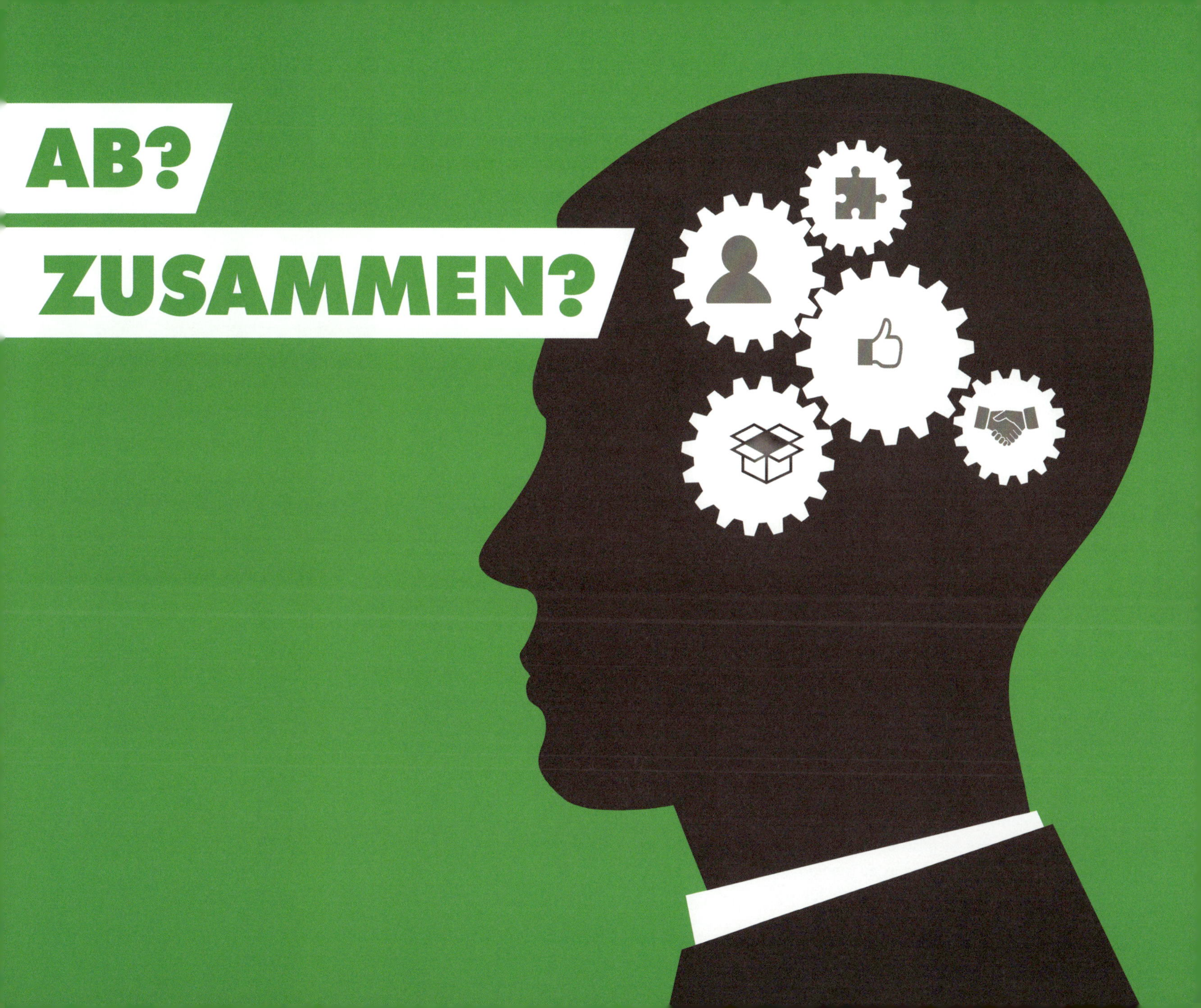
AB?
ZUSAMMEN?

Transaktionen sind Abfolgen, die festlegen, wie Interaktionen zwischen Akteuren und der Platt-form ablaufen, um Funktionen auszuführen oder Leistungen zu übertragen. Deswegen können Transaktionen auch synonym als Regelkreise oder im Sinne der Spieltheorie als **„Spielzüge nach festgelegten Regeln"** bezeichnet werden.

Nachdem zuvor die Richtungen von Leistungen und Gratifikationen bestimmt wurden, geht es bei der Gestaltung von Transaktionen zuerst einmal darum, möglichst geschlossene und von-einander abhängige Regelkreise zu suchen, zu finden und zu bestimmen. Es wird nach einer zusammenhängenden Logik gesucht.

## 3.2.1 Transaktionselemente

Transaktionen können durch vier Elemente bestimmt werden:

1. Eine Transaktion hat einen eindeutigen Startpunkt.
2. Eine Transaktion hat eine Logik, die durch Schritte abbildbar ist.
3. Eine Transaktion hat einen definierten Endpunkt.
4. Eine Transaktion erzielt eine Wirkung, die zwischen Start- und Endpunkt erzeugt wird und sich auf die an der Transaktion beteiligten Akteure bezieht.

Die Wirkungen können aus Sicht aller transak-tionsbeteiligten Gruppen beschrieben werden. Besonders wichtig ist zu berücksichtigen, dass der Geschäftsmodellbetreiber immer die gestaltende Partei ist (also in dem Falle Sie), der die Regeln festlegt, die zu dervon ihm erwarteten Wirkung (= Gratifikation) führen.

Idealerweise gestalten Sie die Regeln so, dass sich die Werte aller Performancegrup-pen in eine positive Richtung verändern, wenn diese Ihren Regeln folgen.

Geschäftsmodelle funktionieren daher auch immer nur auf dieser Modellierungsebene. Weil erst durch Transaktionen, die konkreten Werte ausgetauscht (zum Teil erst geschaffen) und für jede Gruppe erfasst werden können.

Um Transaktionen zu gestalten, müssen daher logische Einheiten gebildet werden, die sequenziell zusammenhängen und durch deren Ablauf eine Wirkungen erzeugt wird. Die Wirkung stellt für Sie immer eine Gratifi-kation dar.

**Info**

*Spieler oder Gestalter?*
Wenn Sie die Regeln einer Transaktion nicht bestimmen können, dann sind Sie Spieler auf dem Spielfeld eines ande-ren Geschäftsmodellanbieters – aber haben an dieser Stelle selbst kein Geschäftsmodell. Um ein Geschäftsmodell „zu haben", müssen Sie der Spiel-gestalter sein, der die Spielzüge zu seinen Gunsten definiert.

In dieser Phase werden nun Akteure, Leistungen und Gratifikation miteinander verbunden und dann in einen Ablauf überführt.

Transaktionen können auch anhand einer Tabelle dargestellt werden. Diese soll helfen, drei der vier Punkte einer Transaktion darzustellen und zu formulieren. Lediglich der konkrete Ablauf muss eigenständig abgebildet werden.

| Transaktion | Startpunkt | Endpunkt | Wertveränderung Performance-gruppe A | Wertveränderung Performance-gruppe B | Wertveränderung aus Sicht des Geschäftsmodellanbieters |
|---|---|---|---|---|---|
| **Taxibestellung** | Taxi suchen | Fahrer bestätigt Fahrt | Taxi gefunden | Auftrag erhalten | Z. B. Umsatz pro Vermittlung |
| **Taxifahrt bezahlen** | Fahrer gibt Preis ein | Zahlung bestätigt | Schnelle Bezahlung | Geld erhalten | Umsatzanteil am Fahrpreis |
| **Daten nutzen** | Flugdaten suchen | Click auf Werbemittel erfolgt | Daten kostenlos erhalten | Visits erhalten | Umsatz pro Click |
| **Hotel buchen** | Suchanfrage eingeben | Buchungs-bestätigung erhalten | Einfache Buchung | Buchung erhalten | Umsatz pro Vermittlung |

Aus dieser Modellierung heraus ist die gesamte Wertemechanik eines Geschäftsmodells (egal in welcher Komplexität) beschreibbar. In Summe ergeben sich daraus auch die Ertragsströme, die sich immer aus …

### *Leistung x Gratifikation x Häufigkeit der Transaktion*

… ergeben (siehe dazu auch das folgende Kapitel „Kann Erfolg wiederholt werden?"). Diese spielen bei der Kalkulation eines Business Cases eine entscheidende Rolle.

Neben der Darstellung der vier Elemente, können Transaktionen noch unterteilt werden in den Bezug, den Sie zu Objekten und anderen Gruppen im Framework aufbauen. Zum einen können sich Transaktionen auf die Leistungen des eigenen Angebotes beziehen, in dem Fall dann auf Objekte, wie zum Beispiel Daten und Dateien. Aber die Transaktionen selber können auch die Leistung des Geschäftsmodellanbieters darstellen. Der Wert der Plattform ergibt sich für die Anwender aus der Transaktion selbst.

Netflix ist im Wesentlichen der erste Fall. MyTaxi bildet den zweiten Fall ab, weil die Leistung von MyTaxi in der reinen Strukturierung der Abläufe zwischen den beiden Akteuren besteht.

## ✂ Schnittstelle

### *Business Case*

Erst an dieser Stelle macht es Sinn einen Business Case zu erstellen, weil nun die einzelnen Wertströme detailliert und genau berechnet und in Bezug zueinander gestellt werden können. Der Business Case muss zwingend die Logik der Wertemechanik abbilden, weil daran Umsatz und zum Teil auch die Kosten hängen. Aus diesem Grund werden bei der Geschäftsmodellierung auch die Umsatz- und Kostenplanung vernachlässigt, weil diese eine Ableitung aus dem Geschäftsmodellkonzept darstellen.

## 3.2.2 | Transaktionsbezug

Transaktionen müssen also immer einen Bezug zu „Etwas" oder „Jemanden" haben. Dieses „Etwas" oder dieser „Jemand" kann in zwei typische Transaktionsmuster übertragen werden, und zwar in leistungsorientierte und funktionsorientierte Transaktionen.

### Leistungsorientierte Transaktionen

Transaktionen können sich auf Objekte beziehen, die innerhalb der Plattform als Ware oder Leistung angeboten werden. Hierbei müssen im Falle, dass der Geschäftsmodellanbieter zwei Kundengruppen bedient, keine direkten Beziehungen zwischen den beiden Gruppen hergestellt werden. Diese sind in der Konzeption einfacher, weil sie erst einmal relativ unabhängig von den einzelnen Akteurgruppen an den beiden Seiten des Modells geplant werden können. Leistungsorientierte Transaktionen finden auf Plattformen wie YouTube oder Netflix, Amazon oder iTunes statt. Bildet man zum Beispiel ein Angebot wie Netflix ab, dann würden sich durch Transaktionen Muster in Form von Verbindungen zu Filmen ausbilden.

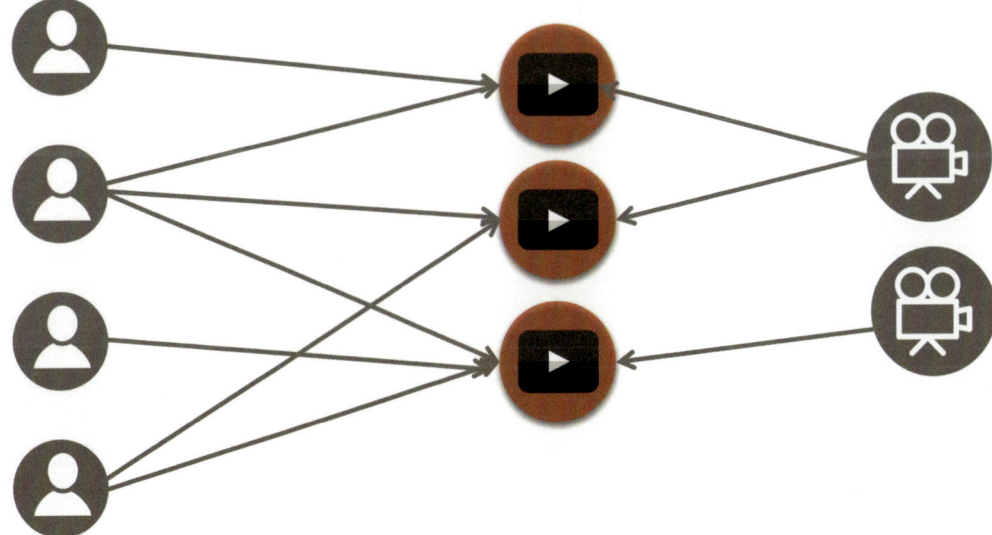

*Wenn ein Nutzer bei Netflix Filme ansieht, baut er durch die Transaktion technische Verbindungen zu den Filmen auf. Damit gibt es nur eine indirekte Beziehung zwischen dem Nutzer und einem Filmverleiher/Anbieter.*

# Funktionsorientierte
# Transaktionen

## Funktionsorientierte Transaktionen

Bei funktionsorientierten Transaktionen wird ein Ablauf beschrieben, der zugleich auch die Leistung des Geschäftsmodellanbieters darstellt. Ein Beispiel für dieses Transaktionsmuster sind Anbieter, die es ermöglichen zum Beispiel die Bewegungsaktivitäten zu tracken. Hierbei wird der gesamte Prozess modelliert, der nötig ist, die Software zu erhalten, zu installieren und dann im Operativen durch einen Akteur zu nutzen. Diese Transaktionen sind die Leistungen der Anbieter.

Auch wenn Geschäftsmodellanbieter Dienstleister (z. B. Hotels) mit den Nachfragern nach diesen (Hotelgäste) verbinden, sind Transaktionen die eigentliche Leistung des Geschäftsmodells und die Durchführung der Transaktionen schafft für beide Seiten Wert.

Es geht darum, Anbietern und Nachfragern Funktionen zur Verfügung zu stellen, die es ermöglichen, die Leistungen der beiden Performancegruppen zu verbinden und auszutauschen.

Bei der Plattform MyTaxi erhält der Fahrgast eine Funktion, um seinen Standort zu ermitteln, dann eine um das Taxi zu bestellen und der Taxifahrer erhält etwas andere Funktionen, die es ihm ermöglichen, Anfragen anzunehmen.

Bildet man diese Transaktionen ab, dann bildet sich ein Ablaufmuster aus, bei dem die Akteure im Rahmen der Leistungsnutzung miteinander zeitgleich oder asynchron in Verbindung stehen.

### Info

### *Transaktionsfraktale*

Hier zeigt sich wieder die fraktale Struktur, weil theoretisch jede Transaktion für sich ein eigenes Geschäftsmodell begründen könnte. Bei der Konzeption ist dabei immer darauf zu achten, wie viele Transaktionen zu einem Transaktionsbündel zusammengeführt werden müssen, damit ein Wert aus Sicht des Modellanbieters entsteht und erfasst werden kann.

Fahrgast stellt Anfrage — 01

02 — Taxifahrer bestätigt Anfrage

Fahrgast erhält Bestätigung — 03

04 — Taxifahrer bestätigt Ankunft

Fahrgast steigt ein — 05

06 — Taxifahrer bestätigt Einstieg

*Eine Taxibestellung löst eine temporäre Interaktion zwischen den Akteuren aus. Die Plattform muss diese Interaktionen ermöglichen und fasst diese zu einer Transaktion zusammen. Diese stellt dann die Leistung von MyTaxi dar, mit der auch aus Sicht von MyTaxi der Wert erfasst wird.*

Um Transaktionen darzustellen, werden an dieser Stelle einige der Beispiele, bei denen schon die Richtungen bestimmt wurden, fortgeführt. Die Richtungen müssen nun in eine Logik überführt und in eine Abfolge gebracht werden. Dafür müssen aus den gesamten Verbindungen einzelne Transaktionen herausgeschnitten werden. Deswegen werden hier nur einzelne „Transaktionen" aus den Beispielen abgebildet, die geschlossene Logiken beschreiben.

**Transaktion Netflix.com**

Netflix hat eine relativ einfache (Kern-)Transaktion auf der Seite der Principals. Nutzer melden sich an, müssen ihre Zahldaten eingeben (01) und können dann Filme einen begrenzten Zeitraum kostenlos streamen (02). Nachdem die kostenlose Phase abgelaufen ist, wird eine Gebühr erhoben (03), sofern der Kunde nicht kündigt, kann er weiter streamen (04).

Diese Transaktion ist auf der Seite des Principals aus Sicht von Netflix die wertschaffende Mechanik. Diese kann dann in einer Phase des Prototyping erst einmal realisiert und getestet werden.

Damit bauen sich aus Sicht von Netflix Beziehungen der Kunden zu den Filmen auf. Diese werden wiederum genutzt, um die Auswahl an die Bedürfnisse des Nutzers anzupassen.

Diese Transaktionsform kann auch als Matchmaking-Muster (siehe Kapitel 3.2.4) bezeichnet werden.

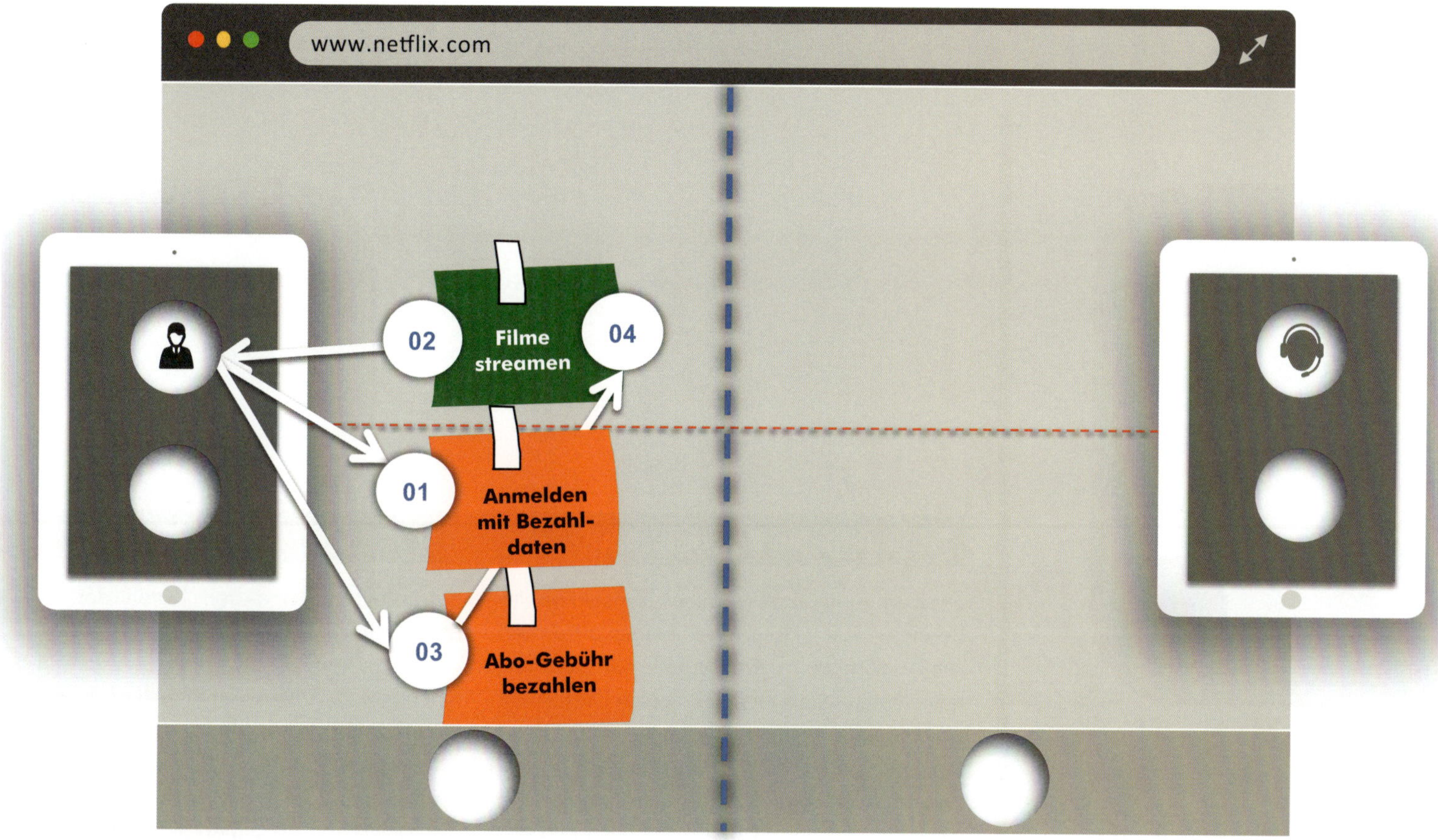

www.netflix.com

02

**Filme streamen**

04

01

**Anmelden mit Bezahl- daten**

03

**Abo-Gebühr bezahlen**

Performancegruppe muss leisten

Performancegruppe erhält

Booking

## Transaktionen Booking.com

Skizziert man eine typische Transaktion im Bereich von Hotelvermittlungsplattformen wie booking.com, dann erhält man den dargestellten Transaktionsprozess. Dieser ist schon relativ komplex, weil nun eine direkte Beziehung über die Plattform hergestellt werden muss. Damit das funktioniert, müssen die aktuellen Verfügbarkeits- und Preisdaten der Hotels vorhanden sein (01), weshalb man diese Transaktion an dieser Stelle beginnen kann. Nur dann ist es möglich, dass ein Principal nach den aktuellen Verfügbarkeiten und Preisen sucht (02), die dann als Ergebnis dargestellt und mit den Daten der Hotels „gematched" werden (03).

Nach den Schritten vier und fünf erhält der Hotelzimmerbucher dann eine Bestätigung (06) und die Plattform die Provision (07). An dieser Stelle ist die gesamte Transaktion abgeschlossen. Beachten Sie, dass es immer auch eine subjektive Beurteilung ist, wann man eine Transaktion als geschlossen betrachtet. In diesem Beispiel könnte die Transaktion auch an Schritt 06 enden.

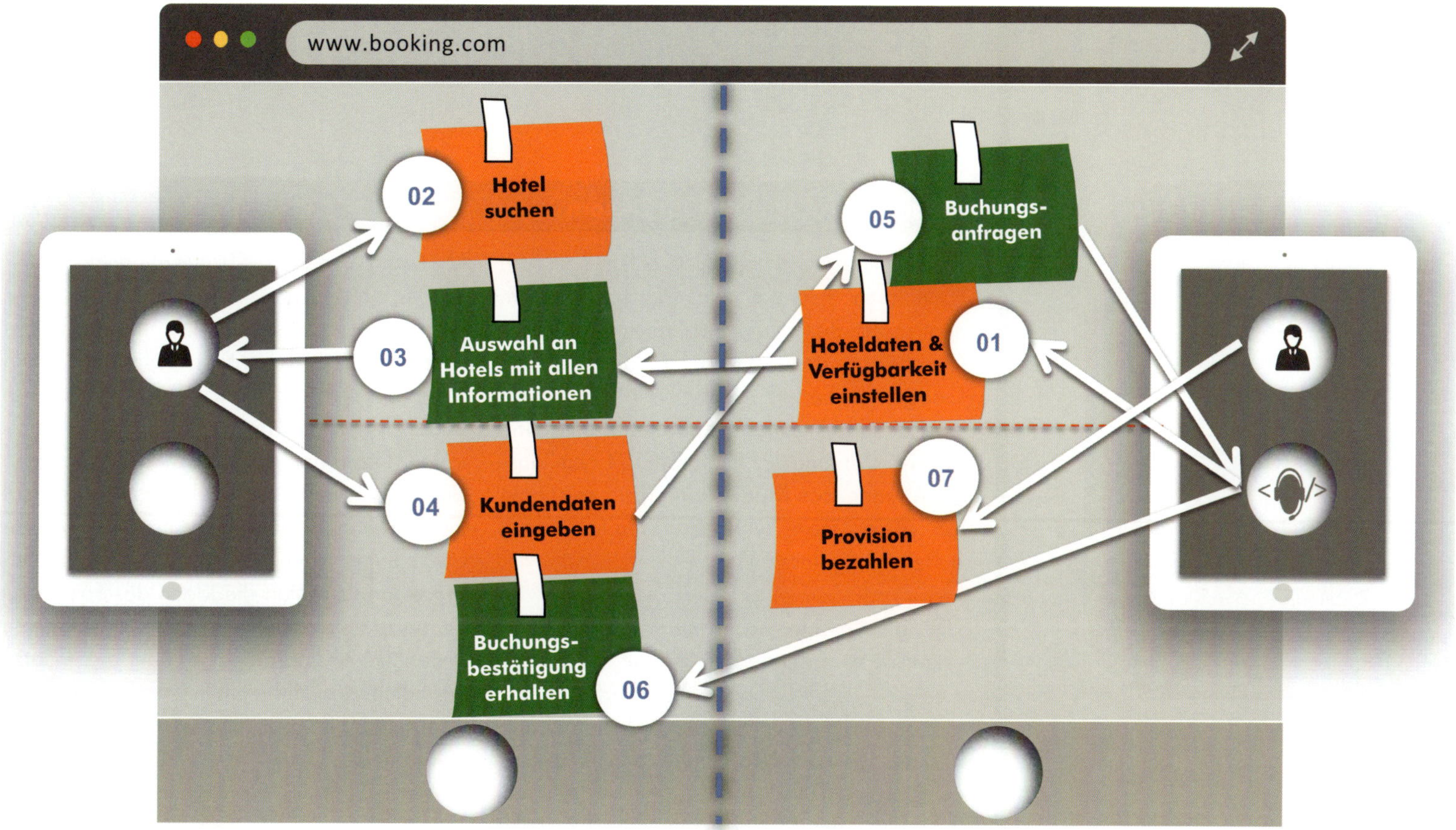

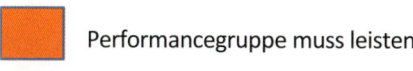

www.booking.com

02 **Hotel suchen**

05 **Buchungs-anfragen**

03 **Auswahl an Hotels mit allen Informationen**

**Hoteldaten & Verfügbarkeit einstellen** 01

04 **Kundendaten eingeben**

07 **Provision bezahlen**

**Buchungs-bestätigung erhalten** 06

Performancegruppe muss leisten

Performancegruppe erhält

## Transaktion Flightradar24.com

Die eigentlich wertschaffende Mechanik bei dem kostenlosen Angebot von Flightradar24.com liegt in der Beziehung der Principals zu dem Geschäftsmodellpartner (in diesem Fall Google AdSense). Nur wenn genügend Transaktionen zustande kommen, die eine positive Wirkung für Flightradar24.com ausüben, kann das Modell langfristig existieren (an dieser Stelle wird das Premiummodell außer Acht gelassen).

Die gewünschte Transaktion kann dabei ungefähr so beschrieben werden:

- Nutzer (= Principal) ruft Website auf und möchte kostenlose Daten der Flugzeuge abrufen (01).
- Durch die Aufrufe steigt die Reichweite des Angebotes (02).
- Die Reichweite wird einem Geschäftsmodellpartner (in diesem Fall ein reiner Softwareagent) angeboten (03), der dafür Werbung an Flightradar24.com ausliefert (04).

Abhängig von dem Gratifikationsmodell ist die werthaltige Transaktion erst abgeschlossen, wenn ein User geklickt hat (05). Erst dann kommt es aus Sicht von Flightradar24.com zu einer wirtschaftlich positiven Veränderung. In der bisherigen Umsetzung gestaltet Flightradar24.com den Ablauf nicht wirklich zu den eigenen Gunsten, da Flightradar24.com auf die Freiwilligkeit der Nutzer in Bezug auf die Clicks angewiesen ist. Bei derartigen Konfliktsituationen könnten die Ideen der Spieltheorie bei der Modellierung der Transaktionen helfen. (Mehr Informationen über die Ansätze der Spieltheorie erhalten Sie im Kapitel „Ökonomische und soziologische Grundlagen".)

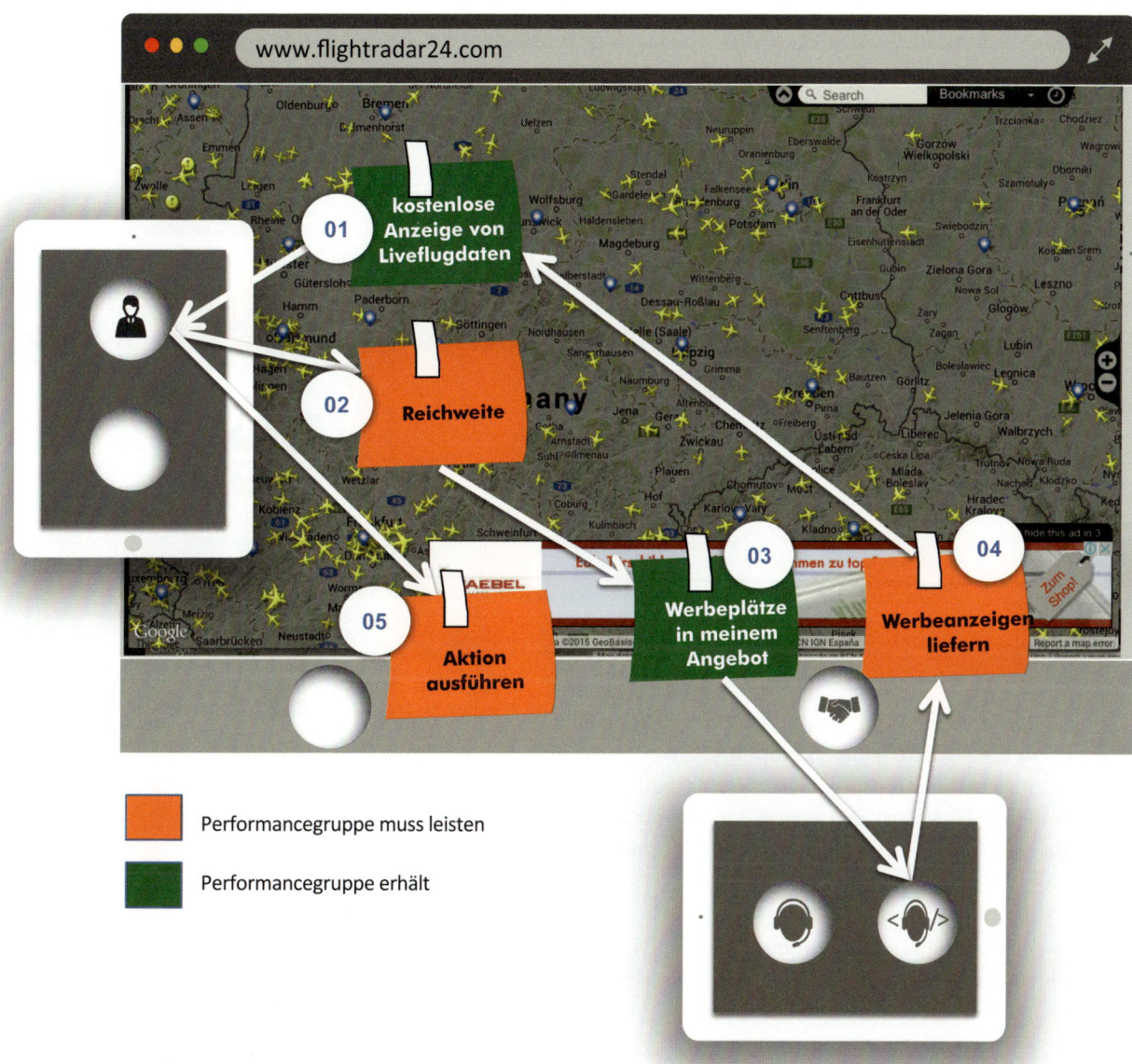

Performancegruppe muss leisten

Performancegruppe erhält

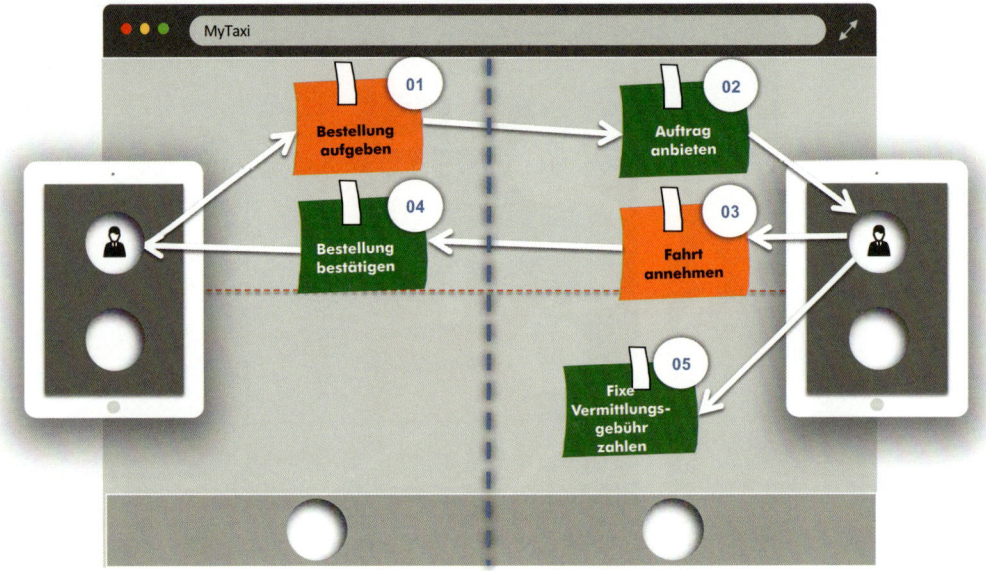

■ Performancegruppe muss leisten

■ Performancegruppe erhält

Zahlreiche Anbieter digitaler Geschäftsmodelle setzen heute auf Ideen und Konzepte der Spieltheorie bei der Gestaltung von Transaktionen, unter anderem auch MyTaxi. MyTaxi versteigerte[1] Taxifahrten, statt einen festen Preis pro Vermittlung zu erhalten. Dabei wird ein Prozentsatz des gesamten Fahrpreises von MyTaxi eingezogen. Der Fahrer muss also ein Angebot in Form einer Prozentangabe abgeben. Sehen wir uns zuerst das ursprüngliche Transaktionsdesign von MyTaxi an:

Ein Fahrgast hat in der ersten Marktphase eine Anfrage gestellt. Der Fahrer, der sich am nächsten zum Standort des Fahrgastes befand und am schnellsten reagiert hat, hat dann den Zuschlag gegen eine fixe Vermittlungsgebühr pro Fahrt erhalten.

---

[1] Die Analyse wurde auf Basis zahlreicher Interviews mit Taxifahrern erstellt. Die Screenshots sind reale Darstellungen und echte Anwendungsbeispiele. Seit dem 1.7.2015 hat MyTaxi diese Form der Auktion wieder eingestellt und auf eine Festpreisvermittlung in Höhe von 7% des Fahrpreises umgestellt. Diese Umstellung erfolgte aber nach dem Schreiben des Buches, weshalb an dieser Stelle die spieltheoretische Modellierung beibehalten wurde, da diese auch unter anderem in ähnlicher Form bei AdWords von Google oder eBay angewandt wird. Daher behält die grundlegende Idee Gültigkeit, wenngleich sich die operative Anwendung verändert hat.

*Wenn der Nutzer ein Taxi bestellt, dann startet er eine Auktion, die unter den Fahrern abläuft. Dabei werden seitens des Anbieters (MyTaxi) die Bedürfnisse der Fahrgäste im Auktionsmechanismus mit berücksichtigt.*

MyTaxi hat das Modell nach erfolgreichem Marktstart neu gestaltet und die Vergabe von Taxen auf einen Auktionsmechanismus umgestellt, der stark nach spieltheoretischen Überlegungen designt wurde:

- Wenn jetzt ein Fahrgast ein Taxi bestellen möchte und auf „Taxi bestellen" klickt, löst er ein „Spiel" auf Seiten der Taxifahrer aus.
- Hierbei bieten Taxifahrer auf jede Fahrt in Form eines Prozentsatzes, den sie bereit sind, von einer Fahrt abzugeben.
- Es erhält aber nicht derjenige den Zuschlag, der den höchsten Betrag bietet, sondern derjenige, der den „besten" Quotienten aus verschiedenen Faktoren hat (o.V. 2014), die MyTaxi dauernd berechnet und damit ein Fahrerranking für einen definierten Umkreis festlegt, welches der Fahrer selbst einsehen kann.

In der Anwendung sieht das für den Fahrer so aus:

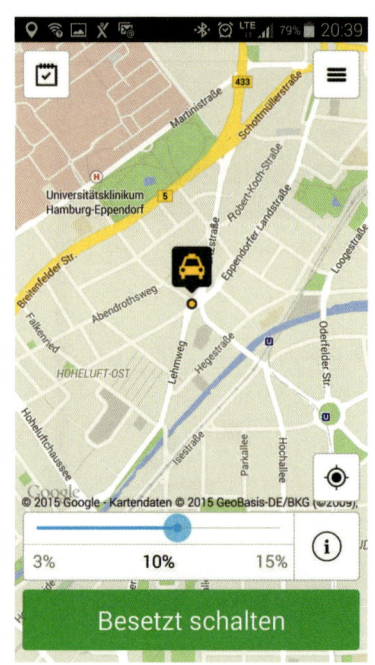

| # | Gebühr | Sterne | Werbung |
|---|--------|--------|---------|
| 1 | 13 % | 4,84 | ✔ |
|   | 10 % | 4,92 | ✔ |
| 3 | 15 % | 4,80 | ✘ |
| 4 | 8 % | 4,90 | ✔ |
| 5 | 10 % | 4,90 | ✘ |
| 6 | 10 % | 4,89 | ✘ |
| 7 | 10 % | 4,75 | ✔ |
| 8 | 10 % | 4,84 | ✘ |
| 9 | 10 % | 4,82 | ✘ |
| 10 | 10 % | 4,72 | ✔ |
| 11 | 15 % | 4,59 | ✘ |

*Ranking der Fahrer geordnet nach dem aus Sicht von MyTaxi „wertvollsten" Fahrern. Der Fahrer kann seine Prozentangabe verändern. Wenn er „Besetzt schalten" aktiviert, wird er „bestraft".*

Es ist im Ranking deutlich zu sehen, dass nicht der Fahrer vorne liegt, der bereit ist, den höchsten Prozentsatz abzugeben, sondern der aus Sicht von MyTaxi den besten „Quotienten" aus verschiedenen Faktoren aufweist. Der Quotient ist die Mischung aus Gebotshöhe (Prozente), Bewertungen des Fahrers durch Fahrgäste und ob die Fahrer Werbung für MyTaxi machen (z. B. Außenaufkleber). Zudem (das ist hier nicht zu sehen) „bestraft" MyTaxi Fahrer, wenn Sie einen Auftrag ablehnen oder „Besetzt schalten" aktivieren.

Diese Umsetzung verfolgt zwei Ziele aus Sicht von MyTaxi. Durch die Bildung eines Quotienten:

- wird Kooperation der Taxifahrer untereinander verhindert,
- werden Bedürfnisse des Kunden (qualitativ hochwertiges Taxi) in das Spiel „eingepreist".

## Warum ist diese Transaktiongestaltung nun ein Spiel?

**1** Bei MyTaxi sind die Spieler „Fahrgäste" und „Taxifahrer", die sich in einem definierten Umkreis befinden. Die Rollen der Spieler und auch deren Beziehungen untereinander sind klar verteilt und festgelegt, denn es gibt Fahrgäste und um diese konkurrierende Taxifahrer.

**2** Die Taxifahrer konkurrieren untereinander um den Auftrag.

**3** Es gibt für die Taxifahrer vier Entscheidungen: Bietpreis, Qualität, Werbung und Ablehnen.

**4** Es gibt Belohnungen und Bestrafungen. Das Ablehnen wird sanktioniert, Qualität durch gute Bewertungen belohnt.

**5** Die Gratifikationen für den Taxifahrer sind klar, denn er erhält eine bezahlte Fahrt.

**6** Die Gratifikation des Fahrgastes sind auch formulierbar: schnelle Anfahrt in Kombination mit einem hochwertigen Fahrzeug und einem gut bewerteten Fahrer.

**7** Die Spielregeln gibt MyTaxi vor und legt exakt fest, wie die Reihenfolge der Spielzüge abläuft. So erhält zum Beispiel der erste Taxifahrer des Rankings fünf Sekunden Zeit die Fahrt anzunehmen, dann wird die Anfrage an den nächsten Fahrer weitergegeben usw. Die Spielregeln werden zugunsten von MyTaxi gestaltet, aber mit den „Spielern" harmonisiert.

**8** Die Gratifikation für MyTaxi kann ebenso benannt werden: Umsatz pro gefahrenem Kilometer.

Bildet man das Transaktionsmuster nun ab, dann sieht es in diesem Fall anders aus, weil die Transaktion jetzt beim Fahrer beginnt, der einen Prozentsatz eingeben muss (01). Dann laufen die Schritte wieder identisch ab. Allerdings nimmt nun die Möglichkeit, am Ende der Fahrt den Taxifahrer und sein Fahrzeug bewerten zu können, eine wichtigere Rolle ein, weil dies auf die Gratifikation aus Sicht des Fahrers einwirkt (06). Erst mit Schritt 6 ist diese Transaktion im Sinne des Spiels abgeschlossen. Die Auktion kann dabei separat gestaltet werden und läuft im rea-

len Betrieb durch einen Softwareagenten ab, der Prozess muss aber passend zu diesem Auktionsmechanismus designt werden.

Daran ist wieder zu erkennen, dass die gesamte Wertschaffung und -erfassung immer aus der statischen Architektursicht erfolgen und zugleich immer dynamisch dargestellt werden muss. Denn würde man nur die Architektur abbilden, dann würde sich das Modell nur marginal ändern. Es würde immer noch eine Vermittlung von

Fahrten zwischen zwei (aus Sicht von MyTaxi) Kundengruppen stattfinden, lediglich die Gratifikation würde sich von einem festen Anteilspreis (Pay-per-Lead) auf eine prozentualen Anteilspreis (Anteil am Umsatz) verändern. An diesem Beispiel kann auch noch mal verdeutlicht werden, dass die Mechanismusgestaltung auf den Business Case einwirkt, weil nun auch die Ertragsmechanik verändert wird und damit die Kalkulation, wie Umsatz generiert wird. ◢◣◤

*MyTaxi*

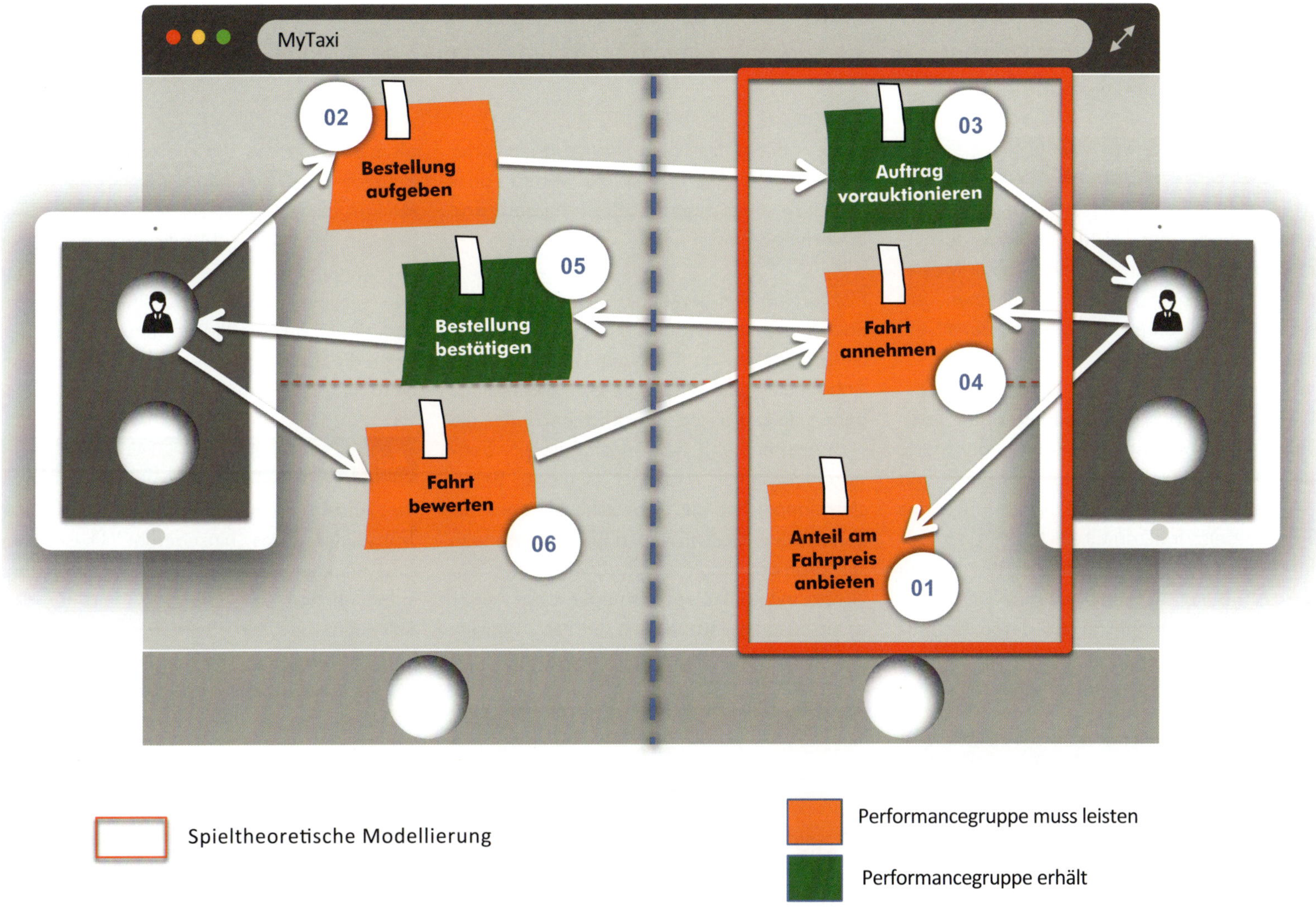

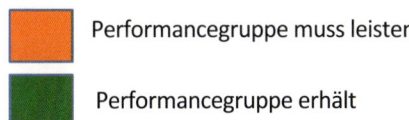

MyTaxi

02 **Bestellung aufgeben**

03 **Auftrag vorauktionieren**

05 **Bestellung bestätigen**

04 **Fahrt annehmen**

06 **Fahrt bewerten**

01 **Anteil am Fahrpreis anbieten**

 Spieltheoretische Modellierung

Performancegruppe muss leisten

Performancegruppe erhält

## 3.2.4 Transaktionsmuster

Analysiert man digitale Geschäftsmodelle nach der Art der Transaktionsgestaltung, können wiederum einige inzwischen „etablierte" Standardmuster erkannt und beschrieben werden. Diese können für die eigene Modellentwicklung als Analyse- und Beschreibungsvorlage dienen.

### Matchmaking-Muster

Beim Matchmaking-Muster geht es darum, zwei Akteure oder Leistungen exakt zusammenzuführen. Es muss bei diesem Muster möglich sein, beide Seiten zu kennen und diese identifizieren zu können, damit ein Match stattfinden kann.

Nehmen wir noch mal das Beispiel der Taxivermittlung. Dort ist es zwingend notwendig, den Standort des Fahrgastes zu kennen und den Standort sowie den aktuellen Status des Taxis (besetzt/frei), damit ein Match durchgeführt werden kann. Bei Partnerbörsen müssen die Attribute, wie Interessen, Geschlecht sowie weitere Merkmale und deren Ausprägungen matchen, damit passende Partnervorschläge gemacht werden können.

### Anbahnungsmuster

Bezogen auf die Gestaltung von Transaktionen kann es auch Anbahnungsmuster geben. Diese sind konzeptionell einfach, da es kein genaues Matching geben muss. Vielmehr obliegt es dem Nachfrager oder Anbieter, die Auswahl so zu treffen, dass diese zu den eigenen Bedürfnissen und Erwartungen passt.

Plattformen wie Jameda, bei der Patienten nach Ärzten suchen und diese dann kontaktieren können, sind in der Tendenz eher Anbahnungsgeschäftsmodelle. Allerdings gehen diese Muster zurück, denn durch die verbesserten und leistungsfähigeren Softwarealgorithmen wird auch in diesen Bereichen immer häufiger probiert, „Matches" zu generieren. Hierbei wird durch Datenanalysen probiert, möglichst die Erwartungen der Nutzer mit konkreten Leistungen oder Angeboten zusammenzubringen, und so in gewisser Weise Erwartungen zu antizipieren.

### Servicemuster

Servicemuster sind Muster, bei denen die Transaktion die Leistung selbst darstellt. Hierbei werden Entscheidungs- und Interaktionsprozesse strukturiert, die diese Abläufe einfacher und effizienter für Akteure durchführen, als dies ohne das digitale Geschäftsmodell möglich wäre. Self Service-Angebote gehören zu diesen Mustern. Ein Anbieter wie Shazam stellt eine Musiksuchsoftware zur Verfügung, die es Anwendern ermöglicht, nur durch „zuhören" einen Musiktitel zu erkennen und direkt andere Plattformen zu durchsuchen, die diese Musiktitel zum Kauf oder zum Streaming anbieten.

### Add-on-Muster

Bei Add-on-Prozessen wird im Laufe der Transaktion etwas „hinzugefügt". Dieses Hinzufügen kann entweder eine Leistung oder eine Funktion sein, die den Wert für den Anwender erhöhen. So wird beispielsweise bei YouTube nach dem Hochladen von Videos eine Konvertierung durchgeführt und den Videos werden die passenden Player hinzugefügt, so dass ein Video von jedem einfach abgespielt werden kann. Oft werden im Rahmen der Gratifikation diese Add-ons verkauft, so wie im Beispiel von Wordpress. Dies muss aber nicht immer so ablaufen, da zum Beispiel YouTube ebenfalls ein Add-on-

Modell mit einer nicht-monetären Gratifikation (Tauschgeschäft) koppelt.

## Connection-Muster

Transaktionen können auch Akteure so miteinander verbinden, dass diese jeweils wechselseitig die identischen Funktionen erhalten und so beide miteinander interagieren können. Die Kernleistung des Geschäftsmodellbetreibers liegt damit auf der direkten Herstellung von Beziehungen zwischen Akteuren. Social Media-Plattformen sind im Wesentlichen Connection-Muster, die technischen und funktionalen Beziehungen zwischen Akteuren ermöglichen.

Generell sieht man an Hand der Beschreibung der Transaktionen, dass diese einen sehr starken Einfluss auf die tatsächliche Realisierung digitaler Geschäftsmodelle haben. Denn Transaktionen legen die Mechanik zwischen den Akteuren, den Leistungen sowie den Gratifikationen fest.

Transaktionen führen auch direkt über zu der Phase der Überprüfung der Wertemechanik durch die Suche nach der Wiederholbarkeit. Die Wiederholbarkeit ist besonders für die nachfolgenden Phasen (nach der Geschäftsmodellierung) relevant:

- Business Case-Planung und -Kalkulation und
- Prozess- und User Interface-Prototyping.

Die Phase der Wiederholbarkeit bildet im Rahmen der Wertemechanik auch die letzte Phase ab, weil in diesem Fall drei Dinge bekannt sein müssen, um diese auf Wiederholung hin zu untersuchen:

- Akteure und deren Anwendungen,
- Transaktionen,
- Leistungen.

Die ersten zwei Punkte bilden die Schnittstelle zum Business Case, der dritte Punkt bildet die Schnittstelle zum Prototyping ab.

## 3.2.5 Aufgaben

1. Analysieren Sie die Richtungen von Leistungen und Gratifikationen genau.

2. Versuchen Sie, diese nach logischen Zusammenhängen zu gruppieren.

3. Beschreiben Sie die Abfolgen wichtiger Transaktionen möglichst genau.

4. Schauen Sie nach, ob es eindeutige sequenzielle Abläufe gibt.

5. Bestehen Beziehungen der Akteure direkt oder über technische Objekte, die Sie in Ihrem Leistungsmodell anbieten?

6. Listen Sie die Transaktionen auf. Definieren Sie dabei immer die Wertveränderungen aus Sicht der Akteure.

7. Schreiben Sie Ihre Gratifikationen am Ende der Transaktion auf.

8. Überlegen Sie, ob Sie der Gestalter der Transaktion sind. Wenn Sie nicht der Spielgestalter sind, dann suchen Sie nach Transaktionen, die Sie wirklich entsprechend Ihren Zielsetzungen designen können.

9. Prüfen Sie, ob Sie Ihre Transaktionen spieltheoretisch aufbauen und so Ihre Ziele erreichen können.

# DERHOLT WERDEN?

Bestimmte Elemente digitaler Geschäftsmodelle sollten auf eine Wiederholbarkeit hin analysiert werden, damit Geschäftsmodelle als Ganzes überhaupt eine Chance auf langfristige Existenzberechtigung haben. Wiederholbarkeit hat dabei drei Dimensionen:

1. Dimension der Anwendungsfälle (Wiederholbarkeit auf Akteursseite),
2. Dimension der Prozesse (Wiederholbarkeit auf Prozessseite),
3. Dimension der Güter (Wiederholbarkeit auf Daten-/Dateienseite).

### 3.3.1 Wiederholbarkeit auf Akteursseite

Bei dieser Dimension der Wiederholbarkeit handelt es sich zuerst einmal um eine klassische Marktanalyse, innerhalb derer nach Daten gesucht wird, die zeigen, ob bestimmte Anwendungsfälle häufig genug auftreten.

Analysiert man zum Beispiel den Taximarkt, dann kann sehr gut die „Fallzahl" herausgefiltert werden.

*Über 420 Millionen Personen beförderten deutsche Taxifahrer 2012. Diese verteilten sich auf knapp 22.000 Taxibetriebe. Damit ist auf Nachfrageseite eine hohe „Wiederholbarkeit" gegeben. Zudem müssen nur „wenige" Taxiunternehmen gewonnen werden. (Quelle: www.bzp.org)*

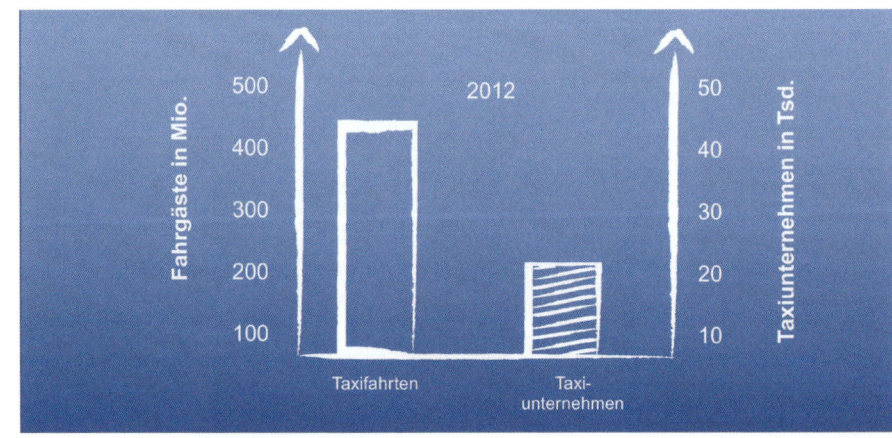

Allerdings reicht diese Analyse nur dann aus, wenn etablierte Märkte mit den Leistungen des eigenen digitalen Geschäftsmodells angesprochen und bearbeitet werden sollen. Es gibt aber viele Anwendungsfälle, die oft nicht beachtet werden, weil sie in der bisherigen Ökonomie und in traditionellen Geschäftsmodellen nicht wirtschaftlich erfasst oder gemessen werden konnten. Daher sind über diese Anwendungsfälle keine Marktdaten vorhanden. Ein Beispiel hierfür ist Shazam. Das Problem, ein Lied zu hören aber nicht zu wissen, von wem es ist und wie es heißt, ist ein altes und bekanntes Problem. Hier sei auf die Folge aus der amerikanischen Sitcom „Eine schrecklich nette Familie" verwiesen. In einer Folge („Es liegt mir auf der Zunge.") sucht Al Bundy verzweifelt nach einem Song, den er im Radio gehört hat. Schließlich geht er in einen Plattenladen und dort sitzt an einem Infoschalter ein sehr begabter junger Mann, der an Hand des Summens viele Lieder erkennt.

Diese Funktion wurde nie mittels Datenerhebung erfasst, weshalb die Anwendungshäufigkeit dieses „Geschäftsfalls" nicht erkannt werden konnte. Besonders in diesen Feldern herrscht die größte Unsicherheit für traditionelle Unternehmen, weil diese Fälle und Funktionen nicht unbedingt mit herkömmlichen Marktforschungsmethoden oder Marktanalysen erkennbar sind. Und oft wissen

Anwender selbst nicht einmal, dass sie diese Funktionen nutzen oder von einem Geschäftsmodellanbieter erwarten.

Hierbei kann es hilfreich sein, Modelle so zu gestalten, dass sie möglichst viele Anwendungsfälle abdecken oder so ausgestattet sind, dass sie möglichst viele Bedürfnisse und Motive von Akteuren befriedigen können. In diesen Fällen sollte immer überprüft werden, welche Bedürfnisse die Angebote befriedigen können.

Als Hilfestellung werden hier einige mögliche Bedürfnisse aufgelistet:

- Kognitive Bedürfnisse beziehen sich auf den Wunsch nach Erweiterung der eigenen Fähigkeiten in Form von Wissen oder des eigenen Könnens.
- Bei affektiven Bedürfnissen sucht der Akteur nach Unterhaltung, Spannung oder Entspannung.
- Integrative Bedürfnisse können als der Wunsch nach Stabilität, Vertrauen und Glaubwürdigkeit verstanden werden.
- Soziale Bedürfnisse sind definierbar als die Suche nach Anerkennung, Verbindung zu und Interaktion mit anderen.

Nimmt man als Beispiel YouTube, dann befriedigt YouTube durch die Leistungen viele Bedürfnisse an mehreren Seiten des Modells.

So können Video-Uploader versuchen, ihre Anerkennung zu erhöhen (viele Abonnenten, Views, Likes ...). YouTube ermöglicht die Verbesserung der kognitiven und affektiven Bedürfnisse auf Rezipientenseite, da bei YouTube genauso Erklärvideos und Wissensvideos wie Unterhaltungsvideos stattfinden. Durch die Integration der Werbung innerhalb der Videos werden Bedürfnisse der Geschäftsmodellpartner befriedigt. Je mehr Bedürfnisse befriedigt werden können, umso höher ist die Chance, genügend „Wiederholbarkeit" und damit Skalierbarkeit zu erreichen. Sofern auf Anwendungsseite die Fallzahl als relevant eingestuft wurde, muss gesucht werden, ob die Aufgaben durch Prozesse gelöst werden können und diese dann auch exakt wiederholbar sind. ◢◣◤

*Prozesse*

## 3.3.2 | Wiederholbarkeit auf Prozessseite

Bei der Suche nach Wiederholbarkeit auf Prozess- und damit vor allem auf der Transaktions-
ebene stellt sich die Frage nach dem „Wie": Wie laufen Transaktionen, Prozesse und Regeln
zwischen zwei Systemen ab, damit diese bei identischer oder ähnlicher Aufgabenstellung zu
identischen oder ähnlichen Ergebnissen führen?

Hierbei gibt es zwei Wege, Prozesse auf Wiederholbarkeit und damit auf Anwendbarkeit hin zu
überprüfen. Der eine Weg ist, Abläufe von Systemen (egal ob menschliche Akteure oder wirk-
liche Maschinen) zu analysieren und zu versuchen, möglichst Standardverfahren und Abläufe
zu destillieren.

**Für die Umsetzung jeglicher Softwareanwendung ist die Möglichkeit, Abläufe
formal und standardisiert zu beschreiben, zwingende Erfolgsvoraussetzung.**
Denn ohne diese Beschreibungen können keine digitalen Geschäftsmodelle umgesetzt werden. Gehen wir gedanklich noch einmal zurück zu dem Beispiel des Weinhandels, dann müssen die Prozesse des Kunden und des Lieferanten exakt festgelegt werden, damit die Transaktionen wiederholbar sind, zum Beispiel: erst Geld, dann Ware. Es kann nicht völlig individuell
ablaufen, wie es theoretisch zwischen zwei Menschen, die ohne technische Interaktionsmittel
in Kontakt stehen, möglich wäre.

Die definierten Abläufe können dann im Rahmen von Prototypenumsetzungen von Testanwen-
dern geprüft, bewertet und entschieden werden, ob die Prozesse so einen Wert schaffen und
zu den gewünschten Lösungen führen.

Der umgekehrte Weg besteht darin, erst Problemlösungsverfahren (Algorithmen) zu suchen
und diese dann auf neue Problem- und Aufgabenstellungen anzuwenden. Dieser Weg ist bei
der Realisierung von digitalen Geschäftsmodellen oft zu erkennen. Hierbei werden formale
Lösungen auf unterschiedliche Problemstellungen angewandt. Das hat damit zu tun, dass neue
technische Lösungsverfahren (Softwarealgorithmen) mit der ersten Veröffentlichung von einem
Geschäftsmodellanbieter dann vielen Geschäftsmodellanbietern zugänglich sind und von diesen dann auch auf viele Problemstellungen angewandt werden können.

Typische Algorithmen, um die sich digitale Geschäftsmodelle entwickeln haben, sind unter anderem:

- **Matching-Algorithmen**: Hierbei werden bestimmte Merkmale zusammengeführt. Angebote wie Parship sind Matchingfunktionen.

- **Hash-Algorithmen**: Diese sind in der breiten Öffentlichkeit durch den sogenannten Hashtag bei Twitter bekannt geworden. Diese Funktion beschreibt generell, wie eine große Eingabemenge auf eine kleinere Zielmenge (die sogenannten Hashwerte) reduziert werden kann.

- **Wege-Algorithmen**: Hierbei wird in einer Menge von sogenannten Knoten der kürzeste Weg gesucht. Diese Algorithmen kommen bei Routing-Modellen zum Einsatz aber auch bei Social Media-Plattformen, wenn die kürzeste Verbindung zwischen zwei Usern dargestellt wird. Auch bei der Vergabe von Aufträgen an Taxifahrer innerhalb einer Vermittlungs-App kommen derartige Funktionen zum Einsatz.

- **Fuzzy-Algorithmen**: Hierbei werden Ähnlichkeiten in Strukturen gesucht und miteinander verglichen. Anhand von Wahrscheinlichkeiten werden dann Ergebnisse ausgegeben. Diesen Algorithmus verwendet zum Beispiel der Musiksuchdienst „Shazam"[3]. Hierbei werden die Muster der Lieder, die in der Datenbank gespeichert sind, verglichen mit dem „Schallmuster", welches über das Mikrofon empfangen wird. Das Muster, welches die höchste mathematische Übereinstimmung aufweist, wird als Ergebnis ausgegeben.

---

[3] Wang (o.D.)

Bei der Suche nach derartigen Lösungen kann in vier Feldern gedacht und gesucht werden, von denen zwei besonders relevant bei der Realisierung digitaler Geschäftsmodelle sind.

Es kann von einem bekannten Problem ausgegangen und dann danach gesucht werden, ob neue Technologien und Softwarealgorithmen das Problem heute besser und effizienter lösen können. Dieses Vorgehen kann als Adaption verstanden werden, wird aber oft auch als Market-Pull bezeichnet, weil der Markt neue Lösungen einfordert (beziehungsweise darauf wartet), die durch neue Technologien nun möglich sind.

Anders herum kann im Sinne eines Technology Pushs nach Algorithmen gesucht werden, die für andere Problemstellungen ebenfalls eine gute Lösung darstellen. Dieses Prinzip wird auch Cross Industry-Prinzip genannt. So kann also zum Beispiel gesucht werden, wo ein Ähnlichkeitsprinzip zur Problemlösung eingesetzt werden könnte, zum Beispiel zur Erkennung von Datenstrukturen oder von Gesichtern und dann wird der Fuzzy-Algorithmus angewandt und löst dieses „ähnliche" Problem. Sofern hier regelmäßig nach Lösungen gesucht wird und diese in anderen „Kontexten" eingesetzt werden, können hier echte Innovationen in den entsprechende Märkten etabliert werden.

Die beiden anderen Fälle sind eher dem Bereich Forschung und Entwicklung zuzuordnen, weshalb die beiden Ansätze an dieser Stelle nicht näher erläutert werden.

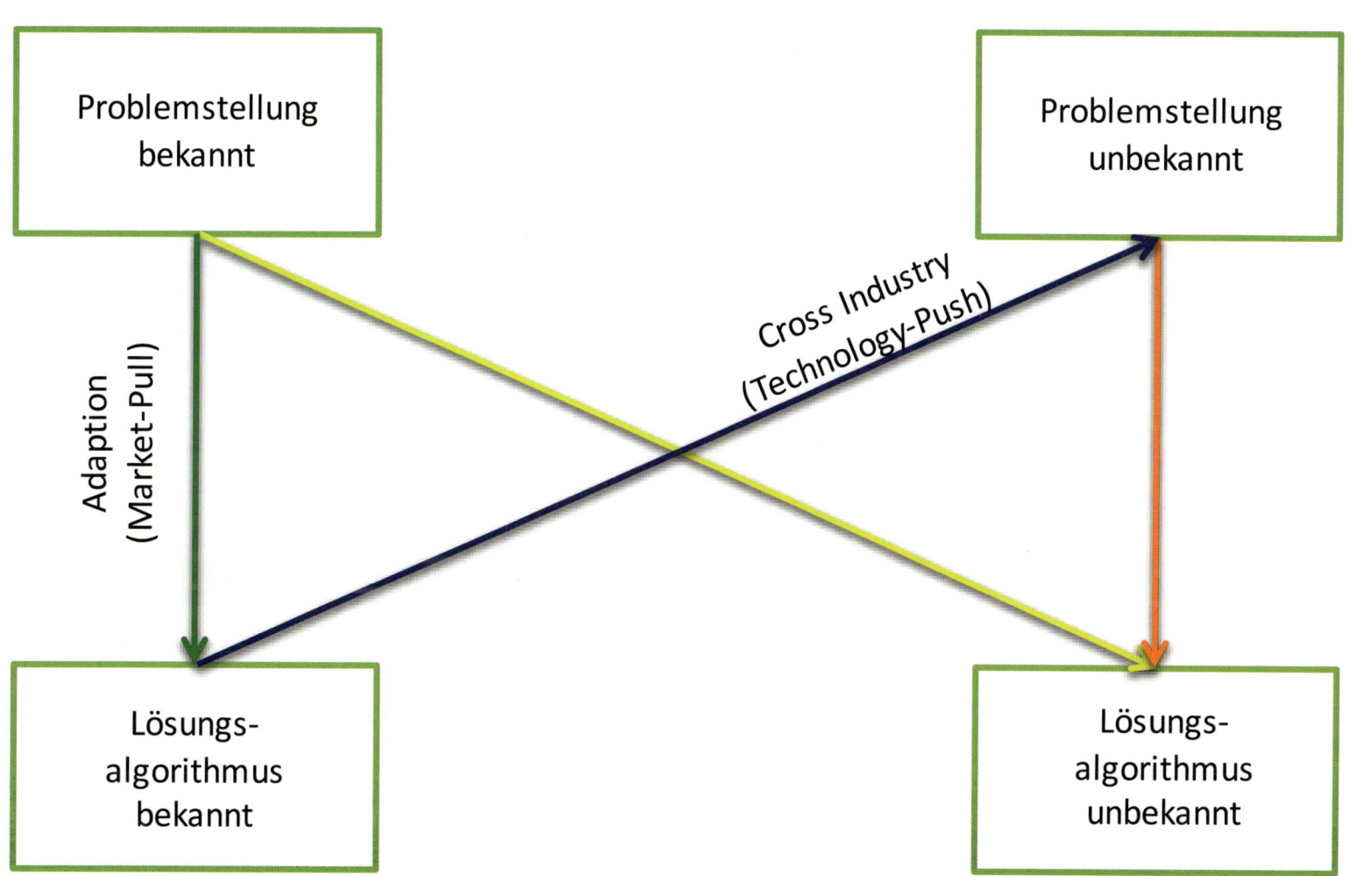

### 3.3.3 Wiederholbarkeit auf Daten-/Dateiseite

In welchen Umfang stehen Güter und Leistungen überhaupt zur Verfügung, die für die langfristige Existenzfähigkeit des Leistungsmodells benötigt werden? Diese Frage wird beantwortet durch die Suche nach Wiederholbarkeit der Leistungen.

Diese Seite hat maßgeblich Einfluss auf die Gestaltung der Gratifikation. Wenn die Leistungen nur begrenzt verfügbar sind und die Zahl der Anwendungsfälle gering ist, müssen die Gratifikationsmodelle dementsprechend ausgestaltet und vor allem das Geschäftsmodell als Ganzes überprüft werden, ob hierbei eine ausreichende Wirtschaftlichkeit zu erwarten ist.

Dabei ist immer zu berücksichtigen, dass die technologische Ausstattung eine Rolle spielt, denn je mehr Menschen eine bestimmte technische Ausstattung haben, umso mehr können Leistungen erbracht werden. So können immer mehr Menschen Videos aufnehmen und haben Zugriff zum Internet, was dem Modell von YouTube zugute kommt. Bei der Überprüfung des Leistungsportfolios in Bezug zur Wiederholbarkeit, gibt es zwei „Extremmuster".

#### Blockbuster-Muster

Beim sogenannten Blockbuster-Muster entsteht eine hohe Nachfrage auf wenige Produkte, die dabei eine geringe Preiselastizität aufweisen. Dies bedeutet, dass ein hoher Preis nicht unbedingt die Nachfrage senkt. Dies ist im Filmmarkt und auch im Musikmarkt zu erkennen (Elberse 2014).

Hinter dieser Beobachtung stehen zahlreiche ökonomische und sozialwissenschaftliche Theoriegebäude unter anderem das Herdenmodell. Hierbei wird davon ausgegangen, dass es bei bestimmten Gütern, vor allem Kulturgütern (Belletristik, Filme, Musik), zu einem Konformitätsverhalten unter Käufern kommt (Keuschnigg 2012, S. 21). Ein Film wird angesehen, weil der Wunsch besteht, über diesen mitzureden. Dadurch entsteht bei diesen Gütern eine hohe Konzentration auf wenige Angebote, weil bei den Filmen, die viele gesehen haben, die Chance auf Anschlusskommunikation (mitreden) höher ist, als bei wenig bekannten Filmen.

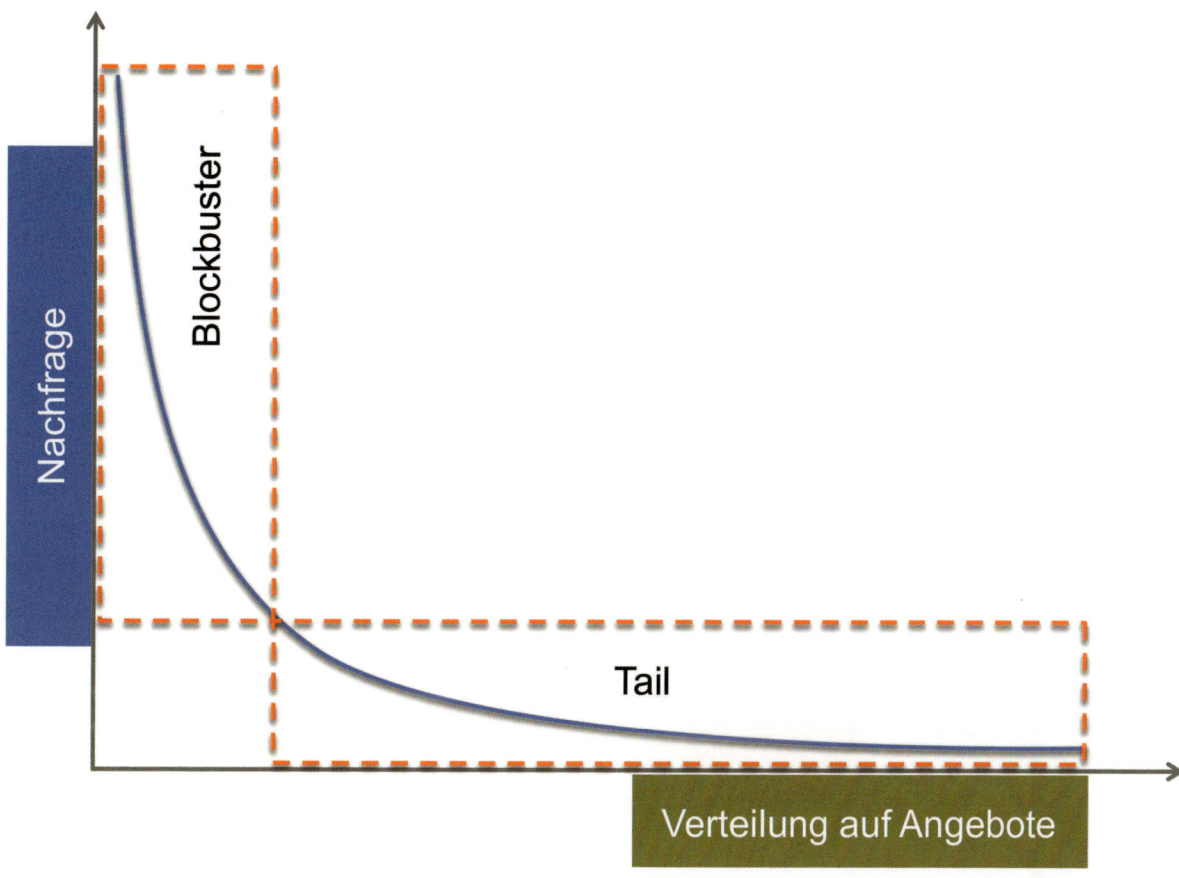

Plattformen wie Netflix setzen auf diese Strategie der „Wiederholbarkeit". Hierbei muss dann immer auf die Skalierung der Nachfrager gesetzt werden, weil das Leistungsportfolio nicht beliebig ausgebaut werden kann.

Um von dem Markt unabhängiger zu werden, beginnt Netflix selbst in das Produktionsgeschäfts zu migrieren, weshalb Netflix z. B. die Blockbuster Serie „House of Cards" produziert (Kühl 2013).

Daten/Dateien

## Long Tail-Muster

Die Idee des Long Tails basiert auf der Beobachtung, dass immer mehr Menschen Zugang zu digitalen Produktionsmitteln erhalten und sich damit die Produktion auf immer mehr Menschen verteilt. Damit gibt es mehr von diesen Angeboten, die in Summe eine höhere Relevanz haben, als wenige Bestseller.

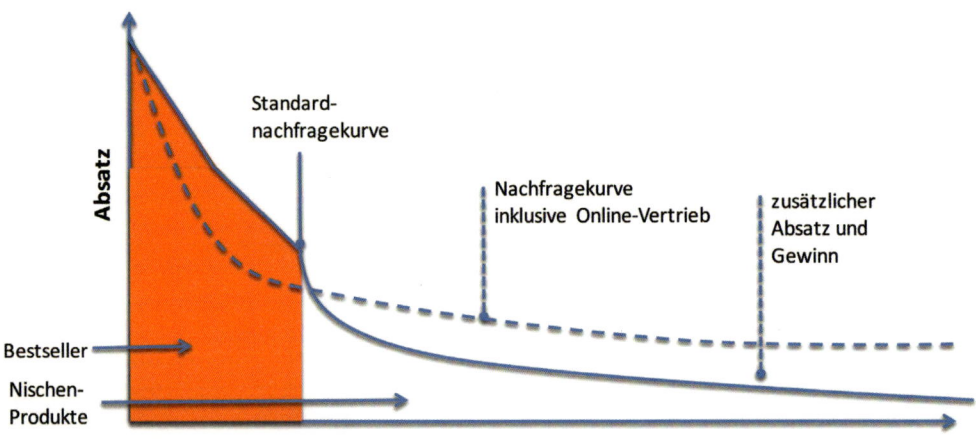

Für den Anbieter ist entscheidend, dass er an beiden Seiten des Modells maximal skalieren und so mit kleinen Margen einen hohen Umsatz- und Gewinn erzielen kann. Diesen Ansatz erkennt man bei zahlreichen digitalen Geschäftsmodellen, die sich an beiden Seiten zu einem Markt hin öffnen. So unter anderem Wordpress.com, YouTube, Issuu, Slideshare, eBay, Fotolia, Shutterstock und viele andere mehr. Der Vorteil eines Long Tail-Musters liegt auch darin, dass Nachfrager oft aus der Menge von Angeboten eine höhere Wahrscheinlichkeit der Bedürfnisbefriedigung ableiten.

## 3.3.4 Aufgaben

1. Analysieren Sie Daten, die darlegen, ob für Ihre Leistungen genügend Anwendungsfälle vorhanden sind.

2. Suchen Sie nach möglichen Problemstellungen, die bisher technologisch nicht (gut) gelöst werden konnten.

3. Beschreiben Sie Prozesse und Regelwerke, die Nutzer bei Aufgaben durchlaufen, und beobachten Sie, wie Aufgabenstellungen gelöst werden. Fragen Sie sich, ob diese Abläufe standardisierbar und mittels Software realisierbar sind.

4. Beobachten Sie, wie in anderen Branchen Probleme angegangen und durch Abläufe gelöst werden.

5. Legen Sie fest, ob und wie stark eine Skalierung des Leistungsangebotes möglich ist.

6. Recherchieren Sie, wie häufig Leistungen und Ressourcen verfügbar sind und von Ihnen genutzt werden können.

## 3.4 Literatur

Anderson, Chris (2009): The Long Tail: Nischenprodukte statt Massenmarkt. Das Geschäft der Zukunft, München

BZP (2014): Geschäftsbericht 2013 / 2014 unter: http://www.bzp.org/Content/SERVICE/Geschaeftsbericht/_doc/BZP_GB_2013_2014_komplett.pdf abgerufen 23.03.2015

Elberse, Anita (2014): Blockbusters: Why Big Hits – and Big Risks – are the Future of the Entertainment Business, New York

Keuschnigg, Marc (2012): Das Bestseller-Phänomen, Wiesbaden

Kühl, Eike (15.02.2013): Schluss mit den Cliffhangern unter: http://www.zeit.de/kultur/film/2013-02/serie-netflix-house-of-cards abgerufen 28.02.2015

O.V.: Mechanismus-Design-Theorie In: Wikipedia unter: http://de.wikipedia.org/w/index.php?title=Mechanismus-Design-Theorie&oldid=133702734 abgerufen am 11.04.2015

Patalong, Frank (10.08.2010): Der Netflix-Deal: Eine Milliarde Dollar für Web-Stream-Filme unter: http://www.spiegel.de/netzwelt/web/der-netflix-deal-eine-milliarde-dollar-fuer-web-stream-filme-a-711315.html, abgerufen am 12.10.2014

Schönning, Uwe (2008): Ideen der Informatik

Wang (o.D.): An Industrial-Strength Audio Search Algorithm unter: http://www.ee.columbia.edu/~dpwe/papers/Wang03-shazam.pdf abgerufen 28.04.2015

# TEIL IV

# DEVELOP ▶
*Startpunkte*

# Inhalt

Und nun? Wie und wo können Sie denn jetzt, da das Framework, dessen Elemente sowie die sich daraus ableitenden Muster dargestellt wurden, mit der eigenen Entwicklung beginnen? Aus ganz verschiedenen Perspektiven: Dabei werden fünf, die sich besonders gut als Startpunkte eigenen können, kurz dargestellt:

1. Sie können aus der Leistungsperspektive starten und fragen: **„Was können oder wollen wir anbieten?"**

2. Sie können aus der Gratifikationsperspektive beginnen und fragen: **„Was wollen wir haben?"**

3. Sie können sich überlegen, welches Kundenproblem Sie durch den Einsatz digitaler Geschäftsmodelle besser lösen wollen oder überhaupt lösen können. Ihre Frage würde dann lauten: **„Welches Problem lösen wir für wen?"**

4. Sie können Entscheidungs- und Ablaufprozesse skizzieren und fragen: **„Welche Prozesse wollen wir abbilden und unter dem Einsatz digitaler Technologien verbessern?**

5. Sie können sich bestehende Geschäftsmodelle ansehen und sich fragen: **„Welche Leistungen können wir so anbieten, dass der Wert eines anderen Geschäftsmodells steigt?"**

# Angebot

## 4.1 Was wollen wir anbieten?

Ein Startpunkt ist mit der Beschreibung der Leistungen zu beginnen und diese in die Leistungsmatrix einzutragen. Hierbei wird entweder nach vorhandenen Leistungen und Gütern gesucht oder es wird versucht, nach neuen Leistungen und Gütern zu recherchieren, die entweder noch gar nicht bekannt sind oder bisher noch nicht im eigenen Leistungsangebot präsent sind. Amazon geht regelmäßig nach diesem Prinzip vor. So ist zum Beispiel das Streaming-Angebot von Amazon ein eigenes Geschäftsmodell, welches aus der Leistungsperspektive heraus „neu" ist.

**Bezug zum eigenem Leistungsportfolio**

noch nicht
vorhanden

bereits
vorhanden

gebundene Leistungen

ungebundene Leistungen

**Leistungsangebot**

Nachfrage

## 4.2 Was wollen wir haben?

Sehr oft wird von der Gratifikation ausgegangen und von diesem Punkt aus überlegt, welche Leistungen benötigt werden, um die Ziele zu erreichen. Teilweise geht es auch darum, wie bisherige Leistungen und Akteure in neue Gratifikationen hineingeführt werden können.

Paid Content ist ein typisches Beispiel hierfür. Es wird versucht, das, was man hat, mit einer neuen Gratifikation zu „belegen". In anderen Fällen kann zum Beispiel überlegt werden, wie man Kundendaten sammeln kann.

Wenn so gestartet werden soll, kann die Acht-Felder-Matrix helfen, indem in diese Ideen eingetragen werden, was man durch die Entwicklung digitaler Geschäftsmodelle erreichen kann und haben möchte.

direkt　　　　　　　　indirekt

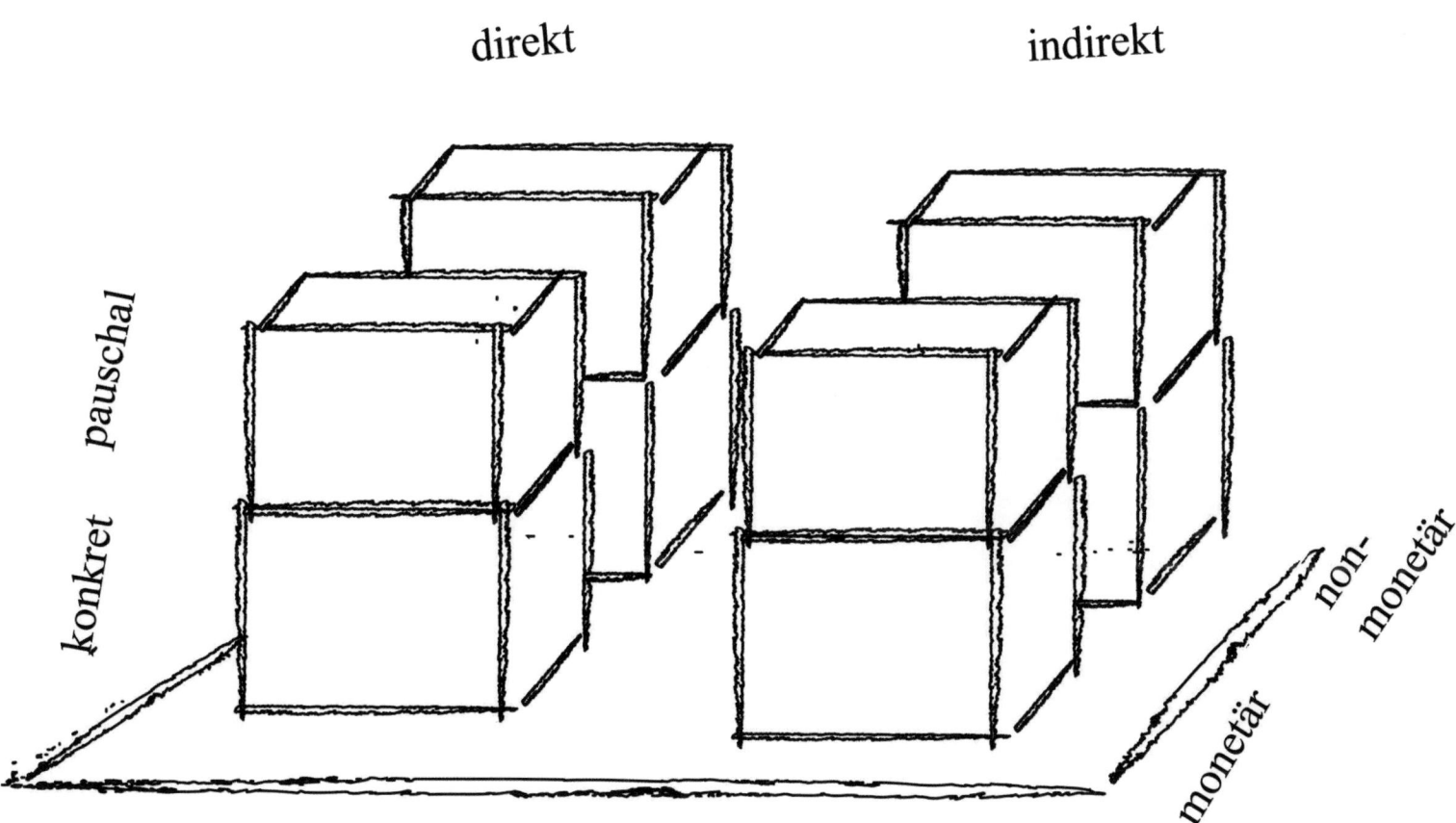

konkret　pauschal

monetär　non-monetär

## 4.3 Welches Problem für wen wollen wir lösen?

Ein weiterer Startpunkt, von dem aus in die digitale Geschäftsmodellierung gestartet werden kann, ist die Perspektive eines Principals.

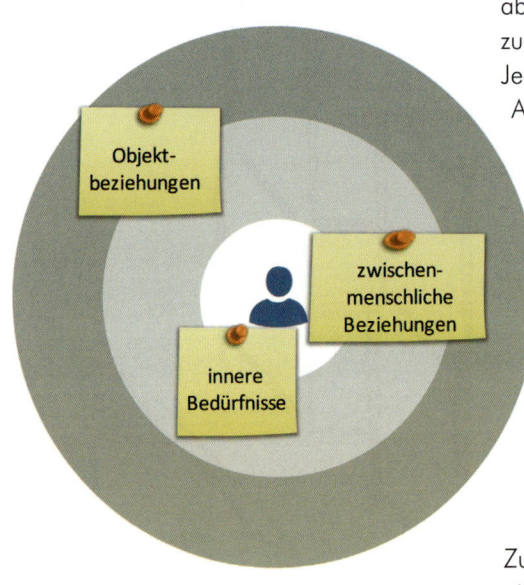

Hierbei kann es helfen, einen Akteur in einen spezifischen Kontext zu setzen, von dem aus dann Aufgaben- und Problemstellungen abgeleitet werden. Bei diesem Prozess werden zuerst um einen Akteur drei „Kreise" gezogen. Jeder Kreis bildet eine Beziehungsebene des Akteurs ab. Der innere Kreis stellt die innere Motivebene eines Akteurs dar, der mittlere Kreis beschreibt die Ebene der Beziehungen zu anderen Akteuren und der äußere Kreis zeigt die Beziehung zu Objekten.

Im inneren Kreis geht es um die Frage, welche Motive und Bedürfnisse ein Akteur hat  und welche davon im Rahmen der Geschäftsmodellierung fokussiert werden sollen.

Zu diesen können kognitive Bedürfnisse, die eine Erweiterung der eigenen Fähigkeiten in Form von Wissen oder geistigen Können umfassen, sowie affektive und psychische Bedürfnisse, die vor allem den Wunsch nach Unterhaltung, Spannung und Entspannung beschreiben, gezählt werden.

Der mittlere Kreis beschreibt die Ebene der Beziehungen zu anderen Akteuren. Hier sind es besonders die integrativen und sozialen Bedürfnisse, wie zum Beispiel das Streben nach Anerkennung, die Schaffung von Glaubwürdigkeit oder die Darstellung des eigenen Status, die eine zentrale Rolle spielen.

In den äußeren Kreis fallen die Beziehungen zu Objekten. Dies können reale oder abstrakte Objekte sein. Hierbei werden alle Beziehung darstellbar, die ein Akteur auf der physischen und abstrakten Ebene aufweist: vom Auto, über den Kühlschrank bis zu einer Organisation, wie z. B. einem Fußballverein.

Im nächsten Schritt wird im Rahmen der Modellierung nach einem sogenannten auslösendem Ereignis gesucht, das den Anlass beschreibt, warum und wann aus einem Bedürfnis eine konkrete Motivation wird. Hierzu werden die Akteure in einen zweiten Kontext, der die Aufgabenstellung konkretisiert, gesetzt.

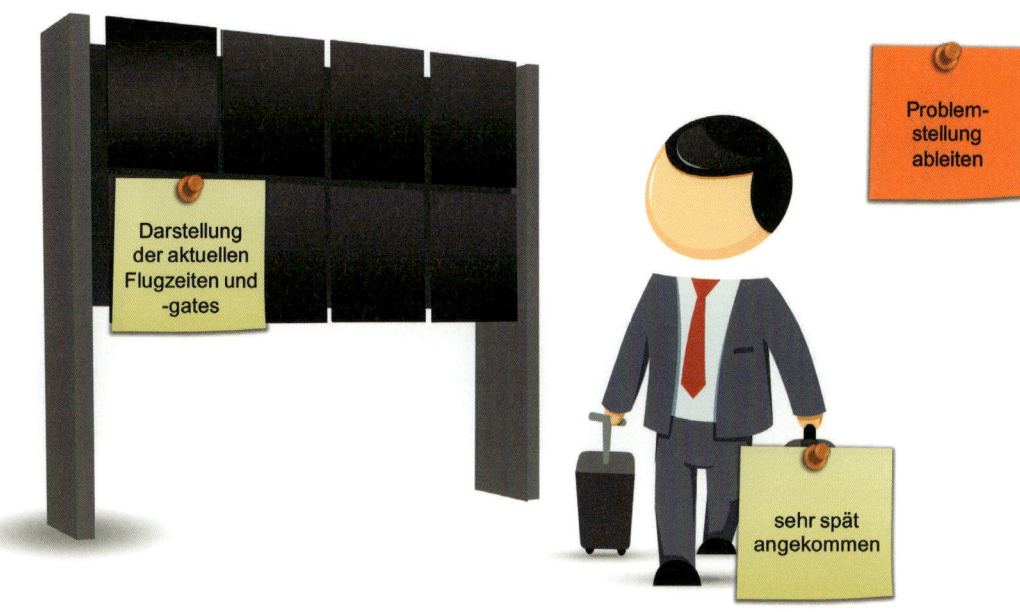

✂ **Schnittstelle**

*Peer Groups*

Hier gibt es eine Verbindung zu der Gestaltung der Peer Groups. Beide Modellierungsansätze können miteinander verbunden werden.

Dieser Kontext kann unterschiedlich ausfallen, aber es können einige Kontexttypen bestimmt werden, die bei der Gestaltung helfen:

1. Zeitkontext: Hier kann wiederum differenziert werden in Langeweile oder Zeitknappheit.

2. Ortkontext: Akteure können in bestimmte lokale Umfelder eingebunden werden, die ein Problem oder eine Aufgabe verursachen.

3. Zielkontext: Akteuren werden konkrete Ziele zugeordnet, die er aktiv oder passiv verfolgen will.

Von dort ausgehend kann dann die möglichst exakte Problem- oder Aufgabenstellung formuliert werden und dann in die nächsten Schritte der Geschäftsmodellierung übergeleitet werden. Sofern diese Situation gut modelliert wird, ergeben sich schnell innovative Ideen und Ansätze, um digitale Geschäftsmodelle zu designen.

Designt man diese Situation, dann kann von dieser aus über mögliche Aufgaben- oder Problemstellungen nachgedacht und diese beschrieben werden. Dann werden Lösungen gesucht, die diese Problemstellungen durch den Einsatz digitaler Technologien im Rahmen digitaler Geschäftsmodelle besser oder anders lösen können. ◢

Entscheidungen

Standortermittlung

Taxisuche

Fahrtannahme

Standortmitteilung

Anfrage

Anfahre

### 4.4 Welche Prozesse wollen wir abbilden und verbessern?

Ein weiterer Startpunkt sind Entscheidungs- und Ablaufprozesse, die um Dienstleistungen oder Waren herum entstehen. Von da aus können dann Funktionen und Leistungen für jeden Entscheidungsschritt oder für den Prozess als Ganzes überlegt und abgebildet werden.

So kann zum Beispiel in einem ersten Schritt der gesamte Prozess einer Taxibestellung definiert und darauf aufbauend zu jedem Schritt Funktionen und Leistungen hinzugefügt werden, die im Rahmen digitaler Geschäftsmodelle angeboten und realisiert werden sollen. Dabei können zugleich beide Akteurseiten skizziert und beschrieben werden. ◤▬▬

nsteigen

Fahren

Zahlen

Aussteigen

*Modellierung der wichtigsten Schritte bei der Erbringung der Dienstleistung einer Taxifahrt. Diese bildet den Startpunkt, um sich digitale Services und Leistungen zu überlegen.*

Abläufe

## 4.5 Welche Leistungen können wir so anbieten, dass der Wert eines anderen Geschäftsmodells steigt?

Gerade wenn Sie planen, ein Start-up zu gründen, kann ein sehr guter Ansatzpunkt sein, andere Geschäftsmodelle zu analysieren und nach Lücken im Bereich der Leistungen und Gratifikationen von diesen zu suchen. Oft setzen Start-ups genau auf diese Zielsetzung und hoffen, von größeren Unternehmen aufgekauft und mit deren Geschäftsmodell gekoppelt zu werden.

Sieht man sich die Übernahmestrategien von Google, Facebook, Amazon und Apple aber auch Yahoo an, dann kann man sehr gut erkennen, das Geschäftsmodelllücken zuerst mit externen Partnern gekoppelt, diese dann übernommen und als Technologie in das eigene Modell integriert werden. Die Plattformen verschwinden dann vom Markt und sind nur noch eine Softwareleistung anderer Modelle oder werden als eigene hierarchische Kopplung weiterbetrieben.

*Übernahmestrategie*

Diese Einstiege und Startpunkte sollen eine Hilfe sein. Am Ende können Ideen für digitale Geschäftsmodelle auf viele Weisen und Methoden gefunden werden. Wichtig ist, dass Sie Ihre Ideen auch tatsächlich in Modelle überführen, die dann auch Chance auf Umsetzung und vor allem später auch eine hohe Chance auf Erfolg haben. Und dabei soll Ihnen das Framework helfen.

## 4.6 Aufgaben

1. Versuchen Sie, zu Beginn eine klare Einstiegsperspektive einzunehmen.

2. Vergessen Sie dabei nie, dass Sie immer der Gestalter des Modells sind, also berücksichtigen Sie immer Ihre eigenen Ziele, die Sie mit dem Geschäftsmodell erreichen wollen.

3. Verändern Sie während der Entwicklungsphase häufiger die Perspetive, um Leistungen und Gratifikationen aus verschiedenen Gesichtspunkten zu analysieren.

# TEIL V

# DISCOVER

*Die Grundlagen*

„ *Erst die Theorie*
*was man beoba*

(Albert Einstein)

**TION FRAMEWORKS**

*ntscheidet darüber,*
*hten kann.* „

# Inhalt

Damit ein Geschäftsmodell Wirkung erzeugen kann, müssen dafür spezifische Wirkbedingungen berücksichtigt und verstanden werden. Diese werden zuerst von den physikalischen Gesetzen bestimmt.

Dies liegt daran, dass sich Physik mit den Zuständen und den Zustandsänderungen der unbelebten Materie sowie deren Dynamik und Wechselwirkungen befasst. Hierbei werden die messbaren und erfassbaren Erscheinungen und Abläufe von Materie und deren Bausteinen und Elemente beschrieben.

Damit wird ein Wissen geschaffen, wie etwas funktioniert und dieses Wissen wird in Funktionen und Modellen abgebildet, damit dieses Wissen auf konkrete Fälle angewandt werden kann. Nur mit diesem Wissen können Systeme entwickelt, verändert und verbessert werden. Die physikalischen Erkenntnisse schaffen damit die Grundlagen, um diese für den Menschen in Form von technologischen Anwendungen nutzbar zu machen. **Technik ist also immer angewandte Physik**.

Die Technologie, auf der die heutigen Hochleistungscomputer basieren, wurden überhaupt erst, durch relativ junge Erkenntnisse der Quantenphysik ermöglicht. Mit der Quantenphysik gewinnt zudem der Begriff Information eine fundamentale Bedeutung (Zeilinger 2012). Dies hat Auswirkungen vor allem auf eine Wissenschaftsrichtung, in der Information und deren Verarbeitung, Berechnung und Automatisierungim Zentrum des Erkenntnisinteresses steht: die Informatik.

Die Erkenntnisse der Physik und die Ideen der Informatik finden immer mehr Eingang in die Entwicklung von sogenannten Informationstechnologien. Die zunehmende Nutzung dieser Technologien hat wiederum Wirkungen auf Menschen, denn angewandte Technologien verändert die Umwelt des Menschen entscheidend. Somit ändern sich auch ökonomische Prinzipien, die im Rahmen der Gestaltung von digitalen Geschäftsmodellen eine entscheidende Rolle spielen.

Denn Ökonomie beschäftigt sich unter ande-

rem mit dem rationalen und effizienten Umgang mit (knappen) Gütern. Was dabei ein rationaler und effizienter Umgang ist, hängt aber von den Möglichkeiten ab, wie Ressourcen zur Herstellung von Gütern gewonnen werden können, und diese hängen wiederum von den technologischen Rahmenbedingungen ab. In der Welt der Informationstechnologie und der sogenannten Informationsökonomie geht es dabei um Informationen im Sinne von Gütern.

Was Güter und was Informationen sind, hängt von den Bedürfnissen und Präferenzen von Wirtschaftssubjekten ab. Deren Präferenzen und Bedürfnisse werden durch Technologien verändert. So können durch neue Technologien neue Bedürfnisse geweckt undbestehende auf andere Weise befriedigt werden.

Ökonomie ist damit – wenn man so will – der Brückenschlag zwischen unbelebter und belebter Materie. Und im Rahmen ökonomischer Wissensbildung werden die messbaren, erfassbaren und beobachtbaren Verhaltensweisen von Wirtschaftssubjekten (Menschen sowie Organisationen und Systeme bestehend aus Menschen) beschrieben. Aus diesem Grund spielen auch Ideen und Erkenntnisse der Soziologie und Sozialwissenschaft eine wichtige Rolle.

Damit wird auch in diesem Segment ein Wissen geschaffen, das darlegt, wie Wirtschaft in einem bestimmten Kontext (dem informationsökonomischen Kontext) funktioniert und auch dieses Wissen wird in Funktionen und Modellen abgebildet. Es gibt daher einen engen Zusammenhang im Rahmen der Entwicklung digitaler Geschäftsmodelle zwischen Physik, Informatik, Ökonomie und Soziologie.

Diese Ebenen werden in Bezug zu digitalen Geschäftsmodellen im Folgenden beschrieben, denn erst deren Ideen, Modelle und Funktionen schaffen den Unterbau, um darauf ein wirksames digitales Geschäftsmodell unter Anwendung des Digital Value Creation (DVC) Frameworks zu entwerfen.

*ngungen*

> *Die neue Physik hat erkannt, d unserer Wirklichkeit ist. Bildlic Am Anfang gibt es gar keine H*
>
> (Hans-Peter Dürr)

ss die Materie nicht das Fundament
ausgedrückt bedeutet dies:
rdware, sondern nur Software. **"**

Die Entdeckungen der Gesetze der Physik verändern unser Leben. Für die Entwicklung der Mikroelektronik spielen die Entdeckungen der Quantenphysik – auch Quantenmechanik genannt – eine wesentliche Rolle. Erst deren Entdeckungen haben die heutigen Hochleistungscomputer überhaupt erst ermöglicht. Ohne die Quantenphysik gäbe es keine Halbleiter und keine Laser. Und die Transistoren – eine spezielle Form der Halbleiter – sind Voraussetzung der stetigen Leistungsverbesserung bei zeitgleicher Miniaturisierung der Computer.

Hier wird auf eine tiefgreifendere Auseinandersetzung mit der Quantenmechanik verzichtet. Hier soll nur gezeigt werden, dass die Grundkonzepte der Quantenphysik neue Ideen in die wissenschaftliche Welt eingeführt haben, die letztlich neue Schwerpunkte in wissenschaftlichen Nachbardisziplinen gesetzt haben. Von besonderem Interesse gerade für das Verständnis digitaler Geschäftsmodelle sind dabei drei zentrale Entdeckungen und Paradigmen der Quantenmechanik:

1. Die Werte von messbaren Größen eines Systems können nur bestimmte diskrete Werte annehmen.
2. Subatomare Teilchen, die die Grundbausteine aller materiellen Stoffe sind, und deren Verhalten lassen keine exakten Vorhersagen über dieses Verhalten zu. Es kann nur noch die Wahrscheinlichkeit eines Verhaltens beschrieben werden.
3. Der Begriff der Information gewinnt erst mit der Quantenmechanik an Bedeutung.

## 5.1.1 Die diskrete Welt

Bis zur Entdeckung der Quantenmechanik wurde davon ausgegangen, dass alle physikalischen Prozesse kontinuierlich und kausal ablaufen. Zustände und Änderungen werden durch stetige und differenzierbare Funktionen beschrieben und laufen auch so ab. Eine exakt messbare Ursache hat eine exakt vorausberechenbare Wirkung. So ändert sich die Kraft, die auf einen Körper wirkt, kontinuierlich in Bezug zur Masse und deren Beschleunigung. Alles besteht in der für den Menschen beobachtbaren Welt aus einem Kontinuum von Ursache und Wirkung, die in einem klaren Verhältnis stehen. In der klassischen Physik ist daher nichts dem Zufall überlassen. In der Physik der kleinsten Teilchen (unter anderem also der Quantenphysik) verhält sich dies nun vollkommen anders.

In der Welt der Quanten, gibt es keine kontinuierlichen Verläufe mehr, sondern physikalische Größen können nur einen exakt bestimmbaren – also diskreten – Wert annehmen. Anhand des Beispiels einer Schattenuhr kann man dies darstellen.

Beobachtet man eine Schattenuhr, dann kann man nicht erkennen, wie der Schatten sich bewegt. Der Schatten wandert kontinuierlich weiter. Das sind die Beobachtungen der klassischen Physik. Übertragen auf die Quantenphysik, wandert der Schatten nun nicht weiter, sondern er springt von einem exakt messbaren Punkt zum nächsten. Jeder Schattenstand hat nur einen diskreten Zustand.

Diese Entdeckung hat Auswirkung auf die digitale Technologie, denn hier werden immer die diskreten Zustände eines Systems gemessen und werden damit immer exakt abbildbar.

Wir nehmen Zeit als einen kontinuierlichen Prozess wahr. Der Schatten einer Sonnenuhr wandert, ohne dass wir erkennen können, wie sich dieser bewegt. Wenn wir den Schatten mit genügend Zeitabstand abfotografieren, dann wirkt es aber, als ob er springt: von einem Punkt zu einem nächsten. Nach diesem Prinzip verhalten sich Quanten.

Es gibt nur, wie in dem Bild analog dargestellt, exakte Werte und Aufenthaltspunkte.

## 5.1.2  Die wahrscheinliche Welt

Allerdings springen die Teilchen nicht nur, sondern sie verhalten sich „wahrscheinlich". Um das darzustellen, nehmen wir ein Beispiel aus der klassischen Physik.

Wenn man einige Umweltbedingungen, unter denen ein Bagger seine Arbeit verrichten soll, konstant hält, dann ist der Wirkungsgrad des Baggers berechenbar. Der Wirkungsgrad wird nur von wenigen anderen aber eindeutig definierbaren Objekten beeinflusst, weshalb ein stabiles und deterministisches Wirkungssystem entsteht. Der Grad an Information, der benötigt wird, um die Wirkung zu berechnen, ist gering. Der Bagger fördert immer eine definierbare Menge an Materie zu Tage.

Betrachtet man die Welt der kleinsten Teilchen, dann ist dies völlig anders. Es wurde festgestellt, dass – im Gegensatz zu den Beobachtungen und Gesetzen der klassischen Physik – bei

Wiederholung eines Experiments unter genau denselben Bedingungen nicht wieder dasselbe Ergebnis herauskommt, sondern viele Ergebnisse möglich sind.

Übertragen auf das Beispiel des Baggers, würde also bei jeder Aktion ein anderes Ergebnis zustande kommen. So wäre die Schaufel zum Beispiel beim ersten Mal komplett leer und beim zweiten Mal dann komplett gefüllt, während beim dritten Schau-

  **Info**

„In der klassischen Physik gilt: Ist der Zustand eines abgeschlossenen Systems in einem Zeitpunkt vollständig bekannt, so kann man den Zustand des Systems in jedem früheren oder späteren Zeitpunkt berechnen." (Carl Friedrich von Weizsäcker)

felderchgang die Schaufel nur ein Viertel voll wäre, ohne dass sich die Rahmenbedingungen oder das geförderte Material verändert hätten. Die Bedingungen wären nicht so eingrenzbar, dass die Ergebnisse identisch sein können. Die Befüllung der Schaufel würde dann nur noch in einem Wahrscheinlichkeitsraum darstellbar sein. Bei einer definierten Anzahl an Ausführungen, würde man wissen, wie voll eine Schaufel pro Aktion wahrscheinlich ist.

Im Bereich der Quanten bedeutet dies: Bei identischen Bedingungen ist das Ergebnis dennoch nicht eindeutig festgelegt. Die Ergebnisse werden über Wahrscheinlichkeitsverteilungen bestimmt. Es liegt keine klassische Ursache-Wirkungs-Beziehung vor, nur noch eine kalkulierbare Ergebnisverteilung.

Diese Entdeckung hat gerade für digitale Geschäftsmodelle eine hohe Bedeutung, **rückt sie doch die Wahrscheinlichkeitsrechnung in den Fokus im Rahmen wirtschaftlicher Modellierungen.** So wird das Verhalten von Akteuren nur noch als Wahrscheinlichkeitsraum im Rahmen modellierter Umweltbedingungen betrachtet.

Aber nicht nur die Wahrscheinlichkeitsrechnung gewinnt mit diesen Erkenntnissen an Bedeutung, sondern auch der Begriff der Information und dessen explizite Berücksichtigung bei der Modellierung von Wirkungsbeziehungen.

# Wahrscheinlichkeit

## 5.1.3    Information als Teil einer neuen Physik

In der klassischen Physik gibt es sogenannte abschließbare Systeme. Das heißt, das Verhalten von Objekten wird nur von wenigen anderen Objekten entscheidend beeinflusst. Damit ließe sich mit der Darstellung von wenigen Objekten ein isoliertes und geschlossenes physikalisches System konstruieren. Es hängt damit nicht alles mit allem so zusammen, dass Vorhersagen des Verhaltens des Systems überhaupt nicht möglich sind. In der Quantenwelt scheint diese Trennung von System und Umwelt nicht mehr zu gelingen. Die Umwelt hat einen Einfluss auf die Objekte im System und daher muss dieser Einfluss der Umgebung berücksichtiget werden.

Damit gewinnt der Begriff der Information an Bedeutung, denn so gesehen mangelt es an Informationen zur Formulierung von exakten kausalen Gesetzen. Und da es an exakten Gesetzen mangelt, gewinnen auch stochastische Größen an Bedeutung in der physikalischen Welt, statt deterministische wie in der klassischen Physik. Nur so kann es gelingen, überhaupt physikalische Gesetze zu formulieren (Honerkamp 2010).

Aus dieser Idee heraus, geht es im eigentlichen Sinne um einen Mangel an Information über einen konkreten und stabilen Zustand eines Systems. Es gibt daher immer einen Grad an Zufall, der in diesen physikalischen Systemen steckt und nicht isoliert werden kann. Für diesen Grad an Zufall kommt in der Physik und mathematischen Kommunikationstheorie der Begriff der Entropie ins Spiel. Entropie ist ein Maß für den Zufall in einem System.

Die Entropie gibt an, wie viel Wahrscheinlichkeit in einem System insgesamt steckt. Dies bedeutet auch, dass je größer die Anzahl der möglichen Einzelzustände innerhalb eines Systems ist, umso kleiner ist die Wahrscheinlichkeit, einen einzelnen Zustand zu finden.

Physikalisch dreht sich an dieser Stelle zunächst einmal der Informationsbegriff um: Ein System ist umso informativer, je mehr Zustände es haben kann und je weniger man über den einzelnen konkreten Zustand bei der Messung weiß. Lotto ist also ein äußerst informatives System, ein Würfelspiel mit nur einem Würfel ein weniger informatives System.

Der Informationsbegriff gewinnt also erst durch die physikalischen Entdeckungen der Quantenphysik diese hohe Relevanz, die sie inzwischen auch in anderen wissenschaftlichen Bereichen hat. Vor allem der Begriff der Entropie und der Bits hat eine große Bedeutung in der mathematischen Theorie der Kommunikation und der Informatik.

**Merke!**

Je unwahrscheinlicher ein Zustand eines einzelnen Elements in einem bestimmbaren System, umso mehr Information hat das System. (Honerkamp 2010)

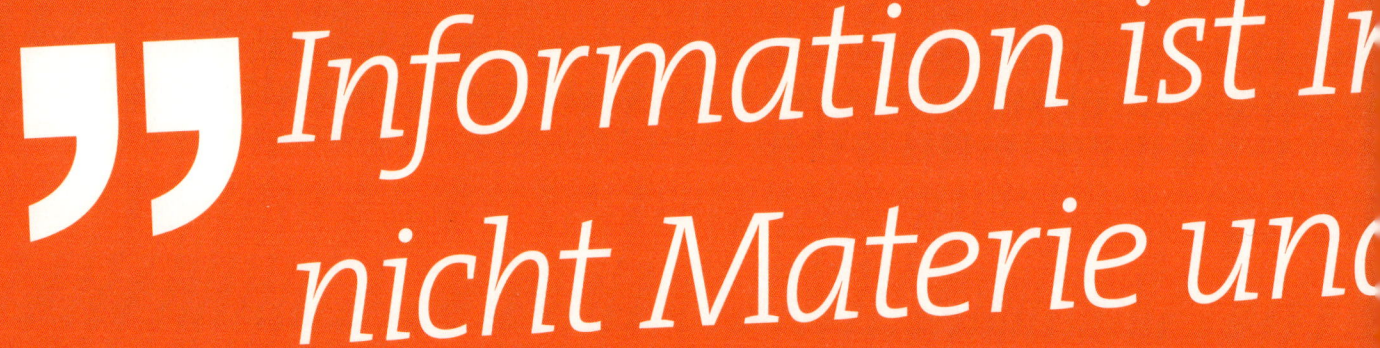

„*Information ist In
nicht Materie und*

(Norbert Wiener)

*formation,
nicht Energie.* **„**

*Information*

Der Begriff der Information rückt bei der Analyse und Konzeption digitaler Geschäftsmodelle immer stärker in den Mittelpunkt der wissenschaftlichen und ökonomischen Betrachtung. Heute wird Information als einer der wichtigsten Wirtschafts- und somit Produktions- und Erfolgsfaktoren gesehen.

Vor allem hat sich der Fokus auf eine Wissenschaftsrichtung gerichtet, die sich grundlegend mit dem Thema der Information und deren systematischen sowie automatischen Verarbeitung und zielführenden Berechnung beschäftigt: der Informatik.

Daher spielen einige grundlegende Ideen und Konzepte der Informatik bei der Entwicklung digitaler Geschäftsmodelle und bei der Konzeption des DVC-Frameworks eine entscheidende Rolle. Ohne diese Konzepte und Lösungsansätze können heute keine erfolgreichen digitalen Geschäftsmodelle entwickelt und betrieben werden. Vor allem der Begriff Information muss aus dieser Sicht heraus definiert und verstanden werden. Und diese Sicht auf Information ist vor allem eine mathematische und kybernetische.

## Mathematische Kommunikationstheorie

In der Welt der Informationstechnologie wird Information zu allererst stochastisch definiert. Information ist im Bereich der Informationstechnologie eine berechenbare und mittels Wahrscheinlichkeit bestimmbare Größe zwischen zwei Systemen. Damit wird Information und die Ermittlung von Information zu einem formal berechenbaren Prozess, der nur noch oberflächlich mit dem, was Menschen als Information verstehen, zu tun hat. Auch in dieser Theorie spielt der Begriff der Entropie eine zentrale Rolle. Die Entropie gibt den durchschnittlichen Zufall an, der in einer Menge an Zeichen steckt. Einfach formuliert:

Wie oft muss ich durchschnittlich einen Würfel werfen, bis ich eine gewünschte Zahl erhalte?

Diese Zahl wird berechnet durch den Logarithmus der Basiszahl 2 und wird in Bits angegeben. Wenn ich also eine Drei würfeln möchte, muss ich einen Würfel durchschnittlich drei Mal werfen, um die gewünschte Zahl zu erhalten.

Bits sind in dieser Theorie, sowohl die durchschnittliche Anzahl von Entscheidungen (Bits), die benötigt werden, um ein Zeichen aus einer Zeichenmenge zu identifizieren oder zu isolieren als auch die Zahl an Bits im Sinne von binären 0- oder 1- Zuständen, die benötigt werden, um alle Zustände eines Systems zu codieren.

Im Beispiel eines Würfels muss dieser nicht nur dreimal geworfen werden, um eine Zahl zu isolieren, sondern es werden auch drei Bits benötigt, um alle möglichen Zustände des Würfels beschreiben zu können. Hierbei wird das Ergebnis der Berechnung der Entropie aufgerundet, da ein diskretes System keine Zwischenzustände haben darf.

| Würfelzahl | Darstellung in binärer Form | | |
|---|---|---|---|
| 1 | 0 | 0 | 0 |
| 2 | 1 | 0 | 0 |
| 3 | 1 | 1 | 0 |
| 4 | 1 | 1 | 1 |
| 5 | 1 | 0 | 1 |
| 6 | 0 | 0 | 1 |

Kommunikation

Die sogenannte mathematische Kommunikationstheorie (deren Begründer vor allem Claude Shannon und Warren Weaver sind) hat die Grundlage geschaffen, wie heute im Internet zwischen Servern kommuniziert wird. Um mathematische Aussagen über Nachrichten und ihre Übertragung machen zu können, benutzte Shannon ein Modell, das auf folgenden Grundaussagen beruht:

- Nachrichten haben eine statistische Struktur, d. h., in einer Nachricht treten die einzelnen Zeichen, aus denen sie besteht, mit bestimmten festen Wahrscheinlichkeiten auf.

- Kommunikation besteht aus der Auswahl einer Nachricht aus mehreren möglichen Nachrichten.

- Die Nachricht, also die Kommunikation zwischen Sender und Empfänger, ist ein stochastischer Prozess.

In dem Modell generiert eine diskrete Nachrichtenquelle, z. B. ein Computer, eine Nachricht durch wiederholte Auswahl von Zeichen aus einer gegebenen Zeichenmenge. Dies wird in dem Modell auch Alphabet genannt. Das Alphabet kann dabei jegliche Menge an Zeichen sein, solange diese endlich und eindeutig definiert ist, so z. B. unser Alphabet von A bis Z oder die

Zahlen von 0 bis 9 oder auch nur 0 oder 1.

Die Auswahl der Zeichen geschieht dabei zufällig. Allerdings wird jedem Zeichen des Alphabets eine gewisse Auswahlwahrscheinlichkeit zugeordnet. Die Auswahl eines bestimmten Zeichens wird durch die Auswahlwahrscheinlichkeit des Zeichens selbst und durch die Auswahl vorhergehender Zeichen bestimmt. So hat in der deutschen Sprache das E eine höhere Auswahlwahrscheinlichkeit als das Q. Und wie schon beschrieben, verändern gewisse Vorauswahlen die Wahrscheinlichkeit eines Zeichens. Nach „Sc" liegt die Wahrscheinlichkeit, dass das „h" gezogen wird bei 100 Prozent. Deswegen kann eine diskrete Nachrichtenquelle mathematisch als stochastischer Prozess angesehen werden.

An dem Beispiel eines Ratespiels, bei dem eine Zahl zwischen 1 und 8 gesucht wird, kann dieses Vorgehen skizziert werden: Ein Spieler (in diesem Fall ein Sender) soll an eine Zahl zwischen 1 und 8 denken. Der andere Spieler (der Empfänger) soll die Zahl eindeutig bestimmen. Der Empfänger stellt dabei immer nur eine Frage die lautet: „Ist die Zahl größer als X oder ist die Zahl kleiner als X?" X ist dabei definiert als eine Zahl zwischen 1 und 8. Der Sender antwortet nur mit Ja oder Nein oder 0 oder 1. Es soll durch möglichst wenige Fragestellungen die exakte Zahl bestimmt werden.

Wie oft muss also der Empfänger die Frage stellen, bis die richtige Zahl gezogen wurde? Diese Zahl kann mathematisch exakt bestimmt werden und dabei reduziert das Vorgehen erheblich die Anzahl (also die Effizienz) der Fragen. Die korrekte Zahl erhält man, in dem man den Logarithmus mit der Basis 2 der Zahl 8 berechnet. Das Ergebnis lautet in diesem Fall 3. Es ist also möglich, mit drei Fragen die gesuchte Zahl zu bestimmen.

Die sequenzielle Vorgehensregel (oder der „Algorithmus") definiert dabei, dass man den Suchraum bei jeder Frage halbiert. Konkret läuft der Algorithmus so ab: „Ist die Zahl größer als 4?" Antwort: „Nein", dann lautet die nächste Frage: „Ist die Zahl größer als 2?" wenn die Antwort wieder „Nein" lautet, folgt die dritte und letzte Frage: „Ist die Zahl größer als 1?" Mit der letzten Ja/Nein Antwort ist dann klar, ob es sich um die 1 oder 2 handelt. Im Ergebnis sieht der Entscheidungsbaum dann folgendermaßen aus:

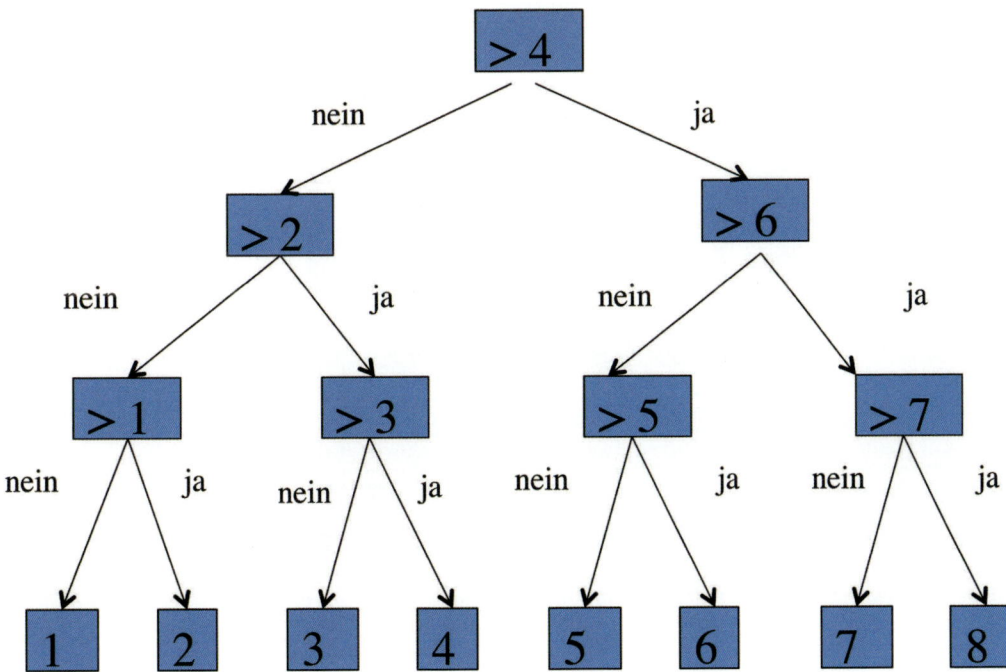

*Durch die Halbierung eines Suchraumes mit Hilfe von Ja/Nein-Fragen kann exakt berechnet werden, wie oft eine Frage gestellt werden muss, um die Zahl zu finden. Mit Hilfe der Entropie kann diese Zahl ermittelt werden.*

Hierbei kommt es zu einer erheblichen Reduktion der Rechnerkapazität, die benötigt wird, um exakte Ergebnisse zu erhalten. Bei einem Suchraum innerhalb von 1000 Zahlen werden nur zehn Fragen benötigt und bei 10.000 Zahlen werden nur 14 Fragen benötigt. Die Anzahl der Fragen, die dabei als Ergebnis herauskommen, sind sogenannte Bits. Diese Bits geben an, wie viel Information benötigt wird, um alle Ergebnisse in einem binären System darzustellen.

Bei einem Suchraum von 1 bis 8 werden lediglich drei Bits benötigt, um alle möglichen Systemzustände darzustellen, bei einem Suchraum von 1.000 werden zehn Bits benötigt. Diese können in einer Matrix formal codiert dargestellt werden:

| Codierung/Zahlen | Darstellung in binärer Form | | |
|:---:|:---:|:---:|:---:|
| 1 | 0 | 0 | 0 |
| 2 | 1 | 0 | 0 |
| 3 | 1 | 1 | 0 |
| 4 | 1 | 1 | 1 |
| 5 | 1 | 0 | 1 |
| 6 | 0 | 0 | 1 |
| 7 | 0 | 1 | 1 |
| 8 | 0 | 1 | 0 |

*Alle Zustände eines Systems können an Hand von drei Bits dargestellt werden. Mehr Informationen werden nicht benötigt.*

# Binärcodes

Information bezeichnet also in der informationstechnologischen Welt alles, was eine technisch mess- und berechenbare Datenmenge darstellt. Messbar sind alle physikalischen Größen wie Gewicht, Temperatur, Licht sofern diese digital wandelbar sind.

Bezogen auf das Internet sind diese Daten dann Informationsquanten oder anders ausgedrückt Bits. Und alles, was gemessen werden kann und als klar definierte Zeichenmenge vorliegt, ist Information. Für die Informationen muss es daher aber immer ein Bezugssystem geben. Es reicht also nicht aus, etwas nur zu messen, sondern die Messungen müssen in ein System überführt bzw. gewandelt werden So ist auch Schrift ein Bezugssystem, welches einer exakten Codierung unterliegt. So sind in den westlichen Sprachen alle Wörter aus einem Alphabet – einer definierten Anzahl Buchstaben – ableit- und herstellbar. Im heutigen Computerzeitalter, werden Buchstaben wiederum in Binärcodes, bestehend aus Nullen und Einsen, transferiert.

 Mit diesem Vorgehen kann man auch den Bezug zu dem wohl für die Entwicklung digitaler Geschäftsmodelle wichtigsten Teil der Informatik herstellen, der sogenannten Graphentheorie. Bevor wir uns der Graphentheorie nähern, muss noch eine weitere Definition von Information für die Herleitung digitaler Geschäftsmodelle betrachtet werden.

## 5.2.2 Information als Struktur

Neben den Dimensionen der Messbarkeit und Berechenbarkeit von Information ist Information in der Theorie der Kybernetik definiert als eine Zunahme von Organisation oder Ordnung. Dieses Konzept wurde durch den amerikanischen Mathematiker Norbert Wiener populär. Je organisierter ein System umso größer ist sein Informationsgehalt. Mit den Ideen der Kybernetik, die ebenfalls eine große Bedeutung für die Informationstechnologie und hierbei besonders für Computer- und die Softwareentwicklung hat, wird Information auch eine der zentralen physikalischen Größen neben Materie und Energie.

**Merke!**

Information steigt mit der Zunahme von Ordnung aufgrund der Wechselwirkung innerhalb eines Systems oder zwischen den Systemen. (Capurro 1995)

Je besser einzelne Informationen in Strukturen eingebettet sind, desto höher ist der Grad an Information. So ist Struktur (oder anders ausgedrückt Anordnung) von Atomen und Molekülen für Physiker Information. Ein niedrigerer Organisationsgrad der Atome ist mit weniger Information gleichzusetzen. Wenn also das Alphabet der deutschen Sprache die messbare Datenmenge ist, dann sind Wörter, die sich aus den Buchstaben ableitende Struktur. Aus Wörtern können Sätze gebildet werden, die auf Grund des höheren Ordnungsgrades mehr Information aufweisen. Dieser Ordnungsgrad wird Syntax genannt und diese wird durch Grammatikregeln festgelegt. Damit weisen Sätze mehr Information aus als Wörter und Wörter mehr als ein „unstrukturierter" Haufen an Buchstaben.

Vereinfacht vorgestellt, enthält ein zusammengesetztes Puzzle mehr Information, als wenn man vor den aus der Packung ausgeschütteten Puzzleteilen sitzt. Gerade die immense Bedeutung von Struktur im Rahmen der Informationstheorie erklärt auch die zunehmende Bedeutung der Graphentheorie. Denn Struktur kann formal gesehen immer als Abbildung eines Netzwerkes aus „Knoten" und „Kanten" betrachtet werden.

**Graphentheorie**

Die Graphentheorie ist ein Zweig der „Diskreten Mathematik" und ein wichtiges Teilgebiet der Informatik.

Die Graphentheorie modelliert Problemstellungen als Graph.

**Ein Graph ist ein Paar aus Mengen. Diese Mengen bestehen aus Knoten und einer Menge aus Kanten, die die Knoten miteinander verbinden (Krischke; Röpcke 2015, S. 17). Die Anzahl der Kanten, die ein Knoten aufweist, werden Grade genannt.**

Ein U-Bahn-Netz kann genauso als Graph abgebildet werden, wie das Internet oder Freundschaftsbeziehungen. Auch ein Produktkatalog, wie z. B. der von Ikea, oder eine Entscheidung können als Graph dargestellt werden, ebenso wie Organigramme in Organisationen einen Graph repräsentieren.

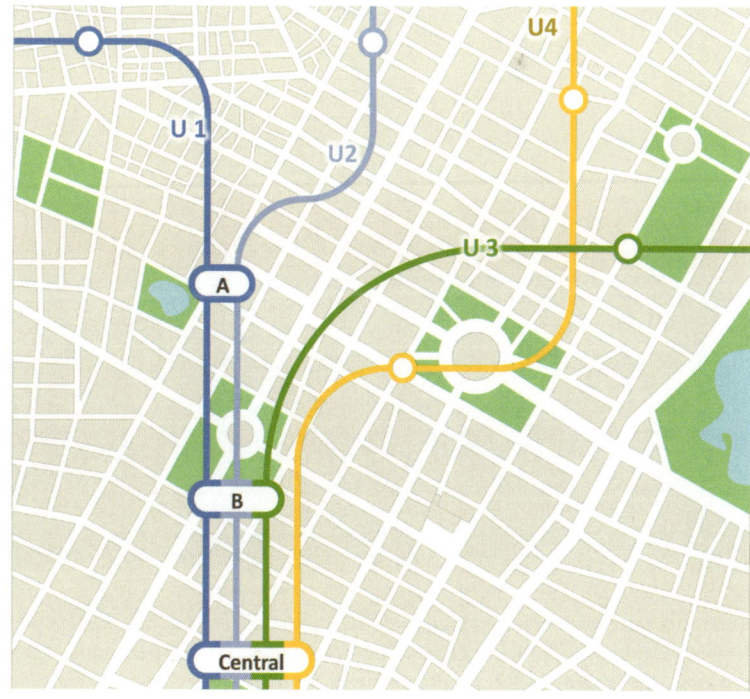

*Ein U-Bahn-Netzwerk kann formal als Graph abgebildet werden. Die Stationen sind die Knoten, die Linien die Kanten. Je mehr Grade (also Verbindungen) eine U-Bahn-Station aufweist, umso wichtiger ist ihre Bedeutung im Netzwerk. Solche Knoten werden auch Hubs genannt.*

Bildet man einen einfachen Graphen formal ab, dann werden nur die Knoten und Kanten sowie Grade dargestellt.

Der Graph kann neben der visuellen Darstellung auch in Form einer Matrix – einer sogenannten Adjenzmatrix – abgebildet werden. Hierbei werden die Knoten und deren Verbindungen untereinander dargestellt. Eine 1 bedeutet verbunden und eine 0 nicht verbunden.

*Der abgebildete Graph hat in diesem Fall vier Knoten und fünf Kanten. Die Knoten haben damit eine unterschiedliche Anzahl an Verbindungspunkten, also an Graden. So hat Punkt 1 drei Grade, Punkt 2 ebenso drei Grade. Punkt 3 und 4 haben jeweils nur zwei Grade.*

| Knoten/ Knoten | 1 | 2 | 3 | 4 |
|:---:|:---:|:---:|:---:|:---:|
| 1 | 0 | 1 | 1 | 1 |
| 2 | 1 | 0 | 1 | 1 |
| 3 | 1 | 1 | 0 | 0 |
| 4 | 1 | 1 | 0 | 0 |

*Die Matrix zeigt, ob Knoten verbunden sind oder nicht und mit welchem Knoten die Verbindung besteht. Zugleich gibt die Matrix an, wie viele Bits benötigt werden, um alle Beziehungen formal abzubilden. In diesem Fall werden vier Bits benötigt, um alle Zustände des Graphens darzustellen.*

Neben der reinen Abbildung können die Graphen noch eine sogenannte Färbung erhalten. Hierbei werden Knoten und/oder Kanten Farben zugewiesen, um zum Beispiel diese jeweils differenzieren zu können. Damit können komplexere Graphen modelliert werden.

Ebenso können Graphen Richtungen erhalten so z. B. zeigt ein Knoten immer in eine Richtung oder die Knoten verweisen wechselseitig auf den jeweils anderen.

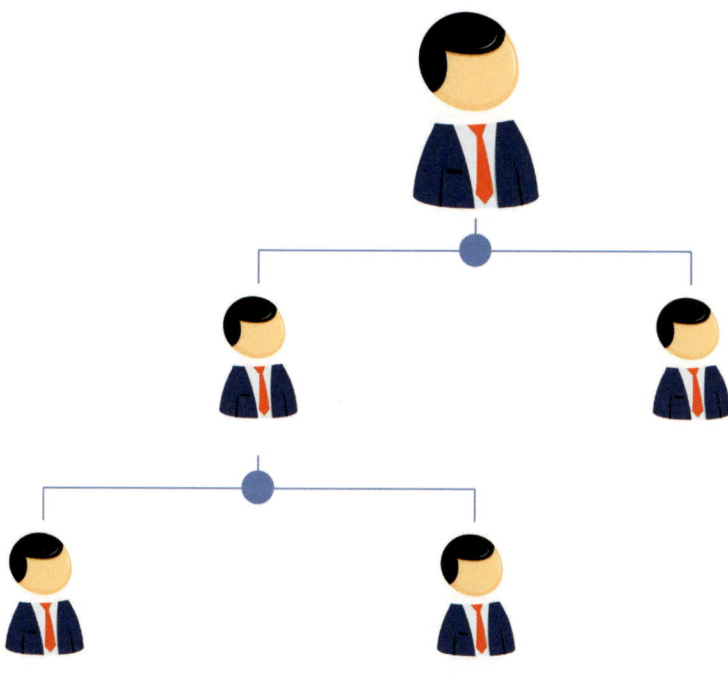

*Graphen können eine Richtung haben. So ist zum Beispiel bei einer Organisation die Richtung der Entscheidung eindeutig festgelegt.*

Die Knoten können – und dies ist besonders relevant für die Geschäftsmodellierung – in verschiedene Mengen eingeteilt werden, dies nennt man bipartit – zum Beispiel wenn man eine Menge von Frauen und Männern auf einem Dating-Portal in verschiedene Gruppen einteilen möchte.

Damit sind die Modellierungsmöglichkeiten umfassend und komplex und eignen sich daher sehr gut im Rahmen digitaler Geschäftsmodelle verschiedene Problemstellungen zu modellieren. Ein weiterer Vorteil ist, dass mit der reinen Graphentheorie möglich ist, Problemstellungen innerhalb von Netzwerken so zu formulieren und formal darzustellen, dass sie von der Art des Netzwerkes und deren semantischen Bedeutung losgelöst betrachtet werden und mittels mathematischer Algorithmen allgemein gelöst werden können.

So werden Konzepte und Verfahren in beliebige Anwendungskontexte übertragbar und als Graph abbildbar. Daher eignen sich diese Ansätze sehr gut für die Modellierung von Business Models. Denn die meisten Problemstellungen innerhalb von plattformbasierten Geschäftsmodellen (und digitale Geschäftsmodelle gehören zu dieser Gruppe) sind immer auch Problemstellungen in Netzwerken. Die konkrete und formale Lösung der Problemstellung in einem Graphen erfolgt dann durch die Anwendung von Algorithmen und Agenten.

Aus der informatischen Sicht heraus können Agenten definiert werden als ein ausführendes System, welches im Auftrag eines anderen Systems (eines Principals) Aufgaben ausführt, um die Ziele und Wünsche des auftraggebenden Systems zu repräsentieren, zu verfolgen und schließlich zu erreichen.

Agenten müssen dazu die Umwelt und deren Bedingungen, die eine Zielerreichung ermöglichen oder verhindern, kennen und berücksichtigen. Dabei müssen sie Input aus der Umwelt wahrnehmen, interpretieren, Schlussfolgerungen ziehen und daraus wiederum Maßnahmen und Reaktionen ableiten.Die Aktionen müssen eigenständig, oder, anders ausgedrückt, mit einen definierten Grad an Autonomie ausgeführt werden, um Ziele zu erreichen und wiederum andere Systeme (wiederum einen Principal) beeinflussen zu können.

Agenten wenden hierbei Regeln an, die ein anderer – der Principal - repräsentiert. Agenten müssen diese Problemstellungen unter gegebene Rahmenbedingungen stabil und wiederholbar durch die Anwendung von Regelsystemen lösen können.

Dabei dürfen diese Regeln nicht von der individuellen Kompetenz einzelner Agenten abhängen, sondern von der Ausführung der Algorithmen. Allerdings dürfen die Algorithmen nicht so klar und einfach sein, dass der Principal diese selbst schneller und günstiger ausführen und lösen kann.

Die Regeln, die ein Agent ausführt, sind aus Sicht des Frameworks Softwarealgorithmen. Das sind Regelwerke und Verfahren, die so formuliert sind, dass konkrete Funktionen nur durch die Anwendung des Regelwerkes gelöst werden, ohne dass der Anwender den Lösungsweg selbst intellektuell erfassen oder begreifen muss. Der Algorithmus wendet die Regeln auf die Funktion an und ergänzt diese Funktion zugleich um eine Ablaufsteuerung und -kontrolle (in Anlehnung an Schöning 2008, S.1 und 156).

Die Anwender der Funktion müssen nicht die Ursache-Wirkungs-Beziehungen selbst entdecken und sie müssen die Wirkungsbestandteile auch nicht selbst in Beziehung setzen. Es reicht, die Regeln anzuwenden und so ein gewünschtes Ergebnis auf Basis der Befolgung der Verfahren zu erzielen.

Für Geschäftsmodelle, die bisher die Regeln nicht durch Software haben ausführen lassen, bedeutet dies, dass kein Softwareagent und keine neuen Softwarealgorithmen die Aufgaben effizienter und besser lösen können dürfen. Sollte das der Fall sein, verliert das Modell langfristig die ökonomische Existenzberechtigung, da Transaktionen nun technisch effizienter ausgeführt werden können. Gerade unter sich ändernden technischen Rahmenbedingungen ist dies aber häufig der Fall. Daher haben Algorithmen eine so große Bedeutung bei der strategischen Modellierung von Geschäftsmodellen. Sie lösen die Frage: „Wie wird eine Problemstellung konkret und effizient gelöst?"

Die Ideen der Informatik legen daher die eigentlichen Voraussetzungen für ein neues technologisches Grundgerüst und Verständnis der digitalen Ökonomie. ◢◣◤

[3] http://wirtschaftslexikon.gabler.de/Archiv/1711/agent-v11.html

," *Die Gefahr, dass der Co der Mensch, ist nicht s dass der Mensch so wi*

(Konrad Zuse)

OZIOLOGISCHE

mputer so wird wie
groß wie die Gefahr,
d wie der Computer. „

Im Bereich der ökonomischen und soziologischen Theorien gibt es einige Konzepte und Ansätze, die grundsätzlich sehr nahe an den Ideen und Modellen der Physik, Informatik und der digitalen Technologie liegen. Auf diesen Übelregungen basieren viele Ideen und Konzepte des Frameworks, weshalb diese etwas näher dargestellt werden sollen.

## 5.3.1 Neue Institutionenökonomie

Die Frage bei der Modellierung von Geschäftsmodellen darf sich nicht darauf beschränken, was Geschäftsmodelle sind, sondern muss der Frage nachgehen, warum und wie Modelle unter definierten Rahmenbedingungen erfolgreich gestaltet werden können. Es geht also um die Frage nach der Existenzberechtigung von digitalen Geschäftsmodellen. Statt: „Was ist ein Geschäftsmodell?" steht also die Frage im Raum: „Wie kann man ein wirtschaftlich erfolgreiches Modell in der neuen digitalen Umgebung gestalten?"

Die „Neue Institutionenökonomie" (NIÖ) liefert hierfür wichtige Erkenntnisse und Konzepte, die zeigen, was besondere Erfolgsfaktoren bei der Entwicklung von Geschäftsmodellen darstellen. Es sind die Transaktionen und die mit diesen verbundenen Kosten. Denn im wirtschaftlichen Handeln geht es darum, Transaktionen durchzuführen. Transaktionen führen – und hier gibt es eine große Nähe zur Informatik – zu Veränderungen in Bezug auf den Informationsstand zwischen zwei Systeme. Damit sind Transaktionen die Grundvoraussetzung wirtschaftlichen Erfolges. Kommen keine Transaktionen zwischen einem Anbieter und einem

Nachfrager zustande, kann kein Wert erfasst werden und wenn kein Wert erfasst werden kann, dann können auch keine Organisationen existieren.

 **Info**

Im Rahmen von Transaktionen kommt es zu einer Übertragung von Informationen und Informationsgütern über eine technische Schnittstelle hinweg. Jede Transaktion wird dabei mittels einer Abfolge von Programmschritten zwischen zwei Systemen durchgeführt. Dabei wird eine Funktion beendet und eine andere beginnt.[5]

Damit ist die kleinste und wichtigste Einheit wirtschaftlichen Handelns die Übertragung von Rechten und Informationen über eine technische Schnittstelle hinweg.

[5] http://wirtschaftslexikon.gabler.de/Archiv/5996/transaktion-v12.html

## Transaktionen benötigen Akteure

Um Leistungen und Informationen über eine technische Schnittstelle hinweg auszutauschen, werden Akteure benötigt, die zumindest kurzfristig eine technische und rechtliche Beziehung zueinander haben oder aufbauen, um die Informationen und Leistungen auszutauschen. In der Neuen Institutionenökonomie wird von Principals (Auftraggebern) und Agents (Auftragnehmern) gesprochen, zwischen denen ein Leistungsaustausch stattfindet.

**Info**

Transaktionen finden zwischen einem Auftraggeber (Principal) und einem Auftragnehmer (Agent) statt.

In einer abstrakteren Form kann man von einem anbietendem System und einem nachfragenden System sprechen.

Das bedeutet: Informationen und Informationsgüter müssen immer zwischen zwei Systemen übertragen werden. Hierbei besteht zwischen beiden Systemen eine Informationsasymmetrie, da der Principal über weniger Informationen, als der Agent verfügt (z. B. „Ist die Ware qualitativ hochwertig?", „Ist der Preis wirklich gut?") Auch hier zeigt sich eine gedankliche und konzeptionelle Nähe zu den technologischen Grundlagen. Denn jeder Rechner benötigt ein In- und ein Outputsystem.

*Akteure*

## Akteure treffen Entscheidungen

Betrachtet man einen Leistungsaustausch zwischen einem Agent und einem Principal als Entscheidungs- und Handlungsprozess, dann kann dieser in viele einzelne Phasen unterteilt werden.

Bevor eine Entscheidung getroffen wird, zum Beispiel einen Friseur aufzusuchen, einen Anzug zu kaufen oder ein Auto zu leasen, findet ein Entscheidungsprozess statt. In einer einfachen Modellierung können fünf Phasen dieses Prozesses dargestellt werden, und zwar in die Phase der Anbahnung, der Vereinbarung, die Phase des Abschlusses. Die Phase nach dem Abschluss ist die der Abwicklung, bei der die Rechteübertragung und Leistungsdurchführung erfolgt. Daran schließt sich die Phase der Kontrolle.

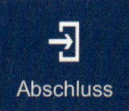

Anbahnung | Vereinbarung | Abschluss | Abwicklung | Kontrolle

*Um den konkreten Austausch von Waren und Leistungen herum, finden Entscheidungsphasen statt, die aus Sicht von Informationszuständen als einzelne Transaktionsphasen definiert werden können.*

Dabei sind die Phasen des Leistungsaustausches, also Abschluss und Abwicklung, ein besonderer Fall, denn hier werden im eigentlichen Sinne Rechte an Gütern ausgetauscht. Hier ändert sich insofern eine rechtliche Information zwischen Principal und Agent. Der Agent muss das Recht besitzen und dieses auf den Principal übertragen können. In jeder der Phasen entstehen dabei spezifische Kosten.

Um jede Transaktion herum und in jeder Phase entstehen spezifische Kosten. Diese Kosten sind in den seltensten Fällen monetäre Kosten, ein viel größerer Teil der Transaktionskosten sind nicht monetärer Art.

Ein Beispiel hierzu: Wenn ich einen Anzug in einem Kleidungsgeschäft kaufen möchte, muss ich mich auf den Weg zu dem Geschäft begeben. Wenn ich zu Fuß dort hingehe entstehen ebenso Kosten, wie wenn ich mit der U-Bahn fahre und dafür eine Karte kaufen muss. Wenn ich im Geschäft eingetroffen bin, dann muss ich zuerst einen passenden Anzug aussuchen, diesen anprobieren und bewerten, ob dieser den gewünschten Zweck erfüllt. Zudem muss ich mir sicher sein, dass es diesen vielleicht nicht irgendwo anders günstiger gibt. Auch kann es sein, dass Anpassungskosten entstehen, weil der Anzug geändert werden muss. Dabei ist wiederum nicht relevant, ob das Geschäft diese Änderungen in Rechnung stellt oder nicht. Nach und mein Geld wieder bekomme. All das sind Kosten, die oft aber nicht explizit im Rahmen der Analyse und Gestaltung von Geschäftsmodellen berücksichtigt werden.

Organisationen, besonders die, die sich zwischen Principal und Agent „schieben", müssen dabei die Transaktionskosten so verändern, dass sie daraus eine Existenzberechtigung erlangen. An dieser Stelle zeigt sich ein starker Zusammenhang mit plattformbasierten Modellen, denn Organisationen, die das Ziel

*In jeder Transaktionsphase fallen spezifische Transaktionskosten an. Unternehmen können diese durch Leistungen für die Akteure reduzieren.*

| Anbahnung | Vereinbarung | Abschluss | Abwicklung | Kontrolle |
|---|---|---|---|---|
| • Suchkosten<br>• Informations-<br>kosten | • Entscheidungs-<br>kosten<br>• Unsicherheits-<br>kosten | • Verhandlungs-<br>kosten | • Anpassungs-<br>kosten<br>• Überprüfungs-<br>kosten | • Überwachungs-<br>kosten |

dem Kauf, muss ich möglichst darauf vertrauen, dass dieser nicht minderer Qualität ist. Wenn ich zum Beispiel erst zu Hause merke, dass die Änderungen falsch durchgeführt wurden, muss ich darauf vertrauen können, dass ich dafür eine kostenlose Änderung erhalte oder den Anzug zurückgeben kann verfolgen von den verändernden Transaktionskosten zu profitieren, sind immer von zwei Wirtschaftssystemen abhängig. Ob Transaktionskosten anfallen und ob diese hoch oder niedrig sind, hängt dabei wiederum von äußeren Faktoren ab.

_Transaktionskosten_

## Transaktionskosten hängen von äußeren Faktoren ab

Kosten hängen wiederum stark von der Leistung und den Waren ab, die in Anspruch genommen werden und von den äußeren Umweltbedingungen. Es gibt Waren und Leistungen, bei denen die Kosten nach der Transaktion besonders hoch sind, weshalb vor der Transaktion kaum eine Möglichkeit für die Principlas besteht, die Leistung zu bewerten.

Typisch ist es bei Filmen, da ein Film in der Qualität erst nach dem Besuch des Kinos oder nach dem Ansehen auf dem Fernseher beurteilt werden kann. Auch bei einer Software ist es dem Anwender erst möglich diese zu bewerten, wenn er diese selbst nutzen kann.

Anders ist es, wenn man zum Beispiel ein Druckerpapier sucht. Hier können viele Kriterien auch vor der eigentlichen Transaktion beurteilt werden. Damit sind auch die Transaktionskosten vor dem eigentlichen Abschluss hoch.

Bei Geschäften, wie zum Beispiel bei einem Hauskauf, kann es wiederum sein, dass die höchsten Kosten während des Abschlusses entstehen, weil hier sehr viele Rechte und Bedingungen im Laufe des Kaufabschlusses verhandelt werden müssen und die Unsicherheit in dieser Phase besonders hoch ist.

Daher etablieren sich Anbieter (Agents) um diese Phasen und die spezifischen Transaktionskosten herum und schaffen so einen Wert, indem sie entweder für einen Principal die Kosten senken oder zwischen zwei Parteien die Kosten möglichst ausgleichen.

Im Rahmen eines Kaufs einer Wohnung oder eines Hauses sind es Notare, die üblicherweise versuchen, die hohen Unsicherheitskosten beider Parteien auszugleichen und die Interessenkonflikte abzumildern. Anbieter von Preisauskünften und -vergleichen sind hingegen typische Beispiele, die die Suchkosten und Anbahnungskosten für eine Principalgruppe reduzieren.

Bei der Analyse und Planung von Geschäftsmodellen hängt es daher maßgeblich davon ab, wie gut die Transaktionskosten gesenkt oder ausgeglichen werden können. Es gibt hierbei relevante Faktoren, die Transaktionskosten beeinflussen:

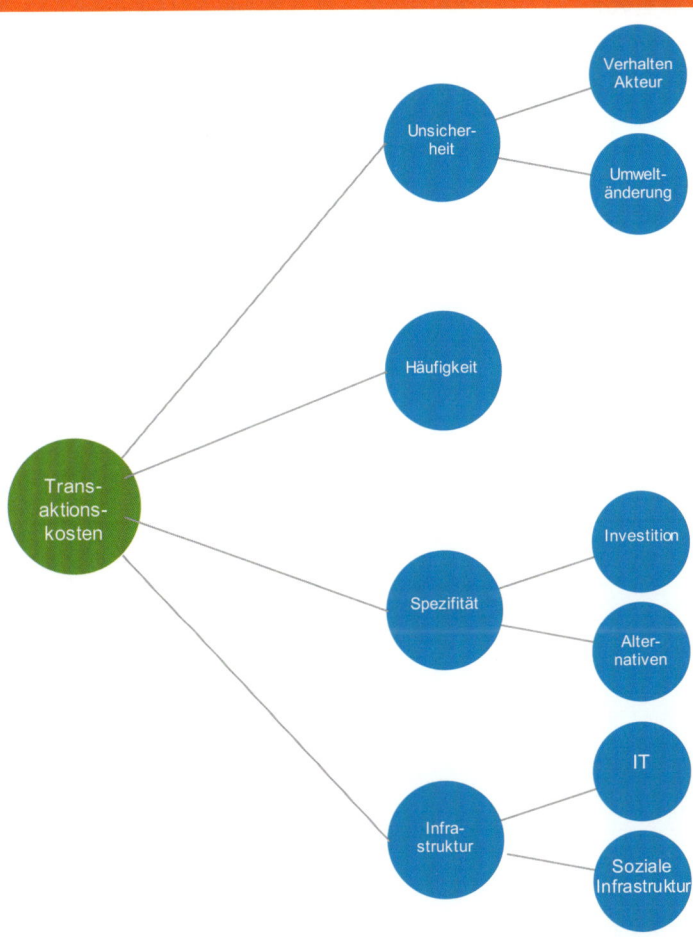

Transaktionskosten hängen von bestimmten Faktoren ab. Technologie und sich verändernde Umweltbedingungen gehören zu diesen Faktoren. (In Anlehnung an Matthes, 2008, S. 44)

Da die technische Infrastruktur und jede (und damit auch technische) Umweltänderung bedeutende Rollen bei den Transaktionskosten spielen, verändert die digitale und internetbasierte Technologie viele Geschäftsmodelldesigns. Damit verlieren auch zahlreiche traditionelle Unternehmen, die auf Geschäftsmodelldesigns aufbauen, die vor der digitalen Technologie entstanden sind, ihre Existenzberechtigung. Daher reicht auch nicht die Abbildung des Geschäftsmodells im Allgemeinen, sondern es muss spezifisch geschaut werden, ob die Modelle noch Wert schaffen und vor allem wie nun Werte geschaffen werden können. Oft verändern sich vor allem durch die veränderten Rahmenbedingungen die sogenannten institutionellen Arrangements, in denen die Transaktionen stattfinden.

Netzwerke

## Transaktionen bilden Netzwerke aus

Die Transaktionen und die jeweiligen Entscheidungsprozesse finden in spezifischen institutionellen „Arrangements" statt. Diese Arrangements hängen von den Kostenfaktoren der Transaktion ab. Dabei gibt es drei grundsätzlich mögliche Ausgestaltungsformen. Transaktionen können auf Märkten stattfinden, sie können innerhalb kooperativer Strukturen eingebettet werden und Transaktionen können innerhalb hierarchischer Organisation ablaufen. In der Theorie werden Leistungen, die hohe Transaktionskosten verursachen in hierarchischen Strukturen abgebildet (z. B. bei einem hohen Koordinationsaufwand oder hoher Spezifität) und vor allem bei standardisierten Leistungen, die geringe Transaktionskosten aufweisen eher in marktlichen Strukturen. Allerdings bilden sich in allen Fällen Netzwerk- oder baumartige Strukturen aus.

Die Kernideen der Neuen Institutionenökonomie weisen daher, neben dem Bezug zur Informatik und Computertechnologie, eine starke Verbindung zu den Ideen der Netzwerk- und zu der Entscheidungstheorie auf.

## 5.3.2 Netzwerktheorie

Die Netzwerktheorie ist kein einheitliches Theoriegebäude, vielmehr fasst der Begriff verschiedene Konzepte zusammen, die auf ähnlichen Grundgedanken basieren. Hier werden für digitale Geschäftsmodelle relevante soziologische und wirtschaftliche Konzepte kurz dargestellt.

Da das Internet ein Netzwerk an Rechnern darstellt, gibt es hier einen starken Bezug zwischen den technologischen, informatischen und den hier skizzierten soziologischen und wirtschaftlichen Konzepten. Ein Netzwerk wird in der Wirtschaft und Soziologie dabei nicht rein technisch oder abstrakt im Sinne eines Graphen definiert, sondern als ein Geflecht von sozialen Beziehungen, in das Individuen sowie kollektive oder kooperative Akteure eingebettet sind (Jansen/Wald, 2007; S. 188). Dabei liegt der Grundgedanke vor allem in der soziologischen Netzwerktheorie in der Beziehung (Relationen) von Akteuren und nicht mehr auf der Analyse des einzelnen Akteurs alleine.

Die Beziehungen und die Beziehungsdynamiken zwischen den Akteuren werden Zentrum und Erklärungspunkt wissenschaftlicher Analyse des Verhaltens von Individuen. Die Netzwerktheorie erklärt dabei soziale Phänomene und damit auch Entscheidungsprozesse von Akteuren nicht aus deren individuellen Motiven heraus, sondern die Beziehungen, in die Individuen eingebunden sind, werden als Erklärungsansatz herangezogen.

Für die Definition und die Abbildung digitaler Geschäftsmodelle sind dabei drei Theorieansätze von hoher Bedeutung. Zum einen die sogenannte Akteur-Netzwerk-Theorie (ANT), die Social Network Analysis (SNA) und schließlich die Theorie zweiseitiger Märkte.

Akteur-Netzwerk

## Akteur-Netzwerk-Theorie

Die Akteur-Netzwerk-Theorie hat einen neuen Blick auf die Definition des Sozialen. Meist wird, gerade wenn Geschäftsmodelle skizziert werden, von menschlichen Akteuren ausgegangen. Von diesem Konzept weicht die ANT insofern ab, als diese nicht nur Menschen als handelnde Akutere betrachtet, sondern vielmehr kommt es zu einer Vermengung von menschlichen und nicht-menschlichen Akteuren, die in einer netzwerkartigen Beziehung zueinander stehen und gemeinsam handeln.

Damit können nicht nur Menschen als aktiv Handelnde betrachtet und analysiert werden, sondern vielmehr sind alle Objekte Akteure, denen ein Handlungspotenzial zugeschrieben werden kann.

Die Objekte erlangen dabei innerhalb der Netzwerke „Einfluss", durch die Anzahl, Reichweite und Stabilität der Verbindungen zu anderen Objekten. Damit kann durch die Hinzunahme der ANT der Kreis der Akteure zur Entwicklung erfolgreicher digitaler Geschäftsmodelle erweitert werden um auch nicht menschliche Akteure. Konkret gehören dazu auch Softwareagenten, Sensoren und Aktoren.

Des Weiteren zeigt diese Theorie, dass insbesondere innerhalb der Nutzung von Informations- und Kommunikationstechnologien nie Menschen allein handeln können, sondern immer nur im Verbund mit technischen Objekten. Ein Zugang zum Internet und damit ein Zugang zu digitalen Geschäftsmodellen ist ohne technologische Objekte (was aus Sicht des Technologiemodells Clients sind) nicht möglich.

Neben dem Fokus auf die nicht-menschlichen Akteure und den Handlungsverbund aus Mensch und „Client" sind die Erkenntnisse der Social Network Analysis fundamental wichtig, um die großen Veränderungen durch digitale Technologien im Bereich der Zielgruppendefinition sowie Produkt- und Leistungsdifferenzierungen zu verstehen.

 **Info**

Technologie ist das Bindeglied, welches ein stabiles Netzwerk handelnder Objekte formt. Dabei können nicht nur Menschen als handelnde Akteure betrachtet werden, sondern es rücken auch nicht-menschlichen Akteure in den Fokus der Analyse.

## Social Network Analysis

Die Analyse sozialer Netzwerke hat sich erst im Laufe des 20. Jahrhunderts zu einer dominanten Forschungsrichtung entwickelt. Im Rahmen der Modellierung digitaler Geschäftsmodelle spielt vor allem die Social Network Analysis (SNA) und deren Erklärungsprämisse für soziale Netzwerke einen wichtigen Erklärungsbeitrag. In der SNA liegt der Betrachtungsschwerpunkt auf sozialen Beziehungen und deren Auswirkung auf die in dem Netzwerk eingebetteten Individuen. Die Ideen basieren darauf, dass es charakteristische Muster gibt, in denen Akteure miteinander in Beziehung stehen und diese aufbauen.

Soziale Beziehungen werden als Netzwerk abgebildet, in dem Individuen als Knoten dargestellt werden und die Beziehungen zu anderen Knoten durch Kanten. Innerhalb dieses Netzwerkes sind den Kanten weitere Attribute wie die Nähe, der Grad der Interaktion zwischen Knoten oder die Anzahl der Verknüpfungen (informatisch: Anzahl der Grade) hinzugefügt, die wichtige Parameter darstellen, nach denen sich soziale Formen unterscheiden lassen.

Daraus entsteht eine relationale Struktur einer sozialen Gemeinschaft, die wiederum in größere Netzwerke eingebunden werden kann. Anhand der Abbildung von Beziehungen durch einen Graphen können dann Problemstellungen und Aufgaben innerhalb eines sozialen Netzwerks formal definiert und somit wiederum mathematisch berechnet werden.

Mit der SNA kommt es auch zu einer Abkehr der Betrachtung der Individuen und der individuellen Präferenzen und Motive. Nun ist vielmehr die strukturelle Position der Akteure innerhalb eines Netzwerks entscheidend, wie Akteure etwas wahrnehmen oder wie ihre Einstellungen und Präferenzen sind. Für die Erklärung, was Akteure wollen und wie sie wahrscheinlich handeln werden, ist nun von der Zuordnung zu einem und von ihrer Position in einem sozialen Netzwerk abhängig.

Gerade in diesem Forschungsparadigma hat sich eine interdisziplinäre Netzwerkwissenschaft, bestehend aus Mathematikern, Physikern und Sozialwissenschaftlern entwickelt. Hieraus begründet sich auch die Nähe zu der Modellierung digitaler Geschäftsmodelle. Diese Ideen haben starke Auswirkung auf die Definition von Zielgruppen, über sogenannte „Peer Group-Zuordnungen" und auf die Ausgestaltung des Marketings in Form von Predictive-Marketing und Re-Targeting.

Zweiseitige Märkte

## Zweiseitige Märkte und Netzwerkeffekte

Das Konzept zweiseitiger Märkte und die damit verbundenen Netzwerkeffekte haben für digitale Geschäftsmodelle eine ebenso große, Bedeutung, da digitale Geschäftsmodelle Plattformmodelle darstellen.

Von zweiseitigen Märkten wird gesprochen, wenn auf einer Plattform zwei Nutzergruppen zusammenkommen und die Transaktion, also die Austauschbeziehung zwischen den beiden Nutzergruppen, über die Plattform abgewickelt wird.

Durch diese Konstellation kommt es an den beiden Seiten zu sogenannten Netzwerkeffekten. Diese liegen vor, wenn der wahrgenommene Wert einer Leistung mit der (erwartbaren) Anzahl der Netzwerkteilnehmer steigt. Allerdings müssen auch Netzwerkeffekte an diesen Stellen aus Sicht des Plattformbetreibers entstehen, da sonst keine Skalierung des Geschäftsmodelles erfolgen kann. Nur wenn an beiden Seiten eine kritische Masse an Netzwerkteilnehmern erzielt wird, kann das Modell erfolgreich betrieben werden.

Bei der Art der Netzwerkeffekte kann in zwei Effekte differenziert werden: zwischen einem direkten und einem indirektem Effekt. Direkte Netzwerkeffekte liegen immer dann vor, wenn der Nutzen, den ein Individuum aus einer Leistung zieht, direkt von der Zahl der anderen Teilnehmer an dem Netzwerk abhängt. In diesen Fällen liegt die Austauschbeziehung direkt zwischen den Akteuren, zwischen die sich die Plattform positioniert (so unter anderem bei Facebook, XING, Instagram).

Indirekte Netzwerkeffekte liegen dann vor, wenn es zu einer Steigerung der Attraktivität einer Leistung aufgrund steigender Teilnehmerzahlen an dem Netzwerk kommt. Die Wertsteigerung resultiert aber nicht aus dem direkten Austausch der Leistung im Netzwerk selbst. Dies ist bei allen Geschäftsmodellen so, die Waren (z. B. bei Amazon, Zalando, aber auch Netflix) anbieten. Denn auch eine Zahl an Auswahlmöglichkeiten bringt eine Nutzungssteigerung mit sich.

Da immer aus Leistungen ausgewählt werden muss und Wirtschaftsakteure immer entscheiden müssen, ob sie eine Transaktion durchführen oder nicht, ist eine wichtige konzeptionelle Grundlage – besonders für die strategische Ausgestaltung der Plattform – die Entscheidungstheorie.

Im Rahmen digitaler Geschäftsmodell- und Strategieentwicklung spielen die Ideen und Modelle des sogenannten entscheidungsorientierten Ansatzes der Wirtschaftswissenschaft eine wichtige Rolle. In diesem Ansatz steht der Mensch als entscheidender Erfolgsfaktor im Mittelpunkt betriebswirtschaftlicher Analyse. Hierzu werden die sozial- und verhaltenswissenschaftlichen Erkenntnisse in die strategische Führung integriert.

Der zentrale Kern dieses Ansatzes ist die Betrachtung des Entscheidungsprozesses von Menschen in Bezug auf Waren und Leistungen. Hier zeigt sich die Verbindung zu den Modellen der Neuen Institutionenökonomie, konkret der Transaktionskostentheorie. Der Grundgedanke basiert darauf, dass im Rahmen von Entscheidungsproblemen die Strukturierung des Prozesses zur Entscheidungsfindung einen Nutzen für einen Nutzer darstellt.

Entscheidungsprozesse umfassen definierte Schritte, bei der Entscheidungsbestandteile und deren Merkmalsausprägungen, z. B. Preis oder Farbe eines Produktes, durchlaufen werden und jeder Bestandteil gewichtet und bewertet werden kann. Hierbei wird der gesamte Prozess vom Erkennen des Problems, über die Suche nach Handlungsmöglichkeiten und -alternativen, der Auswahl der günstigsten Handlungsweise, bis hin zur Umsetzung und Kontrolle definiert. Dabei wird von einer gegebenen Situation der Handelnden und deren Ziele ausgegangen und anhand dessen versucht, die bestmögliche Entscheidung unter den zur Verfügung stehenden Informationen zu finden.

Im Rahmen der Theorie werden in einem Entscheidungsmodell die Bestandteile eines Entscheidungsproblems formalisiert abgebildet. Dazu gehören die Präferenzen des Akteurs, der eine Entscheidung treffen soll, die Entscheidungsmerkmale und die Alternativen, die dem Akteur überhaupt zur Verfügung stehen. Diese werden in eine sogenannte Präferenzfunktion überführt. Daraus kann dann die Entscheidung aufgrund logischer und mathematischer Vorschriften berechnet werden. In dieser Theorie bildet der Akteur über die Entscheidung Erwartungen an die Ergebnisse in Form von Wahrscheinlichkeitsurteilen.

Das Grundmodell der Darstellung von Entscheidungsproblemen besteht aus einer Ergebnismatrix und einer Entscheidungsregel. Die Ergebnismatrix stellt das Entscheidungsfeld in tabellarischer Form dar, die Entscheidungsregel formuliert die Präferenzfunktion sowie die Vorschrift, wie diese zu durchlaufen ist, sodass die Lösung logisch abgeleitet werden kann.

*Entscheidungstheorie*

Will man z. B. einen neuen Job annehmen und hat verschiedenen Jobangebote, dann könnte eine einfache Matrix so aussehen:

| Alternativen / Kriterien | Präferenzgewichtung | Firma A | Firma B | Firma C |
|---|---|---|---|---|
| Gehalt | 40% | 1 | 3 | 2 |
| Urlaubstage | 20% | 2 | 1 | 3 |
| Entfernung zum Wohnort | 30% | 2 | 3 | 1 |
| Unternehmensbewertung | 10% | 3 | 2 | 1 |

*Entscheidungen werden formal abgebildet und berechnet.*

Dabei werden die Alternativen in diesem Falle in ein Ranking gebracht, welches über ein Regelwerk bewertet wird. Die Präferenzen des Entscheiders können noch in Form von Prozentangaben gewichtet werden. Diese Informationen werden dann mittels eines mathematischen Algorithmus gelöst. In dem Beispiel wäre also Firma A die erste Wahl und C die zweite Wahl.

Hieran ist eindeutig die Nähe zur Informatik zu erkennen, da die Problemstellung in eine formale Struktur mit diskreten Werten überführt wird. So kann dann wiederum die Ent-scheidung durch einen formallogischen Algorithmus gelöst werden. Zudem zeigt sich die Bedeutung von Informationen für Ent-scheidungen. Denn nur, wenn die entsprechenden Informationen über jedes Entscheidungsmerkmal vorliegen, kann überhaupt ein Algorithmus ausgeführt werden.

Entscheidungen von Akteuren werden hierbei zugleich als eine komplexe Wahrscheinlichkeitsrechnung unter Einbezug von Umweltinformationen definiert. Auch hier zeigt sich die Nähe zu den Ideen der Quantenmechanik, bei der die Wahrscheinlichkeit von Ergebnissen unter gleichen Umweltbedingungen entscheidend ist und nicht die exakte Vorhersagbarkeit dieser. Diese Theorie findet beider Gestaltung von Entscheidungs- und Auswahlprozessen im Rahmen digitaler Geschäftsmodelle eine ebenso häufige Anwendung, wie bei der Darstellung von Leistungsangeboten auf digitalen Plattformen.

Da digitale Geschäftsmodelle Plattformmodelle darstellen, ist die Spieltheorie eine dominante Anwendung bei der strategischen Gestaltung der Beziehungen der Plattform zu den Principals und der Principals untereinander. Dies liegt daran, dass die Spieltheorie eine spezielle Anwendung und Ausgestaltung der Entscheidungstheorie ist, bei der das rationale Entscheidungsverhalten in sozialen Konfliktsituationen modelliert wird. Gerade wenn Netzwerkeffekte vorliegen, hängt der Erfolg einer Plattform nicht von dem eigenen Handeln in Bezug auf einen Principal ab, sondern auch von den Aktionen der anderen Akteurseite. Die Problemlösung erfolgt bei der Spieltheorie zudem interaktiv, was schon die Nähe zur interaktiven Welt der digitalen Geschäftsmodelle begründet. Interaktiv bedeutet, dass das optimale Ergebnis nicht alleine von einem Entscheider abhängt, sondern auch von den Entscheidungen anderer Mitspieler (im ökonomischen Sinne Marktteilnehmer). Und das optimale Ergebnis hängt damit von den einzelnen Spielzügen ab und daher müssen die eigenen Züge auf das Verhalten anderer angepasst werden.

Auch in der Spieltheorie erfolgt die Problemlösung streng „mathematisch" und die optimale Lösung hängt von den jeweiligen Informationsständen und den konkreten Spielzügen der Beteiligten ab.

Die Spieltheorie analysiert derartige Situationen und hilft formale Regeln zu formulieren, nach denen Spieler strategische Entscheidungen treffen soll. Auch hier zeigt sich die Nähe zur Informatik, da es auf Basis spieltheoretischer Überlegungen möglich ist, Algorithmen zu programmieren, die dann die Spiele steuern.

An einem fiktiven Beispiel (in Anlehnung an Amann 2012, S. 87) im Bereich einer strategischen Fragestellungen, kann die konkrete Anwendung der Spieltheorie gezeigt werden. Daran wird dann auch deutlich, dass die Problemstellungen und die Ergebnisse der spieltheoretischen Modellierung sowohl in einer Adjenzmatrix als auch durch einen Graphen dargestellt werden können. Nehmen wir an, dass in einem monopolistischen Markt der einzige bisherige Anbieter (M) einen Umsatz von 36 Millionen Euro erzielt. Durch eine Deregulierung überlegt ein neuer Anbieter (W) nun in den Markt einzutreten. Er hat also die Option: „eintreten" oder „fern bleiben". Bei einem Eintritt muss er 12 Mio. EUR an Kosten aufwenden.

Im Falle des Zutritts des neuen Anbieters W hat der bisherige Anbieter die Wahlmöglichkeit eine aggressive Strategie (aggressiv) zu fahren oder sich den Markt mit W zu teilen (friedlich). Wir nehmen an, dass durch eine aggressive Preisstrategie der gesamte Umsatz im Markt auf ein Volumen von 15 Mio. EUR sinkt. Bei einer friedlichen Strategie sinkt das Umsatzvolumen lediglich auf 32 Mio. EUR. Der Markt verteilt sich bei der aggressiven Strategie zu 60 % auf M und bei einer friedlichen Strategie wird der Markt zwischen beiden Anbietern gleich verteilt.

Aufgrund der Anlaufkosten von W sieht die
Matrix dann folgendermaßen aus:

| | | Anbieter M | |
|---|---|---|---|
| | | aggressiv | friedlich |
| **Anbieter W** | eintreten | -6 / 9 | 4 / 16 |
| | fern bleiben | +6 / 36 | -4 / 36 |

*Die Beziehungen der Akteure und die Entscheidungsalternativen unter Berücksichtigung der*
*möglichen Alternativen des anderen werden in einer Matrix eingetragen.*

*Alternativen*

Da die jeweiligen Spiele sequenziell ablaufen, also in Form von Spielzügen, bei denen jeder Akteur auf einen Zug des Gegners einen eigenen Zug durchführt, werden die sequenziellen Abläufe in Form eines sogenannten Wurzelbaumes dargestellt.

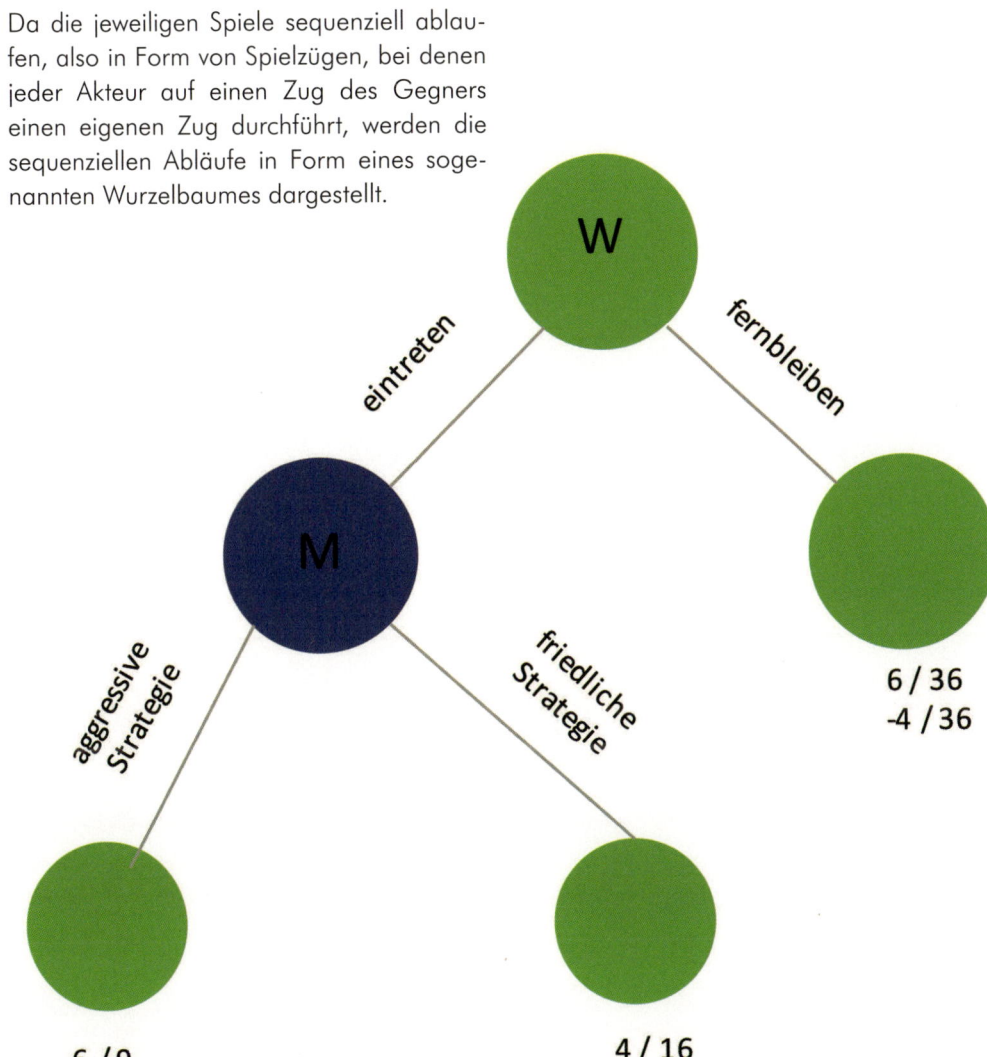

eintreten

fernbleiben

aggressive Strategie

friedliche Strategie

6 / 36
-4 / 36

-6 / 9

4 / 16

*Entscheidungen werden in Form von Ablaufdiagrammen als Graph dargestellt.*

Die Ergebnisse ergeben sich also immer erst durch Spielzüge, die immer eine Reaktion eines Akteurs erfordern. Damit können durch die Anwendung sowohl der Entscheidungs als auch die Spieltheorie die dynamischen Abläufe, die zwischen Akteuren untereinander, in Bezug zu der Plattform, als auch die Abläufe zwischen Plattform und Akteuren entscheidungs- und spieltheoretisch modelliert werden.

Das deshalb, da Plattformen die Informationen, die sie über Akteure sammeln, einsetzen können, um ein Multiplayer- oder Monoplayer-Spiel so zu gestalten, dass diese Spiele wirtschaftlich zugunsten der Geschäftsmodellanbieters ablaufen. Durch die technologischen Möglichkeiten können derartige Spiele auf digitalen Plattformen realisiert werden. So wenden unter anderem eBay und Google spieltheoretische Modelle im Rahmen der Transaktionen an.

## 5.4 Literatur

Amann, Erwin (2012): Spieltheorie für Dummies, Weinheim

Bardmann, Manfred. (2011): Grundlagen der Allgemeinen Betriebswirtschaftslehre, Wiesbaden

Blankart, Charles.B.; Knieps, G. (1994): Kommunikationsgüter ökonomisch betrachtet. – In: Homo oeconomicus 9(3), S. 449–463

Capurro, Rafael (1978): Information. Ein Beitrag zur etymologischen und ideengeschichtlichen Begründung des Informationsbegriffs. München

Capurro, Rafael (1995): Leben im Informationszeitalter. Berlin

Griffith, David (1996): Einführung in die Elementarteilchenphysik, Berlin

Heisenberg, Werner (1969): Das Teil und das Ganze. Gespräche im Umkreis der Atomphysik, München

Holler, Manfred J.; Illing, Gerhard (2006): Einführung in die Spieltheorie, Wiesbaden

Honerkamp, Josef (14. September 2010): Der Informationsbegriff in der Physik unter: http://www.scilogs.de/die-natur-der-naturwissenschaft/der-informationsbegriff-in-der-physik

Jansen, Dorothea; Wald, Andreas (2007) Netzwerktheorien, in: Benz, Lütz, Schimank, Simonis (Hrsg.): Handbuch Governance. Theoretische Grundlagen und empirische Anwendungsfelder. Wiesbaden, S. 188-199

Katz, Michael L. / Shapiro, Carl (1985): Network externalities, competition, andcompatibility. In: American Economic Review 75 (1985), Nr. 3, S. 424-440

Kirger David J/Bellinger, Andrea (2006): ANThology: Ein einführendes Handbuch zur Akteur-Netzwerk-Theorie, Bielefeld

Kloock, Daniela; Sphar, Angela (2000): Medientheorien – Eine Einführung, München

Knapp, Natalie (2013): Der Quantensprung des Denkens, Reinbek bei Hamburg

Küblbeck, Joseph (2015: Quantenphysik, in: Kircher, Ernst et al. (Hrsg.), Physikdidaktik, Heidelberg, S. 480-500

Krischke, Andre; Röpcke, Helge (2015): Graphen und Netzwerktheorie: Grundlagen – Methoden – Anwendungen, München

Matthes, Alexandra (2008): Die Wirkung von Vertrauen auf die Ex-Post-Transaktionskosten in Kooperation und Hierarchie, Wiesbaden

Odenwald, Richard (12.09.2008): Ist Information eine fundamentale Größe unter http://www.focus.de/wissen/weltraum/odenwalds_universum/frage-von-vera-lehmann-ist-information-eine-fundamentale-groesse_aid_332667.html abgerufen am 23.10.2014

Rechenberg, Peter(2003): Zum Informationsbegriff der Informationstheorie, in: Informatik-Spektrum, Ausgabe 05/2003 S.: 317-326

Richter, Rudolf; Furubotn, Eirik (2010): Neue Institutionenökonomik. Eine Einführung und kritische Würdigung, Tübingen

Schöning, Uwe (2008): Ideen der Informatik – Grundlegende Modelle und Konzepte der Theoretischen Informatik, München

Springer Gabler Verlag (Herausgeber), Gabler Wirtschaftslexikon, Stichwort: Agent, unter: http://wirtschaftslexikon.gabler.de/Archiv/1711/agent-v11.html

Springer Gabler Verlag (Herausgeber), Gabler Wirtschaftslexikon, Stichwort: Transaktion, unter: http://wirtschaftslexikon.gabler.de/Archiv/5996/transaktion-v12.html

Stegbauer, Christian (2010): KorRelationen: Empirische Sozialforschung zwischen Königsweg und Kleiner Welt, in: Stegbauer, Christian: Netzwerkanalyse und Netzwerktheorie. Ein neues Paradigma in den Sozialwissenschaften S. 21-47., Wiesbaden

Weizsäcker, Carl Friedrich von (1970): Zum Weltbild der Physik, Stuttgart

Winter, Stefan (2015): Grundzüge der Spieltheorie, Heidelberg

Zeilinger, Anton(2012): Die Wirklichkeit der Quanten, in: Spektrum der Wissenschaft, Sonderausgabe 1/2012 S. 34-43

## Quellenverzeichnis der Kapitelzitate

S. 340/341: Heisenberg zitiert Einstein 1927, in: Heisenberg, Werner (1969): Der Teil und das Ganze, München, S.85

S. 344: Hans-Peter Dürr (2012): Connection Spirit, Niedertaufkirchen, S. 22

S. 353: Steinbuch zitiert Wiener; in: Steinbuch, Karl (1965): Automat und Mensch: Kybernet. Tatsachen u. Hypothesen, Berlin

S. 366: Zuse zitiert in der Hersfelder Zeitung Nr. 212, 12. September 2005

# INDEX

## Abbildungsverzeichnis

Slidemodel.com
Viele Illustrationen basieren auf
Vorlagen von Slidemodel.com.
Diese wurden im Rahmen des
Kreationsprozesses angepasst
und mit eigenen Illustrationen
verbunden.

Illustrationen, die aus Vorlagen von
slidemodel.com stammen, sind auf
folgenden Seiten zu finden:  **16,
17, 20, 21. 26, 27, 34, 35, 40, 41,
42, 43, 46, 47, 48, 50, 51, 52, 54,
55, 56, 58, 61, 62, 63, 64, 66, 70,
72, 74, 75, 76, 77, 80, 88, 89, 91,
92, 93, 96, 97, 99, 102, 103, 104,
105, 107, 108, 109, 116, 118, 119,
121, 128, 131, 132, 133, 138, 139,
144, 150, 151, 153, 154, 155, 156,
159, 174, 175, 178, 179, 181, 182,
183, 186, 187, 1919, 196, 197, 210,
211, 215, 217, 210, 228, 233, 254,
260, 261, 266, 267, 271, 273, 275,
277, 279, 282, 287, 291, 293, 296,
307, 322, 327, 331, 332, 361, 363,
370, 371**

Fotolia.com, juanjo tugores:  **20/21**

Fotolia.com; Grafvision:  **82/83**

Gyorfi Szilard (www.bluefx.net):  **86**
The Opte Project - Originally
from the English Wikipedia:  **94**
Larry Ewing, Simon Budig, Anja
Gerwinski (Linux Logo):  **99**
Wetransfer.com:
    **162, 164, 192, 223,**
Nike:  **164, 191**
Netflix:  **169, 240**
Google:  **220**
Motionfx:  **221**
Flightradar24.com:
    **222, 225, 241, 245, 279, 295**
iTunes:  **239**
YouNow:  **242**
Shazam:  **243**
Pay with a Tweet:  **244**
Wordpress.com:  **247**
MyTaxi:  **297, 298**
Presentationload.de:
    **88, 89, 361**